U0116727

少年中國說

周恩來南開中學作文箋評

商務印書館

本書由人民出版社授權出版,限中國大陸以外地區出版發行

少年中國説 —— 周恩來南開中學作文箋評

編　　著:天津南開中學　中央文獻研究室第二編研部

責任編輯:楊克惠

封面設計:張　毅

出　　版:商務印書館 (香港) 有限公司

　　　　　香港筲箕灣耀興道 3 號東滙廣場 8 樓

　　　　　http://www.commercialpress.com.hk

發　　行:香港聯合書刊物流有限公司

　　　　　香港新界大埔汀麗路 36 號中華商務印刷大廈 3 字樓

印　　刷:陽光印刷製本廠有限公司

　　　　　香港柴灣安業街 3 號新藝工業大廈 (6 字) 樓 G 及 H 座

版　　次:2014 年 5 月第 1 版第 1 次印刷

　　　　　© 2014 商務印書館 (香港) 有限公司

　　　　　ISBN 978 962 07 4494 5

　　　　　Printed in Hong Kong

版權所有,不准翻印

目　錄

1913 年的周恩來

出版説明

　　1913 年 8 月，15 歲的周恩來考入天津南開中學。天津南開中學是教育家嚴修（字范孫）、張壽春（字伯苓，以字行）先生廢科舉，興新學，在家塾嚴館、王館的基礎上於 1904 年創辦的。初稱私立中學堂、私立第一中學堂、私立敬業中學堂，1907 年春遷校到新址，因地名稱為私立南開中學堂。南開中學初建時實行四年學制，自 1922 年起實行六年學制。少年周恩來懷有遠大抱負，入學後，刻苦治學，強身健體，憂國憂民，觀察社會，創辦敬業樂群會，參演新劇，主編《校風》、《敬業》校刊，在國文、演講、速算等競賽中多有佳績。1917 年 6 月，周恩來以 89.72 分的優異成績從天津南開中學畢業。

　　本書共收錄周恩來在南開中學的作文 52 篇，七萬餘字。這些作文始於 1914 年，止於 1917 年。如第一篇作文《中華民國三年一月開學感言》，作於 1914 年 1 月，應該是周恩來入學第一學年的第二學期的開篇之作。如第 52 篇，即最後一篇作文《梁任公先生演說記》，作於 1917 年 2 月，應該是周恩來入學第四學年第二學期收篇之作。這些作文包括論、記、傳、啟、書、序、感言等諸多文體。作文內容集中反映了周恩來中學時期愛國愛民、憂國憂民的思想，特別反映了周恩來"改良社會"、"欲救神州"，以及"將來出而任國事、整社會"，"作砥柱於中流"探求救國救民之道的抱負。每篇作文都經老師批改並加了評語。周恩來旅歐前夕，將作文整理裝訂成冊，裝於一箱，交給留津的南開中學同學代管。箱子表面周恩來親筆寫着"南開校中作文一九二〇，十，十八"。新中國成立後，學友後代將這些作文交給天津市委有關部門。1952 年 9 月 12 日，天津市委辦公廳正式報送中共中央辦公廳並歸還它的主人。

　　2013 年 8 月，是周恩來入學天津南開中學 100 周年。南開中學語文學科教師和中央文獻研究室第二編研部為以文言文為主體的周恩來作文做註釋、點評，梳理文字意義，解析作文的思想性和寫作特點。這些作文是第一次整理出版，相信一定會為世人了解周恩來提供新的佐助資料。

商務印書館（香港）有限公司編輯出版部

周恩來親筆題寫的南開校中作文字跡

一

中華民國三年一月開學感言

（一九一四年二月下旬）

　　五色旗[1]飄翔於天空，七音琴悠揚於遠近。師生濟濟，顏色怡怡[2]，咸聚禮堂而行始業式之禮焉。校長有訓詞，教員有演說，學生則唱歌慶祝，歡欣鼓舞，而祝斯校之萬歲！與國同休[3]，執學界之牛耳[4]，造成完全之國民者，斯何校耶？是非中華民國三年一月八日，天津南開學校行開學禮之時乎！余小子得沐餘蔭，難安緘默[5]，雅[6]不欲以藻麗之詞而粉飾太平，雖宏願壯志，顧如諸君子然，竊因之有所感焉。

　　夫斯校之倡，本私設[7]也。而竟以四五十人增至四五百人，畢業四班，人才輩出。成立亦九年，中間經幾多之困難，受若干之波折，百摧殘而被[8]其禍害，卒成為名轟北洋[9]之中學校。天下學子，望風負笈[10]而來者，期不乏人[11]。聚四海之同胞，熔一爐而治（冶）之，可謂盛矣！是故我校董、校長之熱心教育，百折不撓；諸教員之勤勤善導，諄諄善誘，有以致之也[12]。然來日方長，堅持菲易[13]，財政也、教科也、規則也、學風也、體育也，當若何開源之、改良之、實行之、保存之、提倡之，是所望於校長及群要[14]，亦我諸同學之所當共勉者也。蓋因已過之事實均為從前之名譽，而未來之待興者，正如蝟集[15]。若顧（固）步自封，則必致前功進（盡）棄，何成功之足云[16]哉！愈前一步，則危險愈甚，吾校真其時矣[17]！況正值此競爭之時期，而吾校又為過渡之時代,稍頹即敗。勉力為之,固足致勝。然月盈則虧[18],又不得為之腮腮過慮[19]也。若校長、諸教員以至於諸同學,果持以毅力,志以宏願,保舊有之校粹,擴未來之事業,勤學立品,鍛身煉心,上下和和而怡怡[20],則不難成吾校為家庭學校之極樂處也!蓋南開學校者,非一二人之南開學校也,乃南開學校全體人之南開學校也。學校既為全體所有,則尤當共公扶持之而弗衰[21]也。若龐然自大,自命不凡,以為名譽已成,而無用我輩保之也,則殊失司[22]教育者之本旨,亦非今日開會慶賀之本意也。夫余之所言者,顧早為校長、教員以及諸同學所思矣。然愚者千慮,必有一得。芻蕘之言[23],聖人擇之。余亦學校一份子,所言豈無故而發耶?敢以質之高明[24]。

【周恩來教師評語】

選辭命意均見匠心。唯字裏行間,多有欠圓到處。

【註釋】

1　五色旗:五色旗是中華民國建國之初北洋政府的國旗,旗面由紅、黃、藍、白、黑五色橫長方條構成,表示漢滿蒙回藏五族共和。

2　顏色怡怡:臉色顯出喜悅和順的樣子。

3　與國同休:與國家同生共死。休,死亡。

4　執牛耳:古代諸侯間歃血為盟,割牛耳取血,盛牛耳於珠盤,由主盟者執盤,因此稱主盟者為"執牛耳"。後泛稱在某一方面居統治地位的領導者。

5　緘默:沉默不語。

6　雅:平日,向來。

7　私設:私人創辦。

8　被:遭受。

9　北洋:北洋之說最早出現在宋朝,主要指黃海、渤海區域。晚清,以上海吳淞口為界,長江以北均為北洋。包括江蘇、山東、直隸等各口岸的地域概念。

10　望風負笈:背着書箱到遠處去求學。負,背着(指負重)。笈,書箱。

11　期不乏人:從來不缺乏人才。

12　有以致之也：以此達到今天繁盛的地步。有以，用來……的辦法。

13　菲易：不改變。"菲"，通"非"。

14　是所望於校長及群要：這是對校長及眾位有關要員所期望的。群要，眾位要員。

15　而未來之待興者，正如蝟集：未來要做的事情繁多，正像刺蝟的硬刺那樣叢聚。蝟集，蝟就是刺蝟。刺蝟身上長滿了刺，看起來就像許多刺集中在一個圓球上。因此把許多東西集中在一起稱為蝟集。現在一般指事情很多，都集中在短時間內要做，如"諸事蝟集"。

16　足云：值得誇耀。云，説。

17　吾校真其時矣：我校的確處在這種境況之中。真，的確。

18　月盈則虧：月亮到了最圓的時候，就開始缺損。比喻事盛則衰，物極必反。盈，滿。

19　腮腮過慮：認真仔細地考慮。腮腮同"鰓鰓"，形容過於憂慮和恐懼的樣子。

20　和和而怡怡：和睦相處的樣子。

21　弗衰：不要使之衰退。弗，不。

22　司：主管，掌管。

23　芻蕘之言：割草打柴人的話。指普通百姓的淺陋言辭。也用作講話者的謙詞。出處《詩經·大雅·板》："先民有言，詢于芻蕘。"

24　敢以質之高明：冒昧地以此向高明的人請教。質，評判。

【點評】

　　周恩來1913年進入天津南開中學讀書，當時學校春季開學一般是公曆2月下旬，所以題目的"一月"當為陰曆。據手稿分析這應當是一篇習作。

　　1914年正是南開中學創辦十周年大慶之年，盛大的開學典禮引發年少的周恩來無限的感慨，文章開篇狀寫南開學校開學典禮的盛況：彩旗飄蕩，琴聲悠揚，師生興高采烈，濟濟一堂。接著作者回顧南開中學創辦以來走過的道路，"夫斯校之倡，本私設也。而竟以四五十人增至四五百人，畢業四班，人才輩出"，"天下學子，望風負笈而來者，期不乏人。聚四海之同胞，熔一爐而治（冶）之，可謂盛矣"！作者沒有因循人云亦云、歌功頌德的老套，而是到此話鋒一轉，提出月盈則虧，居安思危的主題，他寫道：＂蓋因已過之事實均為從前之名譽，而未來之待興者，正如蝟集。若顧（固）步自封，則必致前功進（盡）棄，何成功之足云哉！愈前一步，則危險愈甚，吾校真其時矣！＂少小的周恩來可謂獨具慧眼，膽識過人。他沒有空洞的說教，而是提出將來南開人奮鬥的方向：＂果持以毅力，志以宏願，保舊有之校粹，擴未來之事業，勤學立品，鍛身煉心，上下和和而怡怡，則不難成吾校為家庭學校之極樂處也！＂同時以＂若龐然自大，自命不凡，以為名譽已成，而無用我輩保之也，則殊失司教育者之本旨，亦非今日開會慶賀之本意也＂作對比，內容充實，說服力強。

從文字看，本篇仿照駢體而行文。駢文是從魏晉開始產生的一種文體，又稱駢儷文。駢文是與散文相對而言的。其主要特點是以四六句式為主，講究對仗，因句式兩兩相對，猶如兩馬並駕齊驅，故被稱為駢體。在聲韻上，則講究運用平仄，韻律和諧；修辭上注重藻飾和用典。由於駢文注重形式技巧，故內容的表達往往受到束縛，但運用得當，也能增強文章的藝術效果。本篇如果作為駢文，嚴格地說還顯得比較幼稚，不論是句式還是音韻都有欠妥之處，但整體上看還是具有相當的駢體眉眼，作為年僅 16 歲的中學生已實屬不易。

（潘印溪）

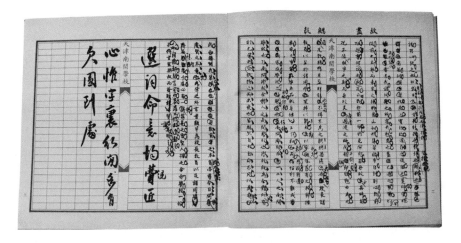

第一篇作文局部及教師評語

二

一生之計在於勤[1]論

（一九一四年春）

　　欲籌一生之計劃，捨求學其無從。然學而不勤，則又何貴[2]乎學？是故求學貴勤，勤則一生之計定[3]矣。人人能勤，則一國之事定矣。夫人之一生求學，為青年最大之時期[4]。基礎立於是，發達生乎斯[5]。無勤以持扶灌注之[6]，安能得良好之結果哉！及乎長[7]也，作事於社會，服役[8]於國家，又必賴之以為砥柱[9]，倚之為天塹[10]，方能以其所學，供之於世，以其所志，獻之於身。興一業也，則精神貫注；除一弊也，則始終如一。庶幾[11]事成功倍，為一生計亦良得[12]，而為家為國，利益亦隨之後矣。不然，於學則一暴十寒[13]，於事則虎頭蛇尾[14]。勤於其始，嬉於其終[15]。起則如火如荼[16]，終則無聲無臭[17]。非有所懾也、懼也[18]，不勤之故也。一生之失計固大，設而膺民社[19]、秉國鈞[20]，以懶惰從事，其禍又豈在一生以下哉[21]！是故視影運甓[22]，當存惜陰之念[23]。聞雞鳴而起舞[24]，無忘雪恥[25]之志。勤能補輟（拙）[26]，古人語不我欺[27]。學久不息，英賢正在吾輩。韓文公以勤勉後進[28]，古先賢以惰戒門人[29]。問映雪讀書[30]，畫地識字[31]，其勤勞為何如？其成功至何等耶[32]？故勤也者，以之驗於人，以之驗於事[33]。非勤無以致其功[34]，非勤無以畢其事[35]。飽食終日，無所用心，聖賢之所戒。吾人可不奉之為金科玉律[36]，懸之以為座右之銘[37]。履勤而不怠之軌[38]，求畢生之計，大至於國，小至於生身，殆[39]無不受其賜[40]。然則勤之一字，豈可忽而視之哉！

【周恩來教師評語】

選詞甚富，唯用筆稍平。

【註釋】

1 一生之計在於勤：南朝梁蕭繹《纂要》："一年之計在於春，一日之計在於晨。""一生之計在於勤"從蕭繹句子衍化而來。計：安排，打算。

2 貴：認為……寶貴。

3 定：確定。此處義為"能夠實現"。

4 夫人之一生求學，為青年最大之時期：在原文"為"字旁邊有"唯"字，"最"前加"為"字，調換、增加文字後，這個句子應是"夫人之一生求學，唯青年為最大之時期。"

5 基礎立於是，發達生乎斯：在原文此句"生"字上教師畫圈，旁邊有一"俟"字，按周恩來老師的意見，此句為"發達俟乎斯"。是，斯，都是指示代詞，此處指求學。

6 持扶灌注：給予力量。持扶，支持，扶助。灌注，灌溉注入。

7 長：長大成人。《禮·曲禮·下》："問國君之年，長，曰能從宗廟社稷之事矣；幼，曰未能從宗廟社稷之事也。"

8 服役：擔任勞役，效勞。服，從事，擔任。役：勞役。

9 砥柱：河南三門峽黃河水中的山，因山在水中如柱，故名砥柱。此比喻堅強不屈的人。

10 天塹：天然的深溝。言其險要不易越過。《南史·孫范傳》："長江天塹，古來限隔，虜軍豈能飛度。""倚之為天塹"中的"天塹"從"深溝"意引申為"學識高深的人"或"博學多識的人"。

11 庶幾：差不多。

12 良得：確實實現。良，確實。得，獲得，得到。

13 一暴十寒：曬一天，凍十天。比喻做事一日勤，十日怠，沒有恆心。《孟子·告子上》："雖有天下易生之物也，一日暴之，十日寒之，未有能生者也。"暴同曝。

14 虎頭蛇尾：老虎的腦袋，蛇的尾巴。此處比喻做事前緊後鬆，有始無終。

15 勤於其始，嬉於其終：在做事開始時勤奮，在做事後來時戲樂（而毀掉、糟蹋了本來能夠做成的事）。唐韓愈《進學解》："業精於勤，荒於嬉；行成於思，毀於隨。"成語有"有始無終"。《晉書・劉聰載記》："小人有始無終，不能如貫高之流也。"此句從韓愈等的句子衍化而成。在原文此句"嬉"字上教師畫圈，旁邊有一"惰"字，按周恩來老師的意見，此句為"勤於其始，惰於其終"。

16 如火如荼：像火那樣的紅，像茅草花那樣的白。《國語・吳語》："吳王昏乃戒，令萬人以為方陣，皆白裳、白旗、素甲、白羽之矰，望之如荼。王親秉鉞，載白旗，以中陳（陣）而立。左軍亦如之，皆赤裳、赤旗、丹甲、朱羽之矰，望之如火。"原指軍容整肅和雄偉，後用以形容氣勢蓬勃旺盛或聲勢浩大熱烈。

17 無聲無臭：沒有聲音，沒有氣味。謂人平庸，沒有名聲。《詩經・大雅》："上天之載，無聲無臭。"聲，聲音。臭，氣味。此處比喻默默無聞。

18 懾也、懼也：恐懼，害怕。懾，恐懼。懼，害怕。

19 膺民社：管理人民與國家。膺，受，當，引申為經營、管理。民社，人民與社稷。蘇軾《送張嘉父長官》："微官有民社，妙割無雞牛。"

20 秉國鈞：掌管國家重任。秉，執持，拿住。國鈞，國家的重任。白居易《贈樊著作》："卒使不仁者，不得秉國鈞。"

21 其禍又豈在一生以下哉：以懶惰管理人民、掌管國家而造成的災禍又哪比人的生命還小呢。

22 視影運甓：甓，磚。運甓，運磚。《晉書・陶侃傳》："侃在州無事，輒朝運百甓於齋外，暮運於齋內。人問其故，答曰：'吾方致力中原，過爾優逸，恐不堪。'"人們用"運甓"表示勵志勤力，不畏往復。後以"運甓"比喻刻苦自勵。

23 當存惜陰之念：應當有珍惜光陰的思想。宋陳造《次程帥和陶詩韻》："立志忌作輟，惜陰計寸分。"在原文此句"念"字上老師畫圈，旁邊有一"心"字，按周恩來老師的意見，此句為"當存惜陰之心"。

24 聞雞鳴而起舞：《晉書・祖逖傳》："與司空劉琨俱為司州主簿，情好綢繆，共被同寢，中夜聞荒雞鳴，蹴琨覺曰：'此非惡聲也。'因起舞。"後以聞雞起舞比喻志士及時奮發。

25 雪恥：洗除恥辱。

26 勤能補輟：原文"輟"字旁有"拙"字，應為"勤能補拙"。勤奮地做事能夠補救拙笨造成的不足。拙，笨，不靈巧。

27 古人語不我欺：古人的話沒有欺騙我。"不我欺"，賓語前置，現在的語序為"不欺我"。

28 韓文公以勤勉後進：韓愈（768—824）字退之，謚號文公，故世稱韓文公。唐韓愈在《進學解》中有"業精於勤，荒於嬉；行成於思，毀於隨"的語句。

29　古先賢以惰戒門人：《莊子・知北遊》："人生天地之間，若白駒之過隙，忽然而已。"《孟子・告子上》："雖有天下易生之物也，一日暴之，十日寒之，未有能生者也。"《長歌行》："少壯不努力，老大徒傷悲。"陶淵明《雜詩十二首・其一》："盛年不重來，一日難再晨，及時當勉勵，歲月不待人。"顏之推《顏氏家訓》："天下事，以難而廢者十之一，以惰而廢者十之九。"在原文此句"戒"字與"人"字之間，右側有"門"字，我們認為是作者後來的補字。補後此句為"古先賢以惰戒門人"。

30　映雪讀書：借雪的反光讀書。形容刻苦讀書。南朝梁任昉《為蕭揚州薦士表》："至乃集螢映雪，編蒲緝柳。"唐朝李善注引《孫氏世錄》："孫康家貧，常映雪讀書。"

31　畫地識字：即"畫地學書"。《宋史・歐陽修傳》："歐陽修，字永叔，廬陵人。四歲而孤，母鄭，守節自誓，親誨之學。家貧，至以荻畫地學書。幼敏悟過人，讀書輒成誦。"

32　其成功至何等耶：在原文此句"為"字上有點塗，旁邊有一"至"字，我們認為是周恩來老師的批改，按周恩來老師的意見，此句為"其成功至何等耶"。

33　以之驗於人，以之驗於事：兩句中的"之"都指"勤奮"。

34　致其功：取得成功。致，招致，達到。

35　畢：完畢，完成。

36　金科玉律：完美重要的法令。唐陳子良《平城縣正陳子幹誄》："爰參選部，乃任平城，金科是執，玉律逾明。"後來泛指完美不可移易的章程、規則。

37　座右之銘：即座右銘，訓戒文字的一種。古人作銘文置於座右，用來警戒，故稱座右銘。

38　履勤而不怠之軌：軌，法則，制度。在原句"而"字上有老師的圈畫，老師希望去掉此字，去掉此字更為通順。

39　殆：幾乎。

40　賜：恩惠，恩賜。

【點評】

　　世間事情，無論巨細，有了勤奮，才能做成。這是人人知曉的道理。但遇事能警醒不忘勤奮，做事能努力踐行勤奮，就不是人人能夠做到的了。周恩來在勤奮上為我們樹立了榜樣，他不但在行動上能夠做到勤奮，而且在思想上對勤奮有深刻的認識。他在天津南開中學 1914 年寫成的作文《一生之計在於勤論》便是很好的例證。

　　文章標題著一"論"字,可見文章是一篇議論文。文章標題中的"一生之計在於勤"是本文的中心論點。當時周恩來是個中學生,於是他把"勤"的議論重心放在學生的求學上,全文緊緊圍繞着"求學貴勤"展開議論。文章開始以層層遞進推理的方法正面說理,先從籌畫一生引到求學,再從求學貴勤說到一生計定、一國事定,又從現在的打好基礎論到將來的服務國家,後從興業除弊談到為家為國奮鬥。環環相連,緊扣文眼"勤"字。而後,作者又採用正反對比的論證方法,指出了勤學與否的情狀和根本原因,闡明對將來的重大影響。作者不單單將勤與求學緊密結合而論,而且也將勤與人生將來的發展及"膺民社、秉國鈞"緊密結合而論,可謂議論深入。文章在以上說理後,又使用了大量的例子來論證。視影運覽、聞雞起舞、韓文公以勤勉後進、古先賢以惰戒門人、映雪讀書、畫地識字等,事例豐富,讀來有疊加入目之感,增強了文章的說服力量。在以事說理的同時,看"視影運覽、聞雞起舞、勤能補拙、映雪讀書、畫地識字等",又何嘗不是為我們指出了學勤驅懶的好辦法。文章結尾時,又從正反兩面說理,闡明"勤"對目前學習的重要意義,進一步說其危害,論其意義,有告誡的心願,也有勸勉激勵的意圖。收尾句子"然則勤之一字,豈可忽而視之哉",再次強調文眼"勤"字,與標題照應。

　　據周恩來中學時期相關史料記載,周恩來在南開中學學習時國文和數學尤為突出,作文、演講多次獲得第一。筆算速算是最優者之一。剛入學時,他的英文基礎較差,為了攻克這一難關,他每天利用早晨、中午和下午的課餘時間刻苦學習英文。進入二年級,他的英文就相當好了。周恩來學習取得的優秀成績,是他勤奮自勵的結果。另外,周恩來在南開中學繁忙學習的同時,還創辦"敬業樂群會"並組織活動,編輯《敬業》等刊物,參加演出新劇等,做好這麼多紛繁複雜的事情,也與他勤奮密切相關。

　　根據有關考訂，本文寫於 1914 年春，當時周恩來才 16 歲。一個 16 歲的青年能寫出這樣文意較深、邏輯嚴密、用詞豐富、論證手法多樣的文章，實屬不易。

（韓文霜）

三

春假約友赴山海關旅行短札[1]

（一九一四年春）

某兄偉鑒[2]：

自都門[3]袂別[4]以來，時景迢迢[5]，亦已三月。而踏青[6]之時既屆[7]，春假之期復臨。念此大好時光，不忍虛度，思欲為歐之旅行，觀察燕趙[8]之習俗，復有昔日所謂慨感悲歌之士[9]者乎？奈敝校[10]同志多有束裝歸里者，不作此思。忽憶及兄台[11]在此假期內萍跡他鄉，返家之時既不足於百無聊賴之中，聞斯[12]議必奮然興起無疑，況惜陰如吾兄者乎。旅行目的之地，弟以山海關為宜[13]。長城蜿蜒[14]於西，勃（渤）海之濤於東，關號第一，地居險要，是[15]行或有所得，勝於悶居斗室[16]百倍。精神靈敏如兄者，當必贊同。京津非遙，明日弟恭候車跕[17]，以驗吾之所以信兄者也，兄將何以履吾言乎[18]？此頌學祉[19]日進無量！

【周恩來教師評語】

條理欠清。

【註釋】

1　短札：短信。札，古時寫字的小木簡。
2　鑒：台鑒，書信用語，表示請人看信。亦作"惠鑒"、"鈞鑒"。
3　都門：京都之意，這裏指北平。
4　袂別：袂，衣袖，袖口。袂別，即分袂，告別。

5 時景迢迢：時光漫長，長久。"時景"，古時也指春景。

6 踏青：亦作"蹋青"。人們有清明節前後郊野遊覽的習俗。舊時並以清明節為"踏青節"。

7 屆：到。既屆，已經到來。

8 燕趙：指戰國時燕趙二國。亦泛指其所在地區，即今河北省北部及山西省西部一帶。

9 所謂慨感悲歌之士：語出唐韓愈"燕趙古城多感慨悲歌之士"。多指有抱負的慷慨激昂的英雄豪傑。

10 敝校：本校。敝，謙辭，用於與自己有關的事物，如"敝人（我）"、"敝姓"、"敝國"。

11 兄台：對朋輩的敬稱。台，敬辭，用於稱呼對方或與對方有關的事物，如"台鑒"、"台甫"。

12 斯：此，這。

13 宜：適合，適當。

14 蜿蜒：盤曲蜿蜒的樣子。

15 是：此，這。

16 斗室：形容極小的屋子。《明史・儒林傳二・鄧以贊》："父閔其勤學，嘗扃之斗室。"

17 跕：同"站"。

18 兄將何以履吾言乎：仁兄將要用甚麼來實現我的建議呢？履，實行，實現。

19 學祉：有祝福學業安好之意。語出《說文解字》："祉，福也。"

【點評】

　　這是青年時代的周恩來在天津南開中學讀書時，於 1914 年春天寫的一篇題為《春假約友赴山海關旅行短札》的作文。

　　山海關是明長城的東北起點，境內長城 26 公里，位於秦皇島市以東 10 多公里處。據史料記載，山海關自 1381 年建關設衛，至今已有 600 多年的歷史，自古即為我國的軍事重鎮。它不僅是歷史上抵禦外侮的見證，也是中華民族龍的精神的象徵，而被譽為長城"龍"首的便是山海關"老龍頭"。

　　1913 年 2 月，15 歲的周恩來隨伯父周貽賡由奉天（今遼寧省瀋陽）搬到了天津，於是年 8 月考入南開中學。其間，青年周恩來多次乘坐火車途經連接關內外鐵路交通樞紐的山海關。而他在 16 歲時作文"約友赴山海關旅行",一方面自然與他的這段人生經歷有關;另一方面,也和山海關的歷史"情結"密不可分。文章一開篇,先表現了作者"大好時光,不忍虛度"的感慨,此其約友原因之一;接着,寫出其欲"觀察燕趙之習俗,復有昔日所謂慨感悲歌之士者"之意,此其約友原因之二。使我們從中看到了一個既珍惜時光,又負有社會責任感的青年書生的形象,與"束裝歸里者"形成鮮明之對比。由於周恩來當時多次路經山海關,雖屬走馬觀花,臨窗一瞥,但僅"長城蜿蜒於西,勃(渤)海之濤於東,關號第一,地居險要"幾句,便把山海關的雄關險隘之處形象地勾勒於讀者眼前,以散句為主,兼以駢儷,恰到好處,雖有青澀,亦含天成。非青年者不可為也,亦青年者難能為也!全文結尾,表達了自己想與友人到山海關實地一遊的渴望,其熱情洋溢之詞,真令人無法拒絕!

至於老師的評語"條理欠清"四字,我們認為言之略重,且為書信體,親友至朋交談,毛椎之間亦不宜過於拘泥繩墨。

(趙岩)

四

春郊旅行記

（一九一四年春）

　　春光漸泄，寒氣初斂。[1]當萬事更新[2]之首，百物起蟄[3]之時，忽有二三友人來余斗室，趣[4]余作踏青[5]之遊。姑應之[6]，隨前行。出城剛數十武[7]，但見楊柳列道[8]，青草滿溪，風和和以拂面，鳥唧唧而依人；一縷春光，於焉斯睹[9]；而平居[10]悶鬱之氣，為之一吐殆盡。復進則見茅屋兩三，點綴於郊原之上。清溪回繞，舒流[11]於荒野之中。遠望雲山，連成一色。俯觀禾麥，都是新播。農夫自耕而食，村女自織而衣[12]，無塵囂之氣[13]，鮮不事之人[14]。生機雖拙[15]，亦有天然之樂趣存乎其中。

　　吾友喟然[16]而歎曰：今而後知田家之有真樂也。彼在位者[17]，非鑽營[18]之不足以謀久安之計，而為五日京兆[19]。故終日熙熙攘攘[20]，奔走於權門，無安停之夕、平風靜浪之日。然則官也，雖有政權之可操[21]，俸餉[22]之入，又豈易為哉！故反不若鄉堡[23]之農夫村女自食其力。天下之嗷嗷待哺[24]，在在[25]需衣者，均引領[26]望之，缺此則蒼生之命，朝不保夕。而農人之價值，豈在凡百[27]事業之下乎，吾安得不羨之慕之，思為是種之營業[28]乎！

　　余應之曰：非也。今之世一戰爭之期，非曩昔[29]可比。彼老農老圃[30]，安知現勢。唯恃[31]有一般[32]學者出以濟世[33]之才，以槃[34]國家於累石[35]之安。不然盡驅人為農為織[36]，必至舉國盡為盲聾[37]，為人奴，終非至絕種滅族不可。彼亞美利加[38]之土人[39]，是其殷鑒[40]。然則君之思此，亦可以返[41]矣。人人默然無以應。久之，攜手留連於清溪綠柳之間，歎春光之易逝，人壽之幾何[42]，國步之艱難[43]，又不禁嗒然若喪[44]，敗興而返。歸而拉雜[45]記之，以為[46]春郊旅行記。

【周恩來教師評語】

竭力尚作，造語未盡穩洽。

【註釋】

1 　泄：漏出，露出。斂：收束，收斂。原手稿此句旁邊有"風和日暖，遍地（春光）"的修改字跡，似為周恩來的老師的批改。

2 　更新：除舊佈新，舊去新來。此處指春天到來。

3 　起蟄：驚起蟄伏的蟲、獸。

4 　趣：通"促"，催促。

5 　踏青：亦作"蹋青"。清明節前後郊野遊覽的習俗。舊時並以清明節為踏青節。唐孟浩然《大堤行》："歲歲春草生，踏青二三月。"

6 　姑應之：暫且答應他。

7 　武：半步，泛指腳步。

8 　楊柳列道：原稿此句中"列"字被劃掉改為"垂"字，似為周恩來的老師所改。"楊柳垂道"比"楊柳列道"更具形象感。

9 　於焉斯睹：在這裏看到。

10 　平居：平日；平素。

11 　舒流：緩緩流動。

12 　衣：此處為動詞，做衣服穿。

13 　塵囂之氣：市井塵俗之氣。廛，古代城市平民的房地。

14 　鮮不事之人：沒有無所事事、不務勞作之人。

15 　拙：笨拙，不靈巧。

16 　喟然：形容歎氣的樣子。

17 　彼在位者：那些官員。

18 　鑽營：找門路，託人情，以謀求名利。

19 五日京兆：比喻官員任職時間短或將要離職。語出《漢書‧張敞傳》：漢京兆尹張敞，因楊惲案受牽連，賊捕掾絮舜以為敞即將免官，不肯為敞辦案，曰：“今五日京兆耳，安能復案事？”敞收舜下獄，告舜曰：“五日京兆竟何如？”遂將舜處死。後因以比喻任職時間不會長，或凡事不作久長打算。

20 熙熙攘攘：形容人來人往，喧鬧紛雜。語出《史記‧貨殖列傳》：“天下熙熙，皆為利來；天下壤壤，皆為利往。”壤，通“攘”。

21 操：控制、掌握。

22 俸餉：舊指官兵的俸祿和糧餉。

23 堡：古代指土築的小城。

24 嗷嗷待哺：嗷嗷，哀號聲；待，等待；哺：哺育，餵養。原意指小鳥飢餓時叫着要東西吃的樣子，後常用以形容飢民渴求得食而急待解救的悲慘情景。

25 在在：處處，到處。

26 引領：伸頸遠望，多以形容期望殷切。

27 凡百：一切，一應。

28 營業：職業，工作。

29 曩昔：往日，從前。

30 老圃：有經驗的菜農。《論語‧子路》：“樊遲請學稼，子曰：‘吾不如老農。’請學為圃，曰：‘吾不如老圃。’”何晏《論語集解》：“樹菜蔬曰圃。”

31 恃：依賴，仗着。

32 一般：一班。表數量，用於人群。

33 濟世：救世，濟助世人。

34 槃：同“盤”。

35 累石：堅固牢靠狀。

36 為農為織：做耕地的農民和織布的女子。

37 盲聾：眼瞎耳聾，亦喻愚昧無知。

38 亞美利加：美洲。

39 土人：世代居住本地的人。

40 殷鑒：謂殷人子孫應以夏的滅亡為鑒戒。《詩‧大雅‧蕩》：“殷鑒不遠，在夏后之世。”後泛指可以作為借鑒的往事。

41 返：此處意為改變、反悔。

42 春光之易逝，人壽之幾何：時光飛逝，人生短暫。

43 國步之艱難：指內憂外患頻起，國家的前途和命運面臨嚴峻的考驗。

44 嗒然若喪：形容懊喪的神情。語出《莊子‧齊物論》：“仰天而噓，嗒焉似喪其耦。”

45 拉雜：混雜，雜亂。此為自謙之辭。

46 以為：把它作為。

【點評】

　　本文係周恩來於南開中學讀書時期所寫的一篇遊記，據考證寫於 1914 年春天。文章開篇從時令風光寫到友人相約出遊一事，三五句簡捷破題，交代了出遊踏青的原因和背景。然後多用對舉句，寫出了郊外風和日暖、楊柳垂青、青草滿溪、鳥鳴悠揚的大好春光，以及農村中男耕女織、遠離塵囂、生機勃勃的 "天然之樂趣"，讚美之情溢於言表。首段行文駢散相間，詞工意美。

　　然而這還只是文章的開篇，文章的重點卻是後兩段主客問答的部分。此一點頗似蘇東坡的《後赤壁賦》。友人（客）的觀點是，"田家有真樂"，遠比那些在位者 "鑽營奔走" 的生活更有意義；何況 "天下嗷嗷待哺，在在需衣"，"缺此則蒼生之命，朝不保夕"，所以農人的價值是在所有事業之上的，我們應該去從事它。對此，作者（主）則認為，當時天下的形勢早已非往昔可比，那些老農老圃並不懂得戰亂頻仍的形勢，更無能力保護國家、保全自身於這樣的亂世，只能最終 "為盲聾，為人奴"，"終非至絕種滅族不可"。作者還舉出了美洲土著民印第安人的悲慘教訓以說明自己的觀點。眾人聽了都默然不應，雖然繼續遊玩，但想到春光易逝，國事維艱，卻不禁嗒然若喪，最終敗興而返。

　　本文名為遊記，但全文最深刻精要之處卻皆在描繪田園風光之外。開篇描繪大好春光的優美文筆，只是文章要旨的一個引子。正是由於河川風光如此多嬌，才引發愛國青年關於國家民族及個人命運的深層思考。在與學友的討論中，對於國家現實形勢與未來命運的認識，對於個人生命意義與生活方式的感悟，作者明顯地表現出了遠超眾人之上的深刻思想、遠見卓識與宏闊胸襟。這正是後來世人皆知的那個 "為中華之崛起而讀書"的青年時期周恩來的風采。原作之後有老師"竭力尚作"的評語，也表現了老師對於時年僅 16 歲的作者能夠努力寫出這樣精采文章的表揚。

（孫超）

五

羊叔子平吳疏書後[1]

（一九一四年春）

余讀史至羊祜上平吳一疏，不禁感慨繫之矣[2]。蓋人心叵測[3]，自古照然[4]。周公恐懼之日，王莽謙恭之時[5]，黑白顛倒，誰復識聖人巨奸哉！叔子假聖人之名[6]，以自掩其瑕[7]，釣譽於國內[8]，卒使陸抗之不我疑[9]，而已，得從中以待時機，懈敵人之軍威，按兵不動，如司馬之對武侯然[10]。是以五丈原星殞[11]，司馬色喜，抗卒荊襄[12]，平吳之疏乃上，乘虛而入，江東斯為沼矣[13]！抗，叔子之所畏也[14]。觀於西陵一役[15]，內有步闡[16]之應，尚不足以援之。此叔子之所以畏敵如虎，假面向人[17]，哄陸抗，愚南人，使無北伐之意，鞏固邊圉[18]，終吳之亡[19]，南兵未嘗一渡長江。至金陵王氣黯然[20]，己乃坐享其功，博一時之虛譽[21]，圖佳聲於將來[22]。祜之自為計誠得矣[23]，然其如一時之神器為其所竊奈何[24]？叔子不足責也。吾深怪世之論者，又從而褒之[25]，比於聖賢[26]。嗚呼！世風日下，俗尚爭伐[27]，盜名欺世[28]，眾目為其所遮，叔子乃得上下其手[29]，真面永未被揭[30]，此叔子之幸也，王莽之所不幸也[31]。或曰：然則吳終不可伐耶？曰：非也。孟子不云乎，國必自侮而後人侮之[32]。以孫皓之暴甚[33]，人心思叛，自侮已甚[34]，即晉不伐，亦必自滅。況以武帝之聰[35]，諸將之猛，躍躍欲試之心，久已蓄諸腦海，旌旗南指在即，固無俟叔子之喋喋也[36]。叔子果賢，應識其大[37]，不為人云亦云[38]，謀境內之治[39]，圖王者之業[40]，以安晉室於萬世[41]，斯可為忠臣[42]，方不愧後人之聲譽，而晉室又何至終無寧時也哉[43]！由是觀之，豈非祐之謀而不忠[44]，以圖一己之私利明證歟？假使陸抗之得永其年[45]，則祐非其敵[46]，晉之為晉，未可知也[47]，祐又焉能得享盛名於來者？然則晉之得統一者，正天之所以玉成之也[48]，豈羊祐之功哉？而羊祐之得盜虛聲者，亦正適逢其會[49]，所謂乘時勢者非耶[50]！

【周恩來教師評語】

論間有是處，而筆太平塌。

【註釋】

1　羊叔子：羊祐（221—278），字叔子，泰山南城（今山東費縣西南）人，西晉開國元勳。博學能文，清廉正直，曾拒絕曹爽和司馬昭的多次徵辟，後為朝廷公車徵拜。司馬昭建五等爵制時以功封為鉅平子，與荀勗共掌機密。晉代魏後司馬炎有吞吳之心，乃命羊祐坐鎮襄陽，都督荊州諸軍事。在之後的十年裏，羊祐一方面屯田興學，以德懷柔，深得軍民之心；一方面繕甲訓卒，廣為戎備，做好了伐吳的軍事和物質準備，並在吳將陸抗去世後上表奏請伐吳，卻遭到眾大臣的反對。咸寧四年（278），羊祐抱病回洛陽，同年十一月病故，並在臨終前舉薦杜預自代。平吳疏：見《晉書‧羊祐傳》。

2　感慨繫之矣：由此生出了感慨。語出晉王羲之《蘭亭集序》。

3　人心叵測：人的心地不可探測。謂人心險惡。清和邦額《夜譚隨錄‧馮鼹》：“汪聞至此，不禁裂眥曰：‘人心叵測至如此乎！’”

4　照然：當作“昭然”。明白貌。《禮記‧仲尼燕居》：“三子者，既得聞此言也，於夫子，昭然若發蒙矣。”

5　周公恐懼之日，王莽謙恭之時：唐白居易《放言五首》其三：“贈君一法決狐疑，不用鑽龜與祝蓍。試玉要燒三日滿，辨材須待七年期。周公恐懼流言後，王莽謙恭未篡時。向使當初身便死，一生真偽復誰知。”

6　假聖人之名：假借聖人的名聲。

7　自掩其瑕：掩蓋自己的缺點。瑕，玉上面的斑點，喻缺點或過失。

8　釣譽：作偽以求虛譽。清劉大櫆《祭望溪先生文》：“彼譖人者，謂公釣譽。誰實為此？嗟嗟鄙夫。”國內：指晉國內部。

9　卒：最終。陸抗（226—274），字幼節，吳郡吳縣（今江蘇蘇州）人。三國時期吳國名將，陸遜次子，孫策外孫。年二十為建武校尉，領其父眾五千人。後遷立節中郎將、鎮軍將軍等。孫皓為帝，任鎮軍大將軍、都督西陵、信陵、夷道、樂鄉、公安諸軍事，駐樂鄉（今湖北江陵西南）。鳳凰元年（272），擊退晉將羊祜進攻，並攻殺叛將西陵督步闡。後拜大司馬、荊州牧，卒於官，終年 49 歲。不我疑：不懷疑自己。

10　如司馬之對武侯然：就像司馬懿對付諸葛亮那樣。

11　五丈星殞：五丈原，古地名，在今陝西省岐山縣南，斜谷口西側，渭水南岸。相傳蜀漢諸葛亮六出祁山曾在此駐軍。234 年諸葛亮伐魏，出斜谷，駐軍屯田，相持百餘日後，病卒於此。《三國志・蜀志・諸葛亮傳》：「〔建興〕十二年春，亮悉大眾由斜谷出，以流馬運，據武功五丈原。」星隕：天星墜落，比喻名人死亡。《三國志》裴松之注引《晉陽秋》：「有星赤而芒角，自東北西南流，投於亮營，三投再還，往大還小，俄而亮卒。」

12　抗卒：指陸抗之死。

13　江東斯為沼矣：江東就會成為沼澤了，指江東被攻破。《東周列國志》第七十九回：「（伍子胥）口中恨恨不絕，只得步出幕府，謂大夫王孫雄曰：'越十年生聚，再加以十年之教訓，不過二十年，吳宮為沼矣。'」

14　抗，叔子之所畏也：陸抗是羊祜所畏懼的人。

15　西陵一役：272 年，吳國西陵守將步闡降晉，遭到吳軍沉重打擊。吳大將陸抗軍攻西陵（今湖北宜昌西北）殺叛將步闡的作戰。《晉書・羊祜傳》：「吳西陵督步闡舉城來降。吳將陸抗攻之甚急，詔祜迎闡。祜率兵五萬出江陵，遣荊州刺史楊肇攻抗，不克，闡竟為抗所擒。有司奏：'祜所統八萬餘人，賊眾不過三萬。祜頓兵江陵，使賊備得設。乃遣楊肇偏軍入險，兵少糧懸，軍人挫衄。背違詔命，無大臣節。可免官，以侯就第。'竟坐貶為平南將軍，而免楊肇為庶人。」

16　步闈：當作"步闡"。步闡，臨淮淮陰（今江蘇省淮陰市）人，吳丞相步騭次子，步協之弟。父親步騭、兄長步協相繼去世後，步闡繼任為西陵（今湖北省宜昌市）督，又被任命為昭武將軍，封西亭侯。後降晉，吳將陸抗攻西陵，西陵城破之日，步闡及同謀叛變的將吏數十人被殺，夷滅三族。

17　假面向人：以仁義的假面目對待別人。

18　邊圉：邊疆，邊地。宋蘇軾《張文定公基誌銘》：「太祖不勤遠略，如夏州李彝興、靈武馮暉、河西折御卿，皆因其酋豪，許以世襲，故邊圉無事。」

19　終吳之亡：一直到吳國滅亡之前。

20　金陵王氣黯然：指吳國國運衰敗。金陵，古邑名，今南京市的別稱。南朝齊謝朓《鼓吹曲・入朝曲》：「江南佳麗地，金陵帝王州。」王氣，舊指象徵帝王運數的祥瑞之氣。《東觀漢記・光武帝紀》：「望氣者言，舂陵城中有喜氣，曰：'美哉王氣，鬱鬱蔥蔥。'」黯然，比喻衰落，沒有生氣。唐劉禹錫《西塞山懷古》詩：「王濬樓船下益州，金陵王氣黯然收。」

21 博一時之虛譽：博得一時虛假的聲譽。

22 圖佳聲於將來：為自己籌劃後世的好名聲。

23 祜之自為計誠得矣：羊祜為自己做的謀畫確實成功了。

24 一時之神器為其所竊：一個時代的權柄被羊祜所操縱。神器，代表國家政權的實物，如玉璽、寶鼎之類。借指帝位、政權。《漢書・敘傳上》：「世俗見高祖興於布衣，不達其故，以為適遭暴亂，得奮其劍，游說之士至比天下於逐鹿，幸捷而得之，不知神器有命，不可以智力求也。」顏師古注引劉德曰：「神器，璽也。」

25 吾深怪世之論者，又從而褒之：我非常奇怪世上那些發表議論的人，又隨之褒揚羊祜。

26 比於聖賢：拿羊祜和聖賢相比。

27 俗尚爭伐：世俗重視爭鬥攻伐。

28 盜名欺世：即「欺世盜名」。欺騙世人，竊取名譽。語本《荀子・不苟》：「夫富貴者則類傲之，夫貧賤者則求柔之，是非仁人之情也，是奸人將以盜名於晻世者也，險莫大焉。」宋羅大經《鶴林玉露》卷八：「〔汪彥章〕草伯紀謫詞，乃云：朋奸罔上，有虞必去於驩兜；欺世盜名，孔子先誅於正卯。」

29 上下其手：玩弄手法，串通作弊。《左傳・襄公二十六年》載，楚攻鄭，穿封戌虜鄭將皇頡，公子圍與之爭功，請伯州犁裁處。伯州犁曰：「請問於囚。」囚出作證，伯州犁有意偏袒公子圍，故意上其手，曰：「夫子為王子圍，寡君之貴介弟也。」下其手，曰：「此子為穿封戌，方城外之縣尹也。誰獲子。」囚曰：「頡遇王子，弱焉。」

30 真面永未被揭：真實面目永遠沒有被揭露出來。

31 此叔子之幸也，王莽之所不幸也：這是羊祜的幸運（羊祜至死私心陰謀也沒有被揭露），也是王莽的不幸（王莽篡漢，真實面目得以大白於天下）。

32 孟子不云乎，國必自侮而後人侮之：《孟子・離婁上》：「夫人必自侮，然後人侮之；家必自毀，而後人毀之；國必自伐，而後人伐之。」

33 孫皓（242—284），字元宗（一說字元景，出自《冊府元龜》），一名彭祖，字皓宗。三國時期吳國末代皇帝，264—280 年在位。吳大帝孫權之孫，孫和之子。在位初期雖施行過明政，但不久即沉溺酒色，專於殺戮，變得昏庸暴虐。280 年，吳國被西晉所滅，孫皓投降西晉，被封為歸命侯。

34 自侮已甚：自己侮辱自己已經非常嚴重了。

35 武帝：晉武帝司馬炎（236—290），字安世，河內溫（今河南溫縣）人。晉朝的開國君主，265—290 年在位。公元 265 年他繼承父親司馬昭的晉王之位，數月後逼迫魏元帝曹奐將帝位禪讓給自己，國號大晉，建都洛陽。279 年他又命杜預、王浚等人分兵伐吳，於次年滅吳，統一全國。建國後採取一系列經濟措施以發展生產，太康元年，頒行戶調式，包括占田制、戶調制和品官占田蔭客制。太康年間出現一片繁榮景象，史稱"太康之治"。但滅吳後，逐漸怠惰政事，奢侈腐化。290 年病逝，諡號武皇帝，廟號世祖，葬峻陽陵。

36 固無俟叔子之喋喋也：本來就不用等着羊祜上《平吳疏》這樣喋喋不休。

37 叔子果賢，應識其大：羊祜果然賢德，應該知道甚麼是更重要的。

38 不為人云亦云：不做人云亦云的事，這裏指上疏伐吳。

39 謀境內之治：謀求晉國內部的安定。

40 圖王者之業：謀劃帝王的事業。

41 以安晉室於萬世：來使晉國長期安定。

42 斯可為忠臣：這樣才可以稱得上是忠臣。

43 而晉室又何至終無寧時也哉：晉朝就怎麼會沒有安定的時候呢。這裏指晉朝的政局一直動盪不安。

44 豈非祜之謀而不忠：難道不是羊祜的謀劃不夠忠誠麼？語出《論語》"為人謀而不忠乎"。

45 得永其年：能夠活得很長。陸抗終年 49 歲。

46 則祜非其敵：那麼羊祜不是他（陸抗）的對手。

47 晉之為晉，未可知也：晉國能不能夠完成統一成為晉朝，還是不可知的呢。

48 玉成：語出宋張載《西銘》："富貴福澤，將厚吾之生也；貧賤憂戚，庸玉汝於成也。"意謂助之使成。後為成全之意。

49 適逢其會：謂正好碰上那個時機。《太平廣記》卷八二引唐薛用弱《集異記‧李子牟》："子牟客遊荊門，適逢其會。"

50 乘時勢者：借助時勢。時勢，時代的趨勢；當時的形勢。《莊子‧秋水》："當堯舜而天下無窮人，非知得也；當桀紂而天下無通人，非知失也，時勢適然。"晉陸機《豪士賦》序："才不半古，而功已倍之，蓋得之於時勢也。"

【點評】

這是一篇史論，是周恩來在讀了晉羊祜《平吳疏》之後，由此疏出發，對羊祜的為人處世進行了歷史的評價。在傳統歷史觀上，羊祜一般被視為有德行的正面形象。他博學能文，清廉正直，以德懷柔，深得軍民之心。羊祜死後，天下皆哀。晉武帝親着喪服痛哭，時值寒冬，武帝的淚水流到鬢鬚上都結成了冰。荊州百姓在集市之日聞知羊祜的死訊，罷市痛哭；連敵對國家吳國的守邊將士也為之落淚。羊祜的仁德流芳後世，襄陽的百姓為紀念他，特地在羊祜生前喜歡遊憩的峴山上刻下石碑，建立廟宇，按時祭祀。由於人們一看見石碑就會忍不住傷心落淚，杜預因此稱之為“墮淚碑”。荊州人為了避羊祜的名諱，把房屋的“戶”都改叫為“門”，另把戶曹也改為辭曹。這些都說明了羊祜無論是在當時，還是在後世，都是被人景仰的。而周恩來此文開始便將羊祜與篡位的王莽相提並論，認為他大奸似忠，只是至死沒有被人識破罷了。這是典型的少年人有意翻案，故作驚人語。因此教師的評價是“議論間有是處，而筆太平塌”，也就是說本文的議論偶爾有對的地方，大部分還是作者深文周納，是立不住的。周恩來得到了這樣的評語，震動很大，非常感慨自責，在這篇作文的頁邊寫下了一段感言：“人人作此均佳，我獨何故而草草率責？致勞先生之口舌。豈從斯無揚眉吐氣之時耶！翔宇翔宇（按，周恩來的字），汝宜三思，須知凡人之所能為者，己即能為之。漢文落第，英文不及格，尚何面居於丁二班？若長此以往，恐降班有你，南開不久亦非汝插足之地矣！宏圖壯志，竟將拋諸大海。活潑精神，亦將沉淪腦外。雖有同志同仇，亦將不汝答矣！豈不羞煞也哉！紀念日書。”從這段感言中，我們可以得知周恩來進入南開中學求學，並非從開始成績就一直優秀，也曾有過學業不佳的時期，但他並不甘心沉淪，努力奮發，很快成績就得以提高。尤其是作文，後來經常得到老師的褒揚評價。由此可見周恩來知恥後勇與奮發圖強的精神。

（程濱）

六

愛國必先合群論

（一九一四年九月）

聚多數團體而成者曰社會，合若干社會而立者曰國家。國無社會不名，社會無團體不生。國與社會，兩相表裏，一而二，二而一者也。是故愛國者，必先及其社會，首必愛其群，斯為愛國之士焉。不然終日號囂於市，輒曰愛國愛國，而口與心違，言與行背。貧者弗恤，病者弗救；不為公益之事，不作道德之舉；視同胞如草芥，奉外人若神明；黨同伐異[1]，爭權攘[2]利；無合群之思，鮮[3]愛眾之想；一國之肥瘠，猶越人之視秦人[4]；一毛之不拔，如洛鐘東應銅山[5]。夫以此種不愛國、不合群之國民，趨之使強，未有不南轅而北轍[6]者也。

吾國自改建共和以來，國民之心理，腦中仍復影成昔日夜郎自大[7]，及苟自卑之習慣。見官吏而膽怯，視人民而自嚴。階級不除，無平等之望。人群不合，無愛國之理。舉凡種種，無不蹈之踐之。外人之譏吾[8]國民無共和程度，良不誣[9]也。

雖然，吾國民果欲佔顏色於世界也，則當愛國。欲愛國則必先合群，無分畛[10]域，勿拘等級，孤寡者憐之，貧病者恤之，優者獎之，劣者教之。合人群而成良社會，聚良社會斯能成強國。神州不沉，吾種不滅，均如千鈞繫之一髮[11]，吾國可不於此加之意乎？

【周恩來教師評語】

頗有思想，頗有理路，詞旨亦復曲折能達。若能再加磨礪，不難成完璧矣！

【註釋】

1　黨同伐異：黨，指偏袒。無原則地分立門戶派別，偏袒同黨，攻擊不同意見的人。

2　攘：竊取，侵奪。

3　鮮：少。

4　一國之肥瘠，猶越人之視秦人：好像越國人看着秦國的人，不管這個國家的子民是富貴還是貧窮。意指袖手旁觀。見方孝孺《豫讓論》："讓於此時，曾無一語開悟主心，視伯之危亡，猶越人視秦人之肥瘠也。袖手旁觀，坐待成敗，國士之報，曾若是乎？"即豫讓在當時，從無一句話來啟發覺悟主君的心，眼看着智伯的危險以至滅亡，好似越國人看着秦國的人，不管他是富是貧一樣。袖手旁觀，坐等勝敗，所謂"國士"的報答，能是這樣的嗎？

5　如洛鐘東應銅山：劉孝標注引《東方朔傳》："孝武皇帝時，未央宮前殿鐘無故自鳴，三日三夜不止。詔問太史待詔王朔，朔言恐有兵氣。更問東方朔，朔曰：'臣聞銅者山之子，山者銅之母，以陰陽氣類言之，子母相感，山恐有崩弛者，故鐘先鳴。《易》曰："鳴鶴在陰，其子和之。"精之至也。其應在後五日內。'居三日，南郡太守上書言山崩，延袤二十餘里。"後以"銅山西崩，洛鐘東應"表示重大事件彼此互相影響。

6　南轅北轍：意思是本想往南，而車卻向北行。比喻行動跟目的相反。

7　夜郎自大：夜郎，漢代西南地區的一個小國。比喻人無知，妄自尊大。出自班固《漢書・西南夷列傳》："滇王與漢使言：'漢孰與我大？'及夜郎侯亦然。各自一州王，不知漢廣大。"

8　原文為"吾譏"，可能是筆誤。

9　誣：欺騙，言語不真實。

10　畛：界限。

11　千鈞一髮：一根髮絲吊着千均重物，比喻萬分危急。鈞，古代重量單位，合三十斤。

【點評】

　　"國家"這一概念，在不同的歷史語境中有着不同的含義。現代意義上的"國家"起自西方，是民族國家與民主國家雙重化建構而成的，是一種內生化的過程。就中國而言，其現代化過程是在西方國家實行帝國主義和殖民主義的過程中進行的，是一種外生化過程。所以中國要想建構現代化國家，首先必須推翻封建傳統意義上的王朝國家，實現向現代意義上的民族國家轉型，然後再進行民主國家的建構。正因此，當孫中山在1912年1月1日宣告中華民國臨時政府成立時，"國家"這一術語在能指與所指上並未契合，即"國家"這一外殼已具備現代性，而其內核——國民的思想仍舊停滯於封建話語體系之中。於是，"愛國"這一口號極為容易地流於一種"空洞的能指"。

　　青年時期的周恩來以其敏銳的目光洞察到"國家"這一概念的縫隙性，他果斷地將"國家"收束至"社會"且落實到"群體"這一具體性術語上來，響亮地道出"愛國必先合群"這一論斷，能指遂附麗於所指，難怪周恩來老師贊評其文"頗有思想"。

　　文章首先道出"國家"與"社會""團體"之間的相互依存關係，並且立即指出真正的愛國者首先必愛其群。然而行文並沒有在這樣一種意義的導向下貿然行進，而是指出所謂的"愛國者"只是響應於"空洞的能指"，確乎為語言的巨人、行動的矮子。這是因為"國家"這一術語只是存在於國民的言論之中，而並未落實於其行為之中，遑論深植於其思想土壤裏了。文章在列舉這些"愛國者""口心相違""言行相背"的種種表現之後，把言論之矛直刺"國民之心理"，這是"能指"與"所指"的撕裂之縫隙。國民之所以外強中乾是因為國民無共和之魂。皮之不存，毛將焉附！現代意義上的"國家"沒有在國民心理上留有烙印，他們仍舊拖着封建的影子遊蕩：自尊與自卑交融，前者源自等級制度，後者源自官僚文化。鮮平等，不合群，無愛國。文章最後再次吶喊："欲愛國則必先合群。"現代意義上的"國家"儘管在普通民眾的心理中了若無痕，但是在智識者、先驅者周恩來的心中卻有着雛形，即平等、慈愛、獎優教劣等，至此"愛國"這一口號才有了"具體的所指"。周恩來老師讚譽其文"頗有理路，詞旨亦復曲折能達"，是矣！

鑒於時代的局限性，現代意義上的"國家"正處於新的起跑線上，智識者也正在時代的隧洞裏蝸行摸索，對於"國家"的認知難免朦朧淺淡，所以青年的周恩來在文章結尾處用了一個疑問句："神州不沉，吾種不滅，均如千鈞繫之一髮，吾國可不於此加之意乎？"但無論如何，這應是東方晨光之熹微，是華林之響箭！周恩來老師勉勵其語為："若能再加磨礪，不難成完璧矣！"這與其説是文章之琢磨，不若説是思想之磋切。聰敏之徒，智遠之師！

(馬西超)

七

生人最寶貴者，無過於光陰。況今日為急進時代，
片刻尤未可虛擲，諸生求學應識此旨。
暑假五十日，當早暑，天氣清爽，
猶克惕屬[1]自勤乎？試各述所為，勿隱

（一九一四年）

　　茫茫大地之上，芸芸眾生之中。樹木常蕃[2]，鳥獸時摯[3]，色麗而
氣香，聲婉而鳴和[4]，處處有斯物之跡，在在均此種之居。其力之偉，
其勢之溥[5]，固宜秉宇宙之權衡[6]，執斯世之牛耳[7]矣。乃孰知大謬不
然[8]。有所謂人也，掘起於諸物之殿，恃其能以之驅鳥獸，鳥獸莫敢不
服；憑其才以之培花木，花木無有不順。後來居上，反制前輩，其才
其能果何為而若是之偉且大哉？無他，非其智勇之足以懾朝萬物也，
以其秉有特殊之靈耳。然人之以形骸生於世也，多不滿百年，少僅
一二時。百年易逝，剎那間已非故我。

　　光陰一去，老大徒嗟，得天雖厚，龍鍾[9]奚為？夫我之所以為我
者，既如是其促且急，則欲為我之真我，於此短少光陰中安得不珍之
護之，以繫其馳耶！大禹[10]惜寸，陶侃[11]惜分，視光陰之可貴，在昔已
然。況丁[12]此大難將興之日，一髮千鈞之時，強鄰逼處，虎視眈眈。吾
人枕戈待旦[13]之不暇，又何敢安吾身而光陰之虛擲哉！余自顧何人，敢
擬祖生[14]。然既秉斯靈以為人，則天職應盡，無待遲疑。

今暑假之休息已盡，受業之時期方長，重整旗鼓，以圖振興。唯學業是求，勿怠惰，隨遇而安，是顧用以自惕[15]者也。而追往溯[16]思，此五十日之假期，果何所作耶？豈假休息之名，而行休息之實耶？抑殷殷矻矻[17]，以致力於書城筆陣[18]中耶？夫暑假之休，原以炎夏酷暑不適於讀書，群趨一室，尤不合於衛生。是以散之使自修，其所應為也。

余對於放假之心理既若是，故每當天清氣爽之時，輒自思功課之既不余縛，則必求之於功課以外之事，能成其所以為我者為之，方不負此大好時光也。然言之非易，行之維艱。五十日之時光易逝，而我之所期者卒不克竟成，使行之不足以應言也。顧雖如是，而余對於人類所以軼[19]出萬物之上，成其所以為人之道者，固已較前之昏昏，莫知西東者，殆若天地之懸殊矣！瞥眼時光已杳[20]，唯有補前之所不足者以足之；則今之視昔，亦猶後之視今[21]也。

【周恩來教師評語】

氣機蓬勃，議論尚未緊飭。

【註釋】

1　惕厲：亦作"惕勵"。警惕謹慎，警惕激勵。語出《易·乾》："君子終日乾乾，夕惕若厲，無咎。"

2　樹木常蕃：周恩來的老師將此處改為"花木逢春亦茂"。

3　鳥獸時摯：周恩來的老師將此處改為"鳥獸順時摯乳。

4　色麗而氣香，聲婉而鳴和：周恩來的老師將此處改為"或色麗氣香，或聲婉鳴和"。

5　溥：廣大。

6　權衡：稱量物體輕重的器具。權，秤錘；衡，秤桿。《禮記·深衣》："規矩取其無私，繩取其直，權衡取其平。"這裏是法度，標準的意思。

7　執斯世之牛耳：古代諸侯會盟時，割牛耳取血盛敦中，置牛耳於盤，由主盟者執盤分嘗諸侯為誓，以示信守。後用以指在某方面居於領袖地位的人。

8　大謬不然：謂大錯特錯，完全不是這樣。漢司馬遷《報任少卿書》："日夜思竭其不肖之才力，務一心營職，以求親媚於主上。而事乃有大謬不然者夫！"

9　龍鍾：衰老貌；年邁。

10　大禹惜寸：寸，寸陰，指短暫的光陰。語出《淮南子‧原道訓》："聖人不貴尺之璧，而重寸之陰，時難得而易失也。"

11　陶侃惜分：陶侃，東晉名將。據《資治通鑒‧晉紀》載：（陶侃）常語人云："大禹聖人，乃惜寸陰，至於眾人，當惜分陰。豈可但逸遊荒醉，生無益於時，死無聞於後，是自棄也！"

12　丁：當。

13　枕戈待旦：枕着兵器，等待天亮。形容殺敵報國心切。

14　祖生：東晉名將祖逖，率部渡長江時中流擊楫，誓復中原。所部紀律嚴明，得到沿途各地人民擁護，收復黃河以南地區。由於東晉內部迭起糾紛，對他不加支持，他大功未成，憂憤而死。後世詩文常用此典故，稱祖逖為祖生。

15　惕：戒懼，小心謹慎。

16　溯：追求根源或回想。

17　殷殷矻矻：殷殷，殷切急迫的樣子。矻矻，勤勞不懈的樣子。

18　書城筆陣：書城，書籍環列如城，言其多。明陳繼儒《太平清話》卷二："宋政和時，都下李德茂環集墳籍，名曰書城。"筆陣，比喻寫作文章。謂詩文謀篇佈局擘畫如軍陣。南朝梁蕭統《正月啟》："談叢發流水之源，筆陣引崩雲之勢。"

19　軼：超出。

20　杳：無影無聲。

21　則今之視昔，亦猶後之視今也：化用王羲之《蘭亭集序》"後之視今，亦猶今之視昔"句。

【點評】

　　這篇作文據考訂寫於 1914 年秋。題目形式和今天的作文區別較大，文字很多，類似於給材料作文的 "材料" 了。教師佈置這篇作文的目的，應該是敦促學生片刻不可虛擲光陰，即便暑假期間也應警惕謹慎。教師着眼於中學生的基本品德修養，引導學生思考，培養他們從細微處着手，樹立自身的遠大志向，養成良好的學習與生活習慣。

　　周恩來於 1913 年 8 月考入天津南開中學，這篇作文是他在南開度過第一個暑假之後所作。文章的主旨落在惜時上，作者強調作為"秉有特殊之靈"的人，只有不虛擲光陰，勤奮自勵，才能盡天職。應該說，惜時之詩文名篇佳作並不鮮見，如陶淵明的"盛年不重來，一日難再晨"，顏真卿的"黑髮不知勤學早，白首方悔讀書遲"，以及岳飛的"莫等閒，白了少年頭"等都是耳熟能詳的名句。這篇文章的獨特之處在於，作者在強調惜時的同時，抓住了假期學習的特點，指出在暑假期間，課業負擔不是很重的時候，要"求之於功課以外之事，能成其所以為我者為之，方不負此大好時光也"。

作者在文章開頭用了大量筆墨渲染"常蕃"的"樹木"、"時孳"的"鳥獸"如何勢力強大，然後，筆鋒一轉，再以樹木鳥獸襯托"秉有特殊之靈"的人世間萬物的真正主宰，藉以突出人類的偉大，而後文提出惜時主題就是水到渠成的事情了。試想，如此偉大的人，卻有如此短暫的生命，這怎麼能不使每一個作為人的個體激發出珍惜生命，珍愛時光，砥礪個人的品行與情操，成就理想的自己的宏圖偉願呢？

文章節奏環環相扣，語句鏗鏘有力，所以周恩來的國文老師有"氣機蓬勃"的評語。最後一段從"然言之非易，行之維艱"句至文末，所論內容與主題聯繫不夠緊密，故周恩來的老師又有"議論尚未緊飭"的批評。

（何士龍）

八

擬[1]劉厚傳

（一九一四年冬）

　　齊魯古多任俠[2]好義之士，奇聞軼事，代有所傳，至今而弗衰。以余所聞者，得一人一事焉。傳之縱之可流百世紀，橫之可廣數千里。非耳食[3]之錄，實一代稗史[4]所由繫也。傳者何人？吾友劉厚君也。吾曷[5]為而傳君？曰：君之幼年所處家庭之慘境，殆[6]非他人可擬[7]。傳之，不獨傳君於永久，且示社會以針砭也。然則吾烏[8]可不傳哉！君之生也晚，呱呱落地之日，雙親年已半百，盼子心殷，驟得之，愛護彌恆。雖連城之璧，闐和[9]之玉，亦弗若是其珍也。家庭快愉，父母歡欣，自在意中。且君固有兄及姊者，天倫之樂，斑衣[10]之舞，在他人視之，當復常履斯境，而君則未嘗一日得享斯幸福也。先是君父以年逾耳順[11]，膝下猶虛，哲嗣[12]雖有一女，然終非君家久留之物，故常戚戚[13]焉。燒香求佛，望子心誠，木偶[14]無靈，竟負良善。一日，偶至某廟謁佛，見夫婦二人，攜一幼子乞食道旁，君父憫之，施以錢，睹其子敏慧，沉淪於乞丐之中，不覺心動。回思己之璋玉未弄[15]，更益心悲。遂有佈[16]之之意。此夫婦二人見有利可圖，亦心焉向之。經人撮合，乃以五十千購之而歸。為之名曰活。孰知已後之不幸，即發生於是焉。君親既得此子後溺愛非常，縱之無所為，任意肆索，不加限制。於是茶寮[17]妓館，殆[18]無處無劉活之蹤矣！雖有友人之諫勸行動之謬誤，然以恩愛方濃，亦復無濟於事。而君兄之生父母名王本及胡氏者，尤[19]不時來府，假[20]見子之名，冀填欲望。君父人本弱實易欺，富有多金，烏得不陷此阱耶！故君之未生也，君母終日困坐愁城，諫夫無術，教子鮮方，所可解悶，唯賴閨中弱息解語之花[21]耳。而君兄亦以求有必應，聽意而行，尚未十分有不孝之行也。啻[22]君既生，仇敵乃現，父母偏愛之情，至不能免。於是君兄對父母乃大異疇昔[23]之為所矣！家庭喧鬧，遂無寧時。君性素靜，周旋於父子兄弟之間，尤能克盡友孝。君兄雖暴，固當稍存憐惜之心。然眼見分產之人，加以王本夫婦從中播弄，乃大肆厥[24]虐矣！君母因庭家之變，致眇[25]其目。君年十六，君父因氣成疾，一病不起。而君益入慘境，君兄生父母來佐理家務，致有燒君母子及女之議。幸君姊忠，探得是議，乃相偕逃出於雲天[26]中，路遇馮拯救之家。君為君兄捉之家焉，後為俠士馮拯所救。

【周恩來教師評語】

閒話太多，正傳反未能詳。

【註釋】

1　擬：模仿。

2　任俠：抱不平，負氣仗義。《史記·季布傳》："季布者，楚人也，為氣任俠。"

3　耳食：比喻不加思考，輕信傳聞。《史記·六國年表·序》："學者牽於所聞，見秦在帝位日淺，不察其終始，因舉而笑之，不敢道，此與以耳食無異。"索隱："言俗學淺識，舉而笑秦，此猶耳食不能知味也。"

4　稗史：稗，稻田雜草，似禾。稗實細小，又非穀物，故以稗形容卑微，如"稗官"，意為小官。稗史，記錄遺聞瑣事之書。有別於正史，故稱稗史。

5　曷：何。

6　殆：大概。

7　擬：比，類似。

8　烏：何，哪裏。是疑問代詞。

9　闐和：即和闐，今新疆和田縣。

10　斑衣：彩衣。相傳老萊子着彩衣為兒戲以娛親，後因以斑衣為孝養父母的典故。

11　耳順：《論語・為政》：“六十而耳順。”疏：“順，不逆也。耳聞其言則知其微旨而不逆也。”後遂以耳順之年為六十歲的代稱。

12　哲嗣：舊稱人之子為哲嗣，即令嗣之意。

13　戚戚：憂懼。《論語・述而》：“君子坦蕩蕩，小人長戚戚。”

14　木偶：木刻偶像。

15　璋玉未弄：《詩・小雅・斯干》：“乃生男子，載寢之床，載衣之裳，載弄之璋。”璋謂圭璋，寶玉；祝其成長後為王侯執圭璧。後因稱生男曰弄璋。生女曰弄瓦。典故同出於《詩・小雅・斯干》：“乃生女子，載寢之地，載衣之裼（傳：“裼，褓也。”即裹覆嬰兒的被），載弄之瓦。”瓦，紡磚，古代婦女紡織所用。後因稱生女曰弄瓦。

16　佈：以財物施捨於人。

17　寮：宋陸游《劍南詩稿・貧居》：“囊空如客路，屋窄似僧寮。”僧寮，即僧舍，後通稱小屋為寮。

18　殆：近，幾乎。

19　尤：格外，更加。

20　假：借。

21　弱息解語之花：弱息，稱自己的子女。《南史・周盤龍傳》：“弱息不為世子，便為孝子。”解語之花，即解語花。五代後周王仁裕《開元天寶遺事・解語花》：“明皇秋八月，太液池有千葉白蓮數枝盛開，帝與貴戚宴賞焉。左右皆歡羨久之，帝指貴妃示於左右曰：‘爭如我解語花？’”後因以比喻美人。宋趙彥端《介庵詞・鷓鴣天・玉婉》：“冰肌瑩骨能香玉，豔質英姿解語花。”弱息解語之花，在此處代指劉厚的姐姐。

22　啻：但，只。

23　疇昔：往日。疇，助詞，無義。

24　厥：助詞，無義。

25　眇：偏盲，一眼瞎。《易・履》：“眇能視，跛能履。”後也指兩眼瞎。

26　雲天：高天。雲，極言其高。《宋書・謝靈運傳》史臣曰：“英辭潤金石，高義薄雲天。”

【點評】

　　《擬劉厚傳》是一篇人物小傳。文後有周恩來國文老師的評語：“閑話太多，正傳反未能詳。”從評語中可以看出，這篇小傳確有不足之處。

首先，立人物傳記就是為了傳於後世，為了"鑒人明事"，因此只能選擇重大的有代表性的最能反映人物特徵的事件詳細記述，把不能表現人物特徵的事件摒棄或一筆帶過。這些典型事件，往往是人物一生的關鍵所在。在這方面，《擬劉厚傳》雖情節曲折，但對劉厚本人重大事蹟交代不足。其次，在人物形象塑造上要敘行錄言。思想支配行動，行動表現思想。人物思想性格不同，所表現出來的行動也就不一樣。人物的思想、感情、願望、要求，也無不表現在他們的語言中。因此記述那些最典型、最能表現人物思想性格的行動和語言，是揭示人物內心世界和性格特點的重要方法。在這方面，《擬劉厚傳》僅有的一句"君性素靜，周旋於父子兄弟之間，尤能克盡友孝"是不夠的。敘行錄言的不足造成立傳人物性格形象不夠鮮明。

這篇小傳雖然在佈局上不盡合理，但語言明白曉暢，層次分明，特別是遣詞精當典雅，用典豐富，如"斑衣之舞"、"璋玉未弄"、"解語之花"等等，文白相兼，強化了表意抒情效果，表現出周恩來廣博深厚的學識修養。

可以說這篇小傳是嘗試之作，略顯稚嫩。教師的評語是中肯的。

（高宇鵬）

九

勸校友勿曠功課從速銷假啟

（一九一四年）

　　自分襟[1]後，轉瞬[2]已屆三旬，雲樹之思[3]，無時或釋。方欲興問候之書，忽來雙鯉[4]之頒，知駕駐都門[5]，返旆[6]無期。鰍生不才[7]，深為閣下憂之，蓋假期遙遙，功課愈積愈累。問津[8]路斷，難以追隨。足下雖聰悟過人，似此區區，固不足談虎而色變[9]。然一暴十寒[10]，亂絲無緒[11]，雖智者亦難措手[12]。況光陰當惜，一去不返，虛擲[13]此有用之時光歲月於……

【註釋】

1　分襟：分袂。唐王勃《春夜桑泉別王少府序》：“他鄉握手，自傷關塞之春；異縣分襟，竟切悽愴之路。”

2　轉瞬：轉眼。喻時間短促。宋葉適《祭王君玉太博文》：“崇高轉瞬，忽墮奚悲！”《明史·余珊傳》：“豈期一轉瞬間，邪投隙而起。”

3　雲樹之思：唐杜甫《春日憶李白》詩：“渭北春天樹，江東日暮雲。”後用“雲樹之思”比喻朋友闊別後的相思之情。

4　雙鯉：明楊慎《丹鉛總錄·雙鯉》：“古樂府詩：‘尺素如殘雪，結成雙鯉魚。要知心中事，看取腹中書。’據此詩，古人尺素結為鯉魚形，即緘也，非如今人用蠟。《文選》‘客從遠方來，遺我雙鯉魚’，即此事也。下云烹魚得書，亦譬況之言耳，非真烹也。”一底一蓋，把書信夾在裏面的魚形木板，常指代書信。唐韓愈《寄盧仝》詩：“先生有意許降臨，更遣長鬚致雙鯉。”

5　都門：借指京都。清顧炎武《送王文學麗正歸新安》詩：“兩年相遇都門道，只有王生是故人。”

6　返斾：亦作"返旆"，指返歸。

7　鯫生：淺薄愚陋的人；小人。《史記·項羽本紀》："鯫生説我曰：'距關，毋內諸侯，秦地可盡王也。'"

8　問津：打聽渡口，引申為探求途徑或嘗試。《論語·微子》："使子路問津焉。"晉陶淵明《桃花源記》："遂無問津者。"

9　談虎而色變：即談虎色變。《二程遺書》卷二上："真知與常知異。常見一田夫，曾被虎傷，有人説虎傷人，眾莫不驚，獨田夫色動異於眾。若虎能傷人，雖三尺童子莫不知之，然未嘗真知。真知須如田夫乃是。"原意是説被虎咬過的人才真知虎的厲害。後以"談虎色變"比喻一提到可怕的事物連臉色都變了。清黃宗羲《畫川先生易俟序》："蓋先生在講筵，奏對以救維桑，遂不為小人所容，所謂談虎色變也。"

10　一暴十寒：也作"一曝十寒"。曬一天，冷十天。比喻做事沒有恆心。《孟子·告子上》："雖有天下易生之物也，一日暴之，十日寒之，未有能生者也。"

11　亂絲無緒：紊亂的絲，常以比喻紛亂無緒的事物。《管子·樞言》："紛紛乎若亂絲。"

12　措手：着手安排，應付；着手處理。唐方幹《酬將作於少監》詩："冰絲織絡經心久，瑞玉雕磨措手難。"

13　虛擲：白白地丟棄、扔掉。唐韓愈《李花贈張十一署》詩："只今四十已如此，後日更老誰論哉？力攜一樽獨就醉，不忍虛擲委黃埃。"

【點評】

本文是一篇作文，原手稿只剩此一頁，其後部分及周恩來教師評語均佚失，據考寫於 1914 年。因周恩來於 1913 年 8 月至 1917 年 6 月在南開中學學習，此篇文章或為周恩來進入南開中學學習一年左右的筆墨。

這篇文章殊驪難得，僅此一頁存留文字，其圈點處亦不在少。其一，僅從標題與存留部分看，文章主意為規勸校友出勤上課，勿虛擲大好光陰。特別要指明的是文章標題之使用"啟"。"啟"是一種古代文體，產生的時間大致有兩説：一説為東漢末，一説為魏晉時。"啟"一般指"奏啟"和"書啟"。"奏啟"多用於給君主、諸王的上書，"書啟"則指一般親朋之間的往來書信。"啟"這一文體發展至唐代，逐漸成為一種與"書"並行的文體。《文苑英華》列"啟"類十二細類，功用大致有六，其中一類便是規勸的文字，如諫諍、勸學、薦士。可見，作者在題目中使用“啟”，在文體上已經顯明，是含有“勸學”意味的一封書信類文字。以“啟”為文體，既可使標題醒目、題旨晰現，又體現作者古體沿用之恰切拿捏。其二，手稿僅留此一頁，卻能處處引經據典，如“雲樹之思”、“雙鯉之頌”、“駕駐都門”、“鰍生不才”、“問津路斷”、“一暴十寒”、“亂絲無緒”、“談虎色變”等等。成語使用恰切通達，典故運用合理清晰，且行文暢達，並無堆砌之感。其三，手稿題目和正文現共存 136 字，卻字字可見作者對校友勿曠功課之殷殷規勸，從這規勸中也可以看到愛護朋友與諍言提醒之意，恰如作者所言，“光陰當惜，一去不返”。由此可見，周恩來惜時愛友、勸學勉進之品行在其青年時期便已顯現。

（王蕊）

十

勸友人慎重飲食免致時疾啟

（一九一四年）

某某仁兄青覽[1]：

江邊話別，忽忽[2]經旬[3]。每於月白風清時，深采葛采蕭之詠[4]。頃者朵雲[5]飛下，方知滬上負笈[6]，已獲選拔。千里而往，果應前期，誠足為閣下慶得所也。

浦江俗尚奢淫，守身非易，一朝失足，恨成千古。然以我兄霜菊之操[7]，貴校管理之嚴，自必早破難關，固無庸弟之喋喋[8]。唯俗云：明槍易躲，暗劍難防。飲食人之大欲，亦養生所必要，故雖有害焉，□□不知貪一時口腹之私，遂遺憂[9]於堂上[10]，寄身逆旅[11]，尤宜懍惕[12]。況現際茲[13]時疾[14]流行，最易傳染。偶不謹食，微生物毒蟲即乘間而入，作祟腹內，殆[15]豎子[16]已進膏肓[17]，悔亦晚矣。如台駕[18]欲防斯病於未來，是在慎之。苟[19]生物已達熱度，則微菌已死，食之便無大害。弟尤有進者[20]，吾人除一日三餐之外，切勿多食生物[21]。因腹□□化器官[22]，亦猶之各種機器也。機器若馳之適宜，則決無停輪之弊[23]。若忽而急之使轉，忽又止之勿動，則輪軸必毀無疑。人之五臟肺腑亦然，苟進食有定，則消化時間均勻，可免受時疾之侵。反之若忽而飽腹便便，忽而飢腸轆轆，消化器有應接不暇之勢，欲免疾病不可得也。

總之，多啖[24]生物，無非致病之由；食不按時，是乃招疾之媒[25]。明達如兄，想當亦籌之熟而預為之防矣[26]。學務紛勞，諸宜珍攝[27]，碌

碌[28]如弟，一無可白[29]，因風懷想，不盡所言。順頌
時祉[30]

弟某某免冠[31]

【周恩來教師評語】

平順中有警切語。

【註釋】

1　青覽：舊時書信客套語，敬稱對方閱覽。

2　忽忽：時間快速飛逝的樣子。《楚辭·離騷》："欲少留此靈瑣兮，日忽忽兮其將暮。"

3　經旬：經過一旬或多旬。旬，十天。杜甫《江畔獨步尋花·其一》："江上被花惱不徹，無處告訴只顛狂。走覓南鄰愛酒伴，經旬出飲獨空牀。"

4　深采葛采蕭之詠：長時間詠歎《詩經》中的句子以表達懷念友人之情。《詩經·王風·采葛》："彼采葛兮，一日不見，如三月兮。彼采蕭兮，一日不見，如三秋兮。"

5　朵雲：對人書信的敬稱。語出《新唐書·韋陟傳》："常以五采箋為書記，使侍妾主之，以裁答，受意而已，皆有楷法。陟唯署名，自謂所書'陟'字若五朵雲。"

6　負笈：背着書箱求學。《晉書·王裒傳》："北海郡邴春少立志操，寒苦自居，負笈遊學。"

7　霜菊之操：傲霜秋菊的高潔節操。

8　喋喋：説話很多而無休止。

9　遺憂：留下憂慮。《史記·韓長孺列傳》："帝心乃解，而免冠謝太后曰：'兄弟不能相教，乃為太后遺憂。'"

10　堂上：指父母。吳騫《扶風傳信錄》："君歸為我謝堂上。"

11　逆旅：迎客止宿之處，客舍。《後漢書·儒林傳上》："常修逆旅，以供過客，而不受其報。"李白《春夜宴桃李園序》："夫天地者，萬物之逆旅也。"

12　懍惕：心懷戒懼。

13　現際茲：現在這個時候。

14　時疾：季節性流行病。

15　殆：怕。

16　豎子：原指對愚弱無能的人的鄙稱。這裏代指微生物、毒蟲。

17　膏肓：藥力達不到的地方。古代醫學以心尖脂肪為膏，心臟與膈膜之間為肓。《左傳・成公十年》："疾不可為也，在肓之上，膏之下，攻之不可，達之不及，藥不至焉，不可為也。"

18　台駕：敬辭。尊稱對方。

19　苟：如果。

20　尤有進者：還有要奉上的話。

21　生物：未經煮熟之物。

22　因腹 □□ 化器官：原文殘缺。根據句意推斷，應為"因腹乃消化器官"。

23　停輪之弊：停止運轉的害處。

24　啖：吃。

25　媒：媒介，中介。

26　明達如兄，想當亦籌之熟而預為之防矣：像仁兄這樣對事理有透徹認識的人，想來應當也對此考慮成熟，預先為此防範了。

27　諸宜珍攝：各種事宜繁多，要多多保重。

28　碌碌：平庸無能，無所作為。此處為自謙之語。

29　白：稟告，報告。

30　順頌時祉：書信結尾處的祝頌語。順祝四時幸福。

31　免冠：脫去帽子，表示敬意。

【點評】

　　本文是周恩來在南開中學讀書時寫給友人的一封信，據考訂寫於1914 年。作者在信中對赴滬求學的朋友充滿關切：希望友人能堅守高潔志向，求學時遠離庸俗風氣；同時，能夠慎重對待飲食問題，按時進餐，切忌生食，避免傳染時疾。

　　在南開中學求學的周恩來，不僅品學兼優，而且胸襟開闊，在諸多社團活動中，與各年級、班級同學廣泛接觸，結交了許多朋友。他對朋友總是肝膽相照，以誠相待，關心別人勝過關心自己。他經常犧牲自己的課餘時間幫助同學補習功課，指導幫助低年級同學。周恩來無私關心別人，以至師生讚譽他"最富於感情，摯於友誼"，"凡朋友及公益事，無不盡力"，"善交遊到處逢人歡迎"，這也是周恩來一生為人稱道的人格魅力。

文中的"仁兄"確指何人，已不可考，但我們仍可從樸實的勸諫文字中，讀到周恩來對友人生活的真切關心。關心朋友的起居飲食，關心朋友的身體，這體現着最真實的情誼。

信中作者的勸諫措辭委婉，一方面擔心"浦江俗尚奢淫，守身非易"，另一方面又表示"以我兄霜菊之操，貴校管理之嚴，自必早破難關，固無庸弟之喋喋"；既有慎重飲食，勿"遺憂於堂上"的勸告，又有"明達如兄，想當亦籌之熟而預為之防矣"的肯定。想必收信之人讀畢，一定會欣然接受好友的建議。

信中文字平順洗練，"朵雲"、"負笈"、"霜菊之操"等詞語的使用，內涵豐富，使文字更顯雅致。

（張揚）

十一

本校始業式記[1]

（一九一五年二月下旬）

　　維我民國四年一月十一日[2]，吾校師生咸集於禮堂[3]，而開始業式焉。是日也，日麗風和，天清氣爽[4]。融融雍雍[5]之間，若表示其無限歡迎於吾校斯盛會者[6]。未幾[7]，軍樂揚揚[8]，震於耳鼓[9]，為開會之導也[10]；校長立於壇上，解釋行始業式之理由，述開會辭也；師生相對而立一鞠躬，行相見禮也。禮之既畢[11]，於是校長乃誥誡諸生曰："夫春為一歲之首[12]，今日又為一學期之首，正百事實行之首日。生等既秉家訓[13]，負笈而來[14]，即當殷勤向學[15]，勿使半途而廢，有違初志[16]。況造就不克成材之學生[17]，亦非司教育者之希望也[18]。且生等宜自思，應發奮自勵以日新乎[19]，抑隨流逐波以自棄乎[20]？孜孜矻矻以進三育乎[21]，抑優優游游以消光陰乎[22]？鍛煉身心以圖強乎，抑飽食終日無所用其心乎[23]？所是所非[24]，固明瞭易見[25]，然切不可因其易而存疏忽之心也。"次中學主任演說[26]。大意謂：吾人既入中學[27]，即當思為國用。然課程有限，事業無窮。欲救斯弊[28]，此校中之各會所以立，諸生於上課自修之暇，尤當置身各會，研學識，理事務，則將來出而任國事，整社會，方不致無所措手[29]，而作砥柱於中流也[30]。演說終，即奏樂散會。歸而思之，古語云：得天下英才而教育之，三樂也[31]。今吾校學者多來自四方，濟濟一堂[32]，八百有餘。不知諸先生之對於學生，亦曾否作是想耳[33]。泚筆記之[34]，以誌不忘爾[35]。

【周恩來教師評語】

中間筆致雅秀，餘清適，而字句間有欠細膩處。

【註釋】

1 本校始業式記：本校，指南開中學。始業式，即開學典禮。記，一種文體，以記事
為主。

2 維我民國四年一月十一日：維，文言助詞，用於句首或句中。民國四年一月十一日，
周恩來在這裏使用陰曆，公曆為 1915 年 2 月 24 日。

3 咸集：全部聚集。晉王羲之《蘭亭集序》："群賢畢至，少長咸集。"

4 是日也，日麗風和，天清氣爽：化用晉王羲之《蘭亭集序》"是日也，天朗氣清，惠
風和暢"句。

5 融融雍雍：融融，和暖；明媚。南朝宋鮑照《採桑》詩："藹藹霧滿閨，融融景盈幕。"
雍雍，和洽貌；和樂貌。《漢書·王莽傳上》："是以四海雍雍，萬國慕義，蠻夷
殊俗，不召自至。"

6 若表示其無限歡迎於吾校斯盛會者：仿佛對我校這個盛會表現出無限的歡迎。

7 未幾：不久。

8 軍樂揚揚：軍樂，現代軍樂，指用管樂器和打擊樂器演奏的音樂。因軍中常用而得
名。揚揚，得意貌。唐柳宗元《辨伏神文》："君子食之兮，其樂揚揚。"這裏指樂
聲高昂。

9 耳鼓：耳膜，也泛指耳朵。

10 為開會之導也：作為開會的序幕。

11 既畢：已經完成。

12 夫春為一歲之首：夫，發語詞，無意義。春為一歲之首，春季為一年的開端。

13 生等既秉家訓：同學們已經秉承家庭訓教。生等，同學們。既，已經。秉，秉承。
家訓，家庭訓教。

14 負笈：背着書箱。指到外地求學。

15 即當殷勤向學：就應當勤奮地立志求學。即當：就應當。向學：立志求學；好學。
宋曾鞏《襄州到任表》："伏念臣素堅向學之心，幸遇好文之主。"

16 有違初志：違背了初衷。初志，當初的志向。

17 況造就不克成材之學生：何況培養不能成材的學生。

18 亦非司教育者之希望也：也不是主管教育者的希望。

19 日新：日日更新。《易·繫辭上》："富有之謂大業，日新之謂盛德。"孔穎達疏：

"其德日日增新。"《禮記・大學》:"湯之盤銘曰:'苟日新,日日新,又日新。'"

20 抑隨流逐波以自棄乎:抑,抑或,還是。隨流逐波,《史記・屈原賈生列傳》:"夫聖人者,不凝滯於物而能與世推移。舉世混濁,何不隨其流而揚其波?"後因以"隨波逐流"比喻無原則、無立場地與世相浮沉。自棄,自甘落後,不求上進。《孟子・離婁上》:"吾身不能居仁由義,謂之自棄也。"

21 孜孜矻矻以進三育乎:孜孜矻矻,勤勉不懈貌。唐韓愈《爭臣論》:"自古聖人賢士皆非有求於聞用也,閔其時之不平,人之不乂,得其道,不敢獨善其身,而必以兼濟天下也,孜孜矻矻,死而後已。"三育,德育、智育、體育的合稱。

22 抑優優游游以消光陰乎:優優遊遊,悠閒自得。《詩・大雅・卷阿》:"伴奐爾游矣,優游爾休矣。"消光陰,消磨時光。

23 飽食終日無所用其心:謂成天吃飽喝足,無所事事。《論語・陽貨》:"飽食終日,無所用心,難矣哉!"

24 所是所非:周恩來的老師改為"何是何非"。"何是何非",甚麼是對的,甚麼是錯的。

25 固明瞭易見:本來就十分清楚,容易看清。

26 次:其次。

27 吾人:我們。

28 欲救斯弊:想要挽救這個弊端。

29 措手:着手處理。

30 砥柱於中流:像砥柱山一樣屹立在黃河急流之中。比喻能負重任,支危局。

31 得天下英才而教育之,三樂也:語出《孟子・盡心上》孟子曰:"君子有三樂,而王天下不與存焉。父母俱存,兄弟無故,一樂也。仰不愧於天,俯不怍於人,二樂也。得天下英才而教育之,三樂也。君子有三樂,而王天下不與存焉。"

32 濟濟一堂:形容許多人聚集在一起。

33 亦曾否作是想耳:是否也曾有過這樣的想法。

34 沘筆:以筆蘸墨。《新唐書・岑文本傳》:"或策令叢遽,敕吏六七人沘筆待,分口占授,成無遺意。"

35 誌:記住。

【點評】

本文是周恩來的一篇作文,據考訂寫於 1915 年 2 月下旬。作者在文中以時間為序,完整記錄了 1915 年 2 月 24 日開學典禮上的盛況。青年周恩來因有感於《孟子‧盡心上》中的：“得天下英才而教育之，三樂也”而特記此文。

作者謹記師長的諄諄教誨，“發奮自勵以日新乎”，“作砥柱於中流也”，立志“為中華之崛起而讀書”。文末所記，砥礪之情便可見一斑。讀書時期，周恩來曾為自己立下了一個準則——五個“不虛度”，即：“讀書不虛度，學業不虛度，習師不虛度，交友不虛度，光陰不虛度。”由於思想觀念正確，使得周恩來全面發展，尤其在畢業之年，功課緊張，無暇他顧，他卻一如既往，身兼社團八種職務，熱心從事公益活動，從未少懈。周恩來以身為範，踐行南開校訓“允公允能，日新月異”。

在本文中，作者大量引經據典，所用之典，據考主要出自《禮記‧大學》、《孟子‧離婁上》、《史記‧屈原賈生列傳》、晉王羲之《蘭亭集序》、南朝宋鮑照《採桑》、唐柳宗元《辨伏神文》、唐韓愈《爭臣論》等，文辭清麗質樸，文風自然不事雕琢，周恩來老師所給的“中間筆致雅秀，餘清適”的評語十分恰切。

此外，周恩來老師評語還提到：“字句間有欠細膩處”，認為作者在遣詞造句上尚欠考究。譬如老師為作者修改的一句，原文為：“所是所非，固明瞭易見，然切不可因其易而存疏忽之心也。”周恩來老師修改為：“何是何非，固明瞭易見，然切不可因其易而存疏忽之心也。”經修改後，語法結構更為精準，文辭表達更顯流暢。

（白璐）

十二

約友入足球隊啟[1]

（一九一五年三月上旬）

耀武兄偉鑒[2]：

朔風[3]凜冽，開學經旬[4]，正念故人，來何遲遲，頃奉手翰[5]，始悉閣下正抱采薪之憂[6]，故遲負笈[7]之道。奈弟以[8]關河修阻，不獲[9]親瞻顏色[10]，以盡友朋之責，良[11]用歉然。但吉人天相，定必早占勿藥[12]，祈少安之無躁[13]。茲[14]有懇者[15]，去歲本校與新學書院比賽足球之際，不幸偶一不慎，鹿死他人之手[16]。當時足下[17]激昂慷慨，曾思自薦，無如時機已失，不可挽回。幸也，今歲復有招集新人之動議，報名箱已懸於壁上，如兄馳驅[18]之勇，報校熱誠，當必獲首選無疑。賴[19]限期僅一旬耳，閣下束裝就道[20]，未必如是[21]之速。而職任一經分派定，無更動餘地。是以弟為良材惜[22]，且為校中憂也。用是[23]不憚[24]冒昧，請命足下，加入球隊，乞速頒允函[25]，弟當即為先容[26]於孟先生，留一位置以待。區區[27]微忱，定邀垂許[28]，當不致作閉門羹[29]也。況天下興亡，匹夫有責[30]。一校榮辱，學生均負[31]。將來馳騁津門，名播海外[32]，南開之譽，閒足球隊諸健將其中效力之一。今閣下既具好身手，不當如是耶？況大君子既諾之於先[33]，尤無須卻之於後[34]也。天寒氣冷，呵筆[35]書之，握手言歡，當在元宵燈節[36]時也。匆匆即頌
痊安[37]！

弟飛飛鞠躬

月　日

【周恩來教師評語】

情意纏綿，文筆雅潔。

【註釋】

1　啟：書信。

2　偉鑒：鑒，舊時書信套語，表示請對方看信。如某先生台鑒，惠鑒，鈞鑒。唐楊炯
　　《〈王勃集〉序》："以茲偉鑒，取其雄伯。"

3　朔風：北風，指冬天的風。

4　旬：十日為一旬，一個月分三旬。

5　頃奉手翰：頃，不久以前。奉，恭敬地用手捧着。手翰，親筆書札。

6　采薪之憂：采薪即打柴。病了不能打柴，自稱有病的婉辭。出自《孟子・公孫丑
　　下》："昔者有王命，有采薪之憂，不能造朝。"

7　負笈：負，背着。笈，書箱。《晉書・王裒傳》："負笈遊學。"指背着書箱到遠處
　　去求學。

8　以：因為。

9　獲：得，得到。

10　顏色：面容、面色。《禮記・玉藻》："凡祭，容貌顏色，如見所祭者。"

11　良：很。

12　早占勿藥：不用服藥而病癒，是祝人早日病癒的話。出自《易・無妄》："無妄之疾，
　　勿藥有喜。"

13　少安之無躁：此處周恩來的國文老師旁批改為"少安毋躁"。少，略微。稍稍安靜，
　　不要急躁。唐韓愈《答呂翳山人書》："方將坐足下三浴而三熏之，聽僕所為，少安
　　無躁。"

14　茲：現在。

15　懇者：懇求的事情。

16　鹿死……之手：鹿指獵取的對象，喻指政權。指最後勝利屬於……。現在也泛指在
　　競賽中不知誰會取得最後的勝利。鹿死他人之手即比賽中他人取勝。出自《晉書・
　　石勒載記下》："朕若逢高皇，當北面而事之，與韓、彭鞭而爭先耳；脫遇光武，
　　當並驅於中原，未知鹿死誰手。"

17　足下：古代下稱上或同輩相稱的敬詞。《史記・項羽本紀》中有"大將軍足下"。

18　馳驅：策馬疾馳，快跑。

19　賴：此處周恩來的國文老師旁批改為"特"，即只、但。

20 束裝就道：整好行裝走上旅途。

21 是：這樣。即一旬之期。

22 為良才惜：替優秀的人才感到可惜。

23 用是：因為這個原因。

24 惴：憂愁、恐懼。

25 速頒允函：迅速地回復答允的信函。

26 先容：語出《文選·鄒陽〈於獄中上書自明〉》：“蟠木根柢，輪囷離奇，而為萬乘器者，何則？以左右先為之容也。”李善注：“容謂雕飾。”本謂先加修飾，後引申為事先為人介紹、推薦。

27 區區：小、少。形容微不足道。《陳情表》：“是以區區不能廢遠。”

28 垂：敬辭，用於別人（多是長輩或上級）對自己的行動。許：答應。

29 閉門羹：指僅作羹待客而不與相見。唐馮贄《雲仙雜記·迷香洞》：“史鳳，宣城妓也。待客以等差……下列不相見，以閉門羹待之。”後指拒客進門，不與相見。也指對某事拒絕商談。

30 天下興亡，匹夫有責：指國家興盛或衰亡，每個普通的人都有責任。出自清顧炎武《日知錄·正始》：“保天下者，匹夫之賤，與有責焉耳矣。”

31 均負：此處周恩來的國文老師旁批改為“與俱”，指學生與學校共榮辱。

32 名播海外：揚名國外。

33 既諾之於先：已經承諾在先。

34 卻之於後：之後又拒絕。

35 呵筆：冬天筆涼或凍結，用口吹暖氣使之解凍。

36 元宵燈節：農曆正月十五夜，是中國民間傳統的慶典元宵節，也叫元夕、元夜，又稱上元節，因為這是新年第一個月圓夜。因歷代這一節日有觀燈習俗，故又稱燈節。

37 痊安：痊癒、平安。

【點評】

　　本文是周恩來在南開中學讀書時寫給同學的一封信，據考訂寫於1915年3月上旬。作者在文中問候了生病滯留在家沒有按時到校上課的同學，並告知了同學校足球隊招募新人的消息。由於時間緊迫，作者在信中詢問耀武兄的意願，如想加入球隊，可致信由自己告知先生為他留下一個位置。最後祝願耀武兄早日痊癒，和作者於元宵節相見。

　　南開中學第一任校長張伯苓先生的教育理念中，一直以體育為教育之根本。他認為要治癒當時國人的"愚"、"弱"、"貧"、"散"、"私"五病，必須大力興辦教育，培育救國、建國人才。而要實現教育救國的目的，首先要重視體育："第一是鍛煉學生要有強健的體魄，第二是培養學生要有濃厚的國家觀念。二者兼備，然後方能擔負起救國救民、復興禦侮的重任。"周恩來作為南開中學最優秀的學生，認為學生就要做到"讀書、勵行、健身"，只有"健身體"，才能"根基固"。他把身體作為根基，覺得身體是做好學問的基礎，更自覺地將身體健康與國家的救亡圖存緊密聯繫在了一起。他不僅自己注重體育鍛煉，還熱心地邀請同學參加。在信中，他既"為良材惜"，亦"為校中憂"，認為"天下興亡，匹夫有責"，"一校榮辱，學生均負"，言辭懇切地勸告具有足球特長的友人加入校足球隊，為"一校"、"津門"及國家爭光。此中可見作者的胸懷。

　　全文情真意切，除了對校中事務乃至國家事務的關切外，感人至深的還有對友人生病的憂慮。開學日久，同窗染病，作者擔憂之情溢於言表，但"以關河修阻，不獲親瞻顏色，以盡友朋之責，良用歉然"。他希望友人安心養病、不要急躁，必能早得痊安。信中娓娓道來、文詞雅致簡練。"采薪之憂"、"負笈之道"、"早占勿藥"等詞語，還引用了《孟子》、《禮記》等文獻，從中可見作者的文學修養較深。全文的確如當年周恩來的國文老師的評語："情意纏綿，文筆雅潔。"

（田玉彬）

十三

論名譽

（一九一五年三月）

搏搏（搏搏）[1]大地之上，莽莽群生之[2]中，掌最高之權衡者，非人類乎？人為萬物之靈，得天獨厚。恃[3]其明敏之腦，鉤心鬥智[4]；憑其強健之軀，鬼斧神工[5]，角逐於天演界[6]中，以[7]思佔優勝位置。其縱橫馳驅，不可謂不極[8]無上之自由矣。然而有一物焉，發生於生存競爭之場，其魔力足可比之日光之吸行星，繞之而不克[9]離。是故[10]智者遇之頓失其智，愚者當之益增其愚，顛倒世人，盡入彀中[11]，有如[12]令人喜怒哀樂之勢焉。是物也，果[13]何物也？曰：泰西人[14]所謂人生第二生命之名譽也。是故人之立於世，既不克效禽獸草木之自為生活，要必有賴於公眾之扶持，而服役[15]之事，乃為人類所不可免。事之既有關乎公眾，而名遂以[16]出。其善也，美之；其不善也，毀之。於是名譽之問題發生，有為之士，益奮其勇氣，以求聞達；不法之徒，思改其過失，以補前愆[17]。一紀[18]風氣，遂咸視乎輿論為轉移矣。故《春秋》作而亂臣賊子懼[19]。一字之褒貶，嚴於斧鉞[20]，其所懼者名譽之不佳耳。東漢最重輿論，故士大夫氣節為歷代之冠。至六朝以降，弒父殺兄[21]弒君，代有所傳[22]。甚至為五朝宰輔而不恥者，名譽之講不甚矣。逮及今世，"名譽"之[23]二字乃為人人之口頭禪。然德之不修，禮之不講[24]，尤甚於六朝五代，而毀譽之界限益淆[25]。在上者雖百過集其身，名譽之完美如故；彼鮮勢[26]者，無過亦受謗[27]。處今之世，論"名譽"二字，已為正人君子掩耳所不欲[28]聞者矣！雖然[29]，名譽之界限，固仍金甌無缺[30]也；雖有顛倒黑白者，恐不足以當萬世之公論也。是故深識之士尤當視為第二生命。舉凡一切處理，竊勿倖存邀名之心[31]，當以正義以繩[32]其輕重。則一時之名譽，雖有不洽[33]於時議者，然[34]千載之下，蘭台[35]執筆，固[36]自有公論也。若夫汲汲於名猶汲汲於利之徒[37]，日唯名譽之是謀[38]，不遑[39]計及實事，虛聲盜世，眩世眩[40]俗，以淆亂風氣者，是名譽之罪人也。

【周恩來教師評語】

中後思深筆健，議論明通。前路琢句工整，而未盡自如。

【註釋】

1　摶摶（摶摶）：摶，同“團”，摶摶，層層環繞或聚集成團的樣子。此處與“大地”連用，可以理解為廣闊，曠遠。

2　前兩句中的“之”，周恩來老師批改時刪除。

3　恃：依仗，憑藉。

4　鈎心鬥智：周恩來老師修改為“鬥智鈎心”，從句式來看，老師的修改使詞句更為和諧。

5　鬼斧神工：形容技藝高超，幾乎不是人力所能達到的。從文章的主語來看，是“人類”，所以並不確切。此處周恩來老師修改為“建功業”。

6　天演界：近代嚴復對英文 evolution 的意譯，即進化。指達爾文發現的生存競爭，自然選擇的生物進化規律。

7　以：憑藉。

8　極：至，到。

9　克：能夠。

10　是故：因此。此處在批改時被老師刪去，避免了文章字句上的過多重復，筆者認為，前後的因果關係並不是十分明顯，刪去更佳。

11　彀中：指弓箭能射及的範圍。此處的意思引申為但凡為人即難逃名譽之牽絆。

12　此處的“如”，周恩來老師改為“能”，行文更加通順。

13 果：究竟。

14 泰西人：猶言極西，舊時用以稱西方國家，一般指歐美各國。如明成書之《火攻挈要》，即題泰西湯若望授。

15 服役：古代為服勞役，此處可以理解為人生在世，為生存也好，為信仰也罷，做事是必須的。

16 事之既有關乎公眾，而名遂以出：事情既然與公眾有關，於是便有了評價。以，因為。

17 愆：罪過，過失。

18 紀：一世為一紀。

19 春秋作而亂臣賊子懼：孔子編定春秋，寓說理於敍事之中，體現出來的褒善貶惡的政治理性，成為了後世所流傳的"春秋大義"。希望借此提供"歷史經驗"，警戒後人。《春秋》面世之後，世間有無數"微言大義"的論者，更有眾多"成仁取義"的志士，讓歷代"亂臣賊子"為之卻步。後世稱之為"春秋筆法"。

20 斧鉞：是古代酷刑中的一種，意思是用斧鉞劈開頭顱，使人致死。另外，斧鉞在古代還是用於作戰的兵器，而且是軍權和國家統治權的象徵。

21 封建時代稱臣殺君、子殺父母。此處周恩來老師在批改時將"殺兄"刪除，只保留"父君"。

22 傳：記載。

23 之：此處的"之"在周恩來老師批改時刪去。行文更加簡潔順暢。

24 德之不修，禮之不講：即"不修德，不講禮"，賓語前置句。

25 淆：混亂。

26 鮮：少。鮮勢，沒有甚麼勢力。

27 謗：惡意攻擊別人，說別人的壞話。

28 此處的"欲"是後加的，視筆跡應為作者所加。

29 雖然：即便是事情到了這個地步。周恩來老師批改時將"雖"刪去，行文以"然"轉折，依舊突出後文"名譽的界限"。

30 金甌無缺：金甌，金的盆、盂等，比喻國土。金甌沒有殘缺，比喻國家疆土完整。這裏的意思是雖然人們對待名譽的態度隨着時間的流逝、朝代的更替在不斷變化，但是名譽的根本卻從未改變。

31 俸：僬倖。此處"一切處理，竊勿"教師修改為"語言動作不敢"，更加形象化，可見可感。

32 繩：此處為動詞，衡量。

33 洽：融洽，和諧。此處為"合"。

34 然：此處周恩來老師將"然"修改為"而"，"然"、"而"在表示轉折上同義，但"而"的意義更加豐富。

35 蘭台：漢代宮內收藏典籍之處。《漢書‧百官公卿表上》："御史大夫……有兩丞，秩千石。一曰中丞，在殿中蘭台，掌圖籍秘書。"漢焦贛《易林‧巽之明夷》："典策法書，藏蘭台，雖遭潰亂，獨不逢災。"

36 此處的"固"字有改動的痕跡。從行文來看，此處為展望未來的情勢，刪去更佳。

37 汲汲：引申為急切追求。《漢書‧揚雄傳上》："不汲汲於富貴，不戚戚於貧賤。"

38 日唯名譽之是謀："唯…是…"賓語前置的標誌，正常的語序是"日唯謀名譽"，只是追逐名譽。

39 不遑：沒有閒暇。

40 眩：迷惑，迷亂，這裏是使動用法。周恩來老師批閱時改為"眩世駭俗"，兩相比照，筆者認為還是原文更好些，取迷亂世俗之意。

【點評】

　　這是周恩來寫作於 1915 年 3 月的一篇作文。題目著一"論"字，可見這是一篇議論性質的文章，文題中的"名譽"二字，是這篇議論文議論的對象。

　　此文開篇，並沒有像一般議論文章那樣，文頭就提及議論的目標是何，而是使用了迂回的寫法，不說根底，牽動人心。隨着人們閱讀的深入、欲知"有一物"到底是何的心理企盼的增強，經作者層層剝筍，才道出議論的靶的——名譽。這樣寫不僅增強了人們的閱讀興趣，而且還可對議論的對象起到強調作用。

　　正式議論到名譽時，可以看到作者對名譽持正面肯定的態度。他分析道，"其善也，美之；其不善也，毀之。"這是因為它關乎道德、人格的存毀問題，人們對它有着很高的思想信賴。所以"有為之士，益奮其勇氣，以求聞達；不法之徒，思改其過失，以補前愆。"

　　作者從歷史的角度，例舉了不少史實，從正反兩方面論證不同人對名譽的不同態度和結果。繼而論說到現今，"雖然名譽之界限，固仍金瓯無缺也；雖有顛倒黑白者，恐不足以當萬世之公論也"。因而強調"深識之士尤當視為第二生命"。

作者在文尾反對"倖存邀名之心"，希望"以正義以繩其輕重"，不要被一時不恰當的"時議"所羈絆，"千載之下，蘭台執筆，固自有公論"，名譽不會因為短暫的被埋沒而改變。文章結束時，作者痛斥那些"汲汲於名猶汲汲於利之徒，日唯名譽之是謀，不遑計及實事，虛聲盜世，眩世眩俗，以淆亂風氣者，是名譽之罪人"。

文章議論由淺入深，思想深刻，筆力雄健，富有邏輯，言辭懇切通暢。周恩來的國文老師在此篇作文的批語中寫道"思深筆健，議論明通"，足見老師對此文的肯定。

（李俊曄）

十四

尚志論

（一九一五年四月）

立功異域，封萬戶侯，班超[1]投筆從戎[2]之志也。鞠躬盡瘁，死而後已，武侯[3]忠心事漢之志也。及終其身卒應其言。若論其成功之秘訣，固由於一種叱咤風雲之氣，堅忍不拔之操有所鑄成，要亦其最初之志，有以使之然耳。故凡同一人類，無論為何種事業，當其動作之始，必籌畫其全域，預計其將來，成一希望在。然後按此希望之路線以前進，則其結果鮮[4]有與此希望相徑庭[5]。希望者何？志是也。志與希望，實一而二，二而一也。是以畫者之徒，其志恆在乎善畫；商賈之侶，其志多注乎得利；故有善畫、得利之志，始[6]克[7]成善畫、得利之實也。若不志乎[8]始，而能成乎終者，則未之聞也[9]。且不觀夫冒萬險探新大陸之哥侖布[10]乎？脫專制，豎自由旗之華盛頓[11]乎？聞雞起舞[12]之劉昆[13]乎？擊楫中流之祖逖[14]乎？此數子者，其所成之豐功偉業，實不外乎其志，未有以日以作奸欺世為志，如莽[15]、操[16]者而能躋乎聖賢之林哉！故論成湯之賢，不在乎禱雨桑林[17]之時[18]，而必觀其三聘伊尹[19]之志。論文王[20]之聖，亦不在乎三分天下[21]之日，而必稱其來朝於商之志。不然僅眩耀其功德於既成之日，而不追溯其所以成之之故[22]，豈異南其轅而北其轍哉！夫今之號為維新者[23]，終日泄泄逡[24]逡，無所事事，唯知襲取外人皮毛[25]為務。目前之顧，尚未遑[26]計及，又奚足定一生之志？是而人者，使之立國於二十世紀競爭潮流中，烏得²⁷使神州不陸沉耶！然則志固可尚已，而弊亦隨之生焉²⁸。有志在金錢者²⁹，其終身恆樂為富家翁；志在得官者，百計鑽營不以為恥，此志之害也。故立志者，當計其大捨其細，則所成之事業，當不至限於一隅³⁰，私於個人矣。孔子不云乎³¹，盍各言爾志³²。斯語又豈無因而發哉？

【周恩來教師評語】

楷字墨色淡，結體亦未工，詞腴氣鬯，生發不穹。

【註釋】

1　班超（公元 32—102）：東漢大將、外交家，字仲升，扶風安陵（今陝西咸陽東北）人。班固弟。公元 73 年，隨竇固出擊北匈奴獲勝。又奉命出使西域，幫助西域各族擺脫匈奴的束縛和奴役，使"絲綢之路"重又暢通。後被任命為西域都護。曾派副使甘英出使大秦（羅馬帝國），至今波斯灣而歸。他在西域活動三十一年，使西域與內地的聯繫更加密切。

2　投筆從戎：《後漢書·班超傳》："（班超）家貧，常為官傭書以供養。久勞苦，嘗輟業投筆歎曰：'大丈夫無它志略，猶當效傅介子、張騫立功異域，以取封侯，安能久事筆研間乎？'"後立功西域，封定遠侯。因以"投筆從戎"為棄文就武的典故。

3　武侯：三國時的諸葛亮，死後諡為忠武侯，後世稱之為"武侯"。諸葛亮在《後出師表》中有："鞠躬盡瘁，死而後已，至於成敗利鈍，非臣之明所能逆睹也。"

4　鮮：少。

5　徑庭：差得非常遠。亦作"徑廷"。

6　始：才。

7　克：能夠。

8　乎：於，在。

9　則未之聞也：就沒有聽説過這樣的事情。

10　哥侖布：克里斯多夫·哥侖布，意大利航海家。一生從事航海活動。在西班牙國王支持下，先後四次出海遠航，開闢了橫渡大西洋到美洲的航路。在帕里亞灣南岸首次登上美洲大陸。證明了大地球形説的正確性。

11　華盛頓：喬治·華盛頓（George Washington，1732—1799），1775 年至 1783

年美國獨立戰爭時大陸軍（Continental Army）的總司令，率領大陸軍團贏得美國獨立。1789 年成為美國第一任總統，1793 年連任總統，在兩屆任期結束後，他自願放棄權力不再續任，隱退於弗農山莊園。華盛頓被尊稱為美國國父，學者們則將他和亞伯拉罕・林肯並列為美國歷史上最偉大的總統。

12 聞雞起舞：《晉書・祖逖傳》："（祖逖）與司空劉琨俱為司州主簿，情好綢繆，共被同寢。中夜聞荒雞鳴，蹴琨覺曰：'此非惡聲也。'因起舞。"後以"聞雞起舞"為志士仁人及時奮發之典。

13 劉昆："昆"應為"琨"。參見註釋 12。

14 擊楫中流之祖逖乎：晉祖逖，率師北伐，渡江於中流，敲擊船槳立下誓言："祖逖不能清中原而復濟者，有如大江！"見《晉書・祖逖傳》。後因以"擊楫中流"稱頌收復失地報效國家的激烈壯懷和慷慨志節。

15 莽：王莽（公元前 45—23），字巨君。王莽出身於西漢末年的王氏外戚，於 9 年，篡位代漢而立，國號"新"，建元"始建國"。新莽地皇四年，即 23 年，起義軍推翻新朝，王莽被殺。

16 操：曹操（155—220），字孟德，一名吉利，小字阿瞞，沛國譙（今安徽省亳州市）人。中國東漢末年著名的軍事家、政治家和詩人，三國時代魏國的奠基人和主要締造者，後為魏王。其子曹丕稱帝后，追尊為魏武帝。

17 禱雨桑林：《呂氏春秋・季秋紀・順民篇》："昔者，湯克夏而正天下，天大旱，五年不收。湯乃以身禱於桑林曰：'余一人有罪無及萬夫；萬夫有罪在余一人。無以一人之不敏，使上帝鬼神傷民之命。'於是剪其髮，以身為犧牲，用祈福於上帝。民乃甚說，雨乃大至。"後多用"湯禱桑林"喻仁德愛民。

18 不在乎禱雨桑林之時：原文不清，可能是"必不在乎禱雨桑林之時"。

19 三聘伊尹：伊尹，商湯大臣，名伊，一名摯。尹是官名。相傳生於伊水，故名。是湯妻陪嫁的奴隸，後助湯伐夏桀，被尊為阿衡。相傳商湯曾三聘伊尹輔佐治國。

20 文王：周文王，姓姬名昌，季歷之子，漢族，西周奠基人。季歷死後由他繼承西伯侯之位，又稱伯昌。在位五十年。商紂時為西伯侯，建國於岐山之下，積善行仁，政化大行，因崇侯虎向紂王進讒言，而被囚於羑里，後得釋歸。益行仁政，天下諸侯多歸從，子武王有天下後，追尊為文王。

21 三分天下：泛指勢力強大。語出《論語・泰伯》："三分天下有其二，以服事殷。"何晏《論語集解》引包咸曰："殷紂淫亂，文王為西伯而有聖德，天下歸周者三分有二。"

22 而不追溯其所以成之之故：原文修改為"而不追溯其所以之成之故"。

23 維新者：維新派，活動於 19 世紀 90 年代的中國資產階級政治派別之一，以康有為、嚴復、梁啟超、譚嗣同等為主要代表。因受中日甲午戰爭以後民族危機嚴重的刺激，主張變法維新，救亡圖存，振興國家而得名。他們提倡資產階級新文化，變君主專制為君主立憲。積極從事變法的理論宣傳和組織活動。

24　泄泄遝遝：泄泄，弛緩貌。《孟子·離婁上》："泄泄猶遝遝也。事君無義，進退無禮，言則非先王之道者，猶遝遝也。"

25　外人皮毛：這裏指維新派僅搬用了西方資本主義國家制度的框架，卻沒有運用其理論和精髓。

26　遑：空閒，閒暇。

27　烏得：哪裏能夠。

28　而弊亦隨之生焉：此句中的"隨之"是作者後來補加的。

29　有志在金錢者：原文有修改，修改為"彼志在金錢者"。

30　一隅：指一個角落。亦泛指事物的一個方面。《論語·述而》："舉一隅不以三隅反，則不復也。"

31　孔子不云乎：孔子不是説過麼。

32　盍各言爾志：盍，何不。《論語·先進》篇中有記錄孔子和子路、曾皙、冉有、公西華這四個弟子"言志"的一段話。其中有"曾皙曰：'夫三子者之言何如？'子曰：'亦各言其志也已矣。'"

【點評】

　　本文是作者在天津南開中學讀書時的一篇作文，據考訂寫於 1915 年 4 月。此時，國內政局正處於辛亥革命之後軍閥混戰、民不聊生的混亂時期。而國際上，日本強佔山東膠州灣，又在 1915 年 1 月，向中國提出"二十一條"。同年 2 月 11 日，中國留日學生千餘人，抗議日政府提出的"二十一條"。在這種歷史背景下，年僅 17 歲的周恩來亦藉維新者的失敗發出"是而人者，使之立國於二十世紀競爭潮流中，烏得使神州不陸沉耶"的感歎。

　　本文運用古今中外大量典故，旨在闡明為人立志及立高尚之志的重要性。開篇由班超、諸葛亮入題，寫出立志到成功的必然性；又例舉哥倫布和華盛頓、劉琨和祖逖、王莽和曹操等人，從正反兩方面闡述立志的不同；然後則以湯禱桑林、三聘伊尹、天下歸周和維新運動的失敗，再次從正反兩方面深入論證了立志的高低、善惡不同，則成敗的結果就不同。最後以《論語》中孔子對弟子的"各言其志"的典故結篇，表明立志對於每個人的重要意義。

全篇旁徵博引，縱橫捭闔，氣象磅礴。周恩來國文老師的評語是"詞腴氣暢，生發不穹"，說文章語言豐富，文氣通暢，"暢"同"暢"；文章立意闡釋深刻而雋永，穹，天空，這裏引申為窮盡。評語中也有"楷字墨色淡，結體亦未工"的批語，這是指作者書寫的楷書文字墨色偏淡，文字間架結構尚未達到合理精巧。但從整體評價來看，教師對於這篇文章還是頗為欣賞的。

(趙鳴方)

十五

與友人預約春假旅行啟[1]

（一九一五年春）

某甫仁兄偉鑒[2]：

　　春風逼人，悶坐斗室[3]。正擬裁箋致候[4]，而朵雲已先我飛來[5]。於百無聊賴之中，得讀故人書，空谷佳音[6]，不是過也[7]。現時令已屆仲春[8]，春假依邇[9]，京津相隔甚近，期限當可一致。唯為日無多，南望鄉關[10]，欲歸不得，徒喚奈何[11]！今閣下既同具此思，資於白雲親舍[12]、紅杏家園[13]，思之能毋黯然有動於中耶[14]？然歸既不克[15]，虛度之亦良不忍[16]，欲別求一完善處之之法，其唯[17]旅行乎？此弟之踟躕再四[18]，所以報於閣下者[19]。蓋吾人終日孜孜矻矻於書城筆陣間[20]，無時或息[21]，耗腦力，費心思，長此以往，不藉[22]休息以調劑之，則必致老大徒傷體弱。雖平時學校中亦有運動一門，然僅供少數人之練習，而多數好學深思之士，仍復埋首一室[23]，鮮見[24]其散步於外，實行其目不窺園[25]主義。此司教育者[26]之大憂，所以有春假之設也。然而春假設矣，若尤保守其讀書宗旨，則殊[27]辜負此立法者之苦心，此春假之所以必尚[28]乎休息運動，而旅行尤為此中之要素焉。吾兄學識文章足可睥睨一世[29]，而於體育一門，則稍有缺憾，此弟之所急欲閣下俯允斯議[30]，以見諸實行者也[31]。況當茲神州存亡危急千鈞一髮之秋[32]，吾黨[33]青年，正宜努力前途，以作砥柱中流[34]自任，則博聞強識[35]，尤非僅限於課本中。齊魯義丐[36]，洙泗遺風[37]，燕趙屠狗[38]，秦晉舊俗[39]，皆吾人所當顧問[40]及之。將來出而任社會事，秉國家鈞[41]，方不至無所措手[42]，此太史公[43]足跡遍天下，所以能成古今絕大之著作也[44]。至於旅行之地點，弟意以濟南為宜。蓋藉此行以觀日人進兵之舉動，與我國官吏之措置[45]方法，並往泰山瞻仰所謂小天下[46]之氣概焉。鄙意如斯[47]，不知大君子以為然否？屈指會期[48]，當在寒食[49]。匆匆此上。敬頌

學安！

弟某某鞠躬

某月某日

【周恩來教師評語】

前路思清筆秀，碻切不膚。中後層次井然，並能按切時局，慷慨歇歈，傑構也。

【註釋】

1　啟：書信。

2　偉鑒：鑒，舊時書信套語，表示請對方看信。如某先生台鑒，惠鑒，鈞鑒。

3　斗室：狹小的房間。宋王明清《玉照新誌》卷一：“因揭寓舍之斗室，屏跡杜門。”

4　正擬裁箋致候：正打算寫信向你致意問候。裁箋，指寫信。

5　朵雲已先我飛來：你的信已經先寄到我這裏了。朵雲，指書信。《新唐書·韋陟傳》：“常以五采箋為書記，使侍妾主之，以裁答，受意而已，皆有楷法。陟唯署名，自謂所書‘陟’字若五朵雲。時人慕之，號郇公五雲體。”後遂以“朵雲”為對別人書信的敬稱。

6　空谷佳音：即“空谷足音”。《莊子·徐無鬼》：“夫逃虛空者……聞人足音跫然而喜矣。”成玄英疏：“忽聞他人行聲，猶自欣悅。”後因以“空谷足音”比喻極難得的音信或言論。亦作“空谷跫音”。

7　不是過也：也比不過這個（指對方來信）。

8　已屆仲春：已經到了仲春時節。仲春，春季的中期，指陰曆二月。

9　春假依邇：春假很近了。依，當作“伊”，文言助詞。原手稿中，周恩來老師將“依”，

改為"伊"。邇：近。

10 南望鄉關：南望家鄉。因周恩來原籍浙江紹興，生於江蘇淮安，在天津南開中學求
    學，故説"南望"。鄉關：猶故鄉。《陳書·徐陵傳》："蕭軒靡御，王舫誰持？瞻
    望鄉關，何心天地？"唐崔顥《黃鶴樓》詩："日暮鄉關何處是，煙波江上使人愁。"

11 徒喚奈何：白白叫喊，無可奈何。書信中的意思是春假時間太短暫，來不及回家鄉。

12 白雲親舍：《舊唐書·狄仁傑傳》："其親在河陽別業，仁傑赴并州，登太行山，
    南望見白雲孤飛，謂左右曰：'吾親所居，在此雲下。'瞻望佇立久之，雲移乃行。"
    後因以"白雲親舍"為思念親人的典故。

13 紅杏家園：唐殷堯藩《寒食城南即事因訪藍田韋明府》："紅杏春園羨管弦。"宋葉
    紹翁《遊園不值》："春色滿園關不住，一枝紅杏出牆來。"

14 思之能毋黯然有動於中耶：想到這點能不內心傷感麼？黯然，悲傷的樣子。有動於
    中，心中有所觸動。

15 歸既不克：歸鄉既然不能。

16 虛度之亦良不忍：白白浪費（春假）時間也實在不忍心。

17 其唯：大概只有。

18 踟躕再四：踟，跋踟，徘徊不進貌。宋司馬光《上皇太后疏》："彷徨而不自安，踟
    躕而不敢進。"躕，跅躕，徘徊不前貌；緩行貌。《詩·邶風·靜女》："愛而不見，
    搔首踟躕。"也指猶豫，遲疑。再四：連續多次。宋岳珂《桯史·稼軒論詞》："余
    時年少，勇於言，偶坐於席側，稼軒因誦啟語，顧問再四。"

19 報於閣下者：回復您的。

20 蓋吾人終日孜孜矻矻於書城筆陣間：蓋，文言發語詞。吾人，我輩，我們。孜孜矻
    矻，勤勉不懈貌。唐韓愈《爭臣論》："孜孜矻矻，死而後已。"書城筆陣，指學業。
    書城，書籍環列如城，言其多。明陳繼儒《太平清話》卷二："宋政和時，都下李德
    茂環集墳籍，名曰書城。"筆陣，比喻寫作文章、詩文謀篇佈局擘畫如軍陣。南朝
    梁蕭統《正月啟》："談叢發流水之源，筆陣引崩雲之勢。"

21 無時或息：沒有時間稍微休息一下。

22 藉：借。

23 仍復埋首一室：仍復，依然，還是。埋首，埋頭，指埋頭於書本中學習。

24 鮮見：少能見到。

25 目不窺園：形容專心致志的苦學精神。《漢書·董仲舒傳》："（仲舒）少治《春秋》，
    孝景時為博士。下帷講誦，弟子傳以久次相授業，或莫見其面。蓋三年不窺園，其
    精如此。"

26 司教育者：掌管教育的人。

27 殊：很，甚。

28 尚：尊崇，注重。

29 睥睨一世：睥睨，眼睛斜着看，形容高傲的樣子。《史記・信陵君列傳》："睥睨故久立，與其客語。"一世，猶一代。《左傳・昭公元年》："一世無道，國未艾也。"

30 俯允斯議：同意這個建議。俯，敬辭。

31 見諸實行：見之於行動，指實行這個建議。諸，之於。

32 當茲神州存亡危急千鈞一髮之秋：當茲，當今。神州，指中國。存亡危急，謂情勢危險急迫，關係到生存或滅亡。三國蜀諸葛亮《出師表》："此誠危急存亡之秋也。"千鈞一髮，千鈞重物用一根頭髮繫着，比喻萬分危急或異常要緊。語本《漢書・枚乘傳》："夫以一縷之任，繫千鈞之重，上懸無極之高，下垂不測之淵，雖甚愚之人，猶知哀其將絕也。"之秋，之時。

33 吾黨：朋輩，指意氣相投的人。唐韓愈《山石》："嗟哉吾黨二三子，安得至老不更歸。"

34 砥柱中流：砥柱山屹立在黃河急流之中。比喻能負重任，支危局。元侯克中《題韓蘄王世卷後》詩："砥柱中流障怒濤，折衝千里獨賢勞。"

35 博聞強識：見聞廣博，記憶力強。《禮記・曲禮上》："博聞強識而讓，敦善行而不怠，謂之君子。"

36 齊魯義丐：齊魯，山東。義丐，有俠義之氣的乞丐。按，或指武訓。武訓（1838—1896），清末行乞辦學的典型。山東堂邑（今聊城西）人，原名武七，亦稱武豆沫，清廷為嘉獎其興辦封建教育之功，取"垂訓於世"之意，替他改名武訓。清廷授以"義學正"名號，賞穿黃馬褂。馮玉祥稱其為"千古奇丐"。

37 洙泗：洙水和泗水。古時二水自今山東省泗水縣北合流而下，至曲阜北，又分為二水，洙水在北，泗水在南。春秋時屬魯國地。孔子在洙泗之間聚徒講學。《禮記・檀弓上》："吾與女事夫子於洙泗之間。"後因以"洙泗"代稱孔子及儒家。

38 燕趙屠狗：燕趙，指戰國時燕趙二國。亦泛指其所在地區，即今河北省北部及山西省西部一帶。屠狗，宰狗。後亦泛指出身低微者，或位卑的豪傑之士。《史記・樊酈滕灌列傳》："舞陽侯樊噲者，沛人也，以屠狗為事。"張守節正義："時人食狗，亦與羊豕同，故噲專屠以賣之。"《史記・刺客列傳》："荊軻既至燕，愛燕之狗屠及善擊筑者高漸離。荊軻嗜酒，日與狗屠及高漸離飲於燕市。"唐韓愈《送董邵南遊河北序》："燕趙古稱多感慨悲歌之士……為我弔望諸君之墓，而觀於其市，復有昔時屠狗者乎？"

39 秦晉：指春秋時期的秦晉兩國。《左傳・成公十一年》："秦晉為成，將會於令狐。"秦晉，即今天陝西山西一帶。

40 顧問：諮詢，詢問。這裏指訪查，採風。

41 秉國家鈞：掌握國家的政權。秉鈞：比喻執政。鈞，制陶器所用的轉輪。《舊唐書·崔彥昭傳》："秉鈞之道，何所難哉？"

42 措手：着手處理。唐方幹《酬將作於少監》詩："冰絲織絡經心久，瑞玉雕磨措手難。"

43 太史公：指司馬遷。

44 所以能成古今絕大之著作也：所以，表原因。能成古今絕大之著作也，指《史記》。《史記·太史公自序》："凡百三十篇，五十二萬六千五百字，為太史公書。序略，以拾遺補，成一家之言，厥協六經異傳，整齊百家雜語，藏之名山，副在京師，俟後世聖人君子。"

45 措置：處置；安排。《後漢書·何進傳》："諸常侍小黃門皆詣進謝罪，唯所措置。"

46 小天下：感覺天下都能渺小。《孟子·盡心上》："孟子曰：'孔子登東山而小魯，登太山而小天下。'"太山，即泰山。

47 鄙意如斯：我的想法像這樣。

48 屈指會期：計算一下會面的日期。

49 當在寒食：應當在寒食節前後。寒食：節日名。在清明前一日或二日。相傳春秋時晉文公負其功臣介之推。介憤而隱於綿山。文公悔悟，燒山逼令出仕，介之推抱樹焚死。人民同情介之推的遭遇，相約於其忌日禁火冷食，以為悼念。以後相沿成俗，謂之寒食。按，《周禮·秋官·司烜氏》"中春以木鐸修火禁於國中"，則禁火為周的舊制。漢劉向《別錄》有"寒食蹋蹴"的記述，與介之推死事無關；晉陸翽《鄴中記》、《後漢書·周舉傳》等始附會為介之推事。寒食日有在春、在冬、在夏諸説，唯在春之説為後世所沿襲。

【點評】

這是一篇書信文章。古代書信被稱為尺牘，是一種專門的文體，還有一些專門教授寫作的書籍（如《秋水軒尺牘》、《尺牘初桄》等）流傳於世。

舊時書信有很多特殊的格式。比如遇見稱呼對方時，對於尊敬的人需要另起一行頂格書寫，表示尊重；遇見稱呼自己（如周恩來在本文中自稱"弟"）則要縮小書寫，表示自謙。這篇文章也是嚴格按照這種形式書寫的。另外，書信在過去除了表情達意之外，有時還需要講究文采，必要時還要使用一些典故。如本文"白雲親舍、紅杏家園"，"齊魯義丐，洙泗遺風，燕趙屠狗，秦晉舊俗"，都是情辭兼美的。故而教師評語有"思清筆秀，碻切不膚"之語。

　　周恩來在此信中提到了春假旅行的意義。他認為春假旅行不只是娛樂，而是像司馬遷那樣"讀萬卷書，行萬里路"，用現實來印證書本中所學，方不至於成為"目不窺園"的書呆子。而且旅行作為一種戶外活動，還有益於身體健康，可以讓人持續學習工作到老。同時，周恩來將旅遊地點選在濟南還有特別的深意。日本人窺伺中國已久，尤其是1914年歐洲爆發了世界大戰，列強無暇東顧，日本大陸政策在中國得以進一步推行，恣意擴張，趁火打劫，侵佔山東，並接手德國在山東的一切權益。作為愛國青年，周恩來與友人去山東旅遊的同時，既要考察日本人的動態，也要觀察中方政府的處理方式。他們要看看這個政府是否真正值得國民信賴。如果政府懦弱不堪，不能保證中華民族的權益，那麼像周恩來這樣的有志之士，必然崛起於民間，組建新的政權。由此書信就可以看出，周恩來所說的"為中華之崛起而讀書"絕非一句空話，而是時時刻刻以此為宗旨的。

（史紅）

十六

廣募救國儲金致友人書

（一九一五年六月）

某甫仁兄偉鑒[1]：

　　雲山綿邈[2]，久闊裁箋[3]。想閣下權掌教鞭[4]，春風化眾[5]，一番得意，定卜飛騰。弟之意亦兄之志也。唯小學教育，談何容易；五年種樹，十載乃成；根本栽培，尤須謹慎。斯種位置，決非年少氣盛者所得而憑藉；尤非五日京兆[6]之人，所可假此而作終南之捷徑[7]也。故吾謂閣下既入之，即安之，毋旅進旅退，害我青年。況捨此別圖，又適為下幽谷而遷喬木[8]哉。竊願兄台三思之。

　　茲有告者：東亞風雲[9]，現已平和解決。公理後必恃鐵血[10]，彼以鐵血凌人，我徒恃赤血而無黑鐵[11]！忍辱含垢[12]，低首言和，不得已亦勢之所必然也。然於無可如何之中，猶有一線生機，即國民最後之熱心救國儲金是也。蓋當交涉初起之際，人心激動，群思一戰，即閣下亦曾有決戰之宣言。吾當時聞之，所以未急於作復者，以止之不可，恿之不能。及乎政府審時度勢，逐件承認，我知閣下拊髀[13]之歎，必油然而生矣！然子產存鄭[14]，未動甲兵；勾踐沼吳[15]，唯恃教育。男兒愛國事叢叢，豈必槍林彈雨中。卜式毀家抒世難[16]，義聲喚起待洪鐘。吾愛閣下之熱心，吾為閣下而賦此，吾尤冀閣下之為洪鐘木鐸[17]也。唯尊校敝[18]處一隅[19]，於斯事恐不甚詳悉，弟請為一述之。

　　救國儲金者，凡我同胞，得以其財產十之一，存儲於銀行，集成鉅款，而後為有益國家之事。如練軍兵，興實業是。儲法有長期、短期之別；短期不限數目，多多益善；長期款不在巨，每日須納。義聲播自滬上，不旬日而及京師。各處聞風繼起尤眾，津門已開會實行。念我兄鄉里領袖[20]，物望所歸；果能登高一呼，從者必眾。施臨時於社會，倡長期於校中，則群策群力[21]，不崇朝[22]可致鉅款。集腋成裘[23]，合一郡奚止萬金。一邑如是，他邑亦然。聚中國數十萬州縣之款而集之，財政上之困難問題可解決，而軍事可整頓，兵廠可設立，實業可振興，教育可普及。十年生聚，十年教訓[24]，然後國運可以隆盛，聖澤可以不斬[25]。較之玉石俱焚，以神州為孤注之一擲者，不甚大哉！至於儲金之原理，早在洞鑒[26]之中，弟亦不欲以老僧常談[27]，久瀆清聽[28]也。寄上章程一紙，祈轉印之，分送他人，襄[29]此義舉，弟則洗耳遠聽，候我理想中之美滿的回報。想閣下熱心好事，當必有以復我，臨池[30]企念[31]，不勝待命之至。順頌

教安！

弟某某鞠躬

某月某日

【周恩來教師評語】

氣盛言宜，文情斐亹。

【註釋】

1 某甫仁兄偉鑒：甫，古代對男子的美稱。鑒，舊時書信套語，表示請對方看信。如某先生台鑒，惠鑒，鈞鑒。

2 綿邈：遼遠。《文選・左思〈吳都賦〉》："島嶼綿邈，洲渚馮隆。"

3 裁箋：指書信。

4 權掌教鞭：指從事教育工作。

5 春風化眾：比喻良好教育的普遍深入。

6　五日京兆：語出《漢書・張敞傳》。西漢時期，平通侯楊惲居功自傲被判死刑，與楊惲有關的官員幾乎都被停職。他的朋友京兆尹張敞因為受漢宣帝的信任暫時沒有停職，張敞的手下絮舜聽說張敞即將停職，說張是"五日京兆"而拒絕為其辦公。後多用來比喻任職時間不會長或即將去職，也指凡事不作長久打算。

7　終南之捷徑：《新唐書・盧藏用傳》記載：盧藏用想入朝作官，隱居在京城長安附近的終南山，藉此得到很大的名聲，終於達到了作官的目的。後多用來指求名利的最近門路。也比喻達到目的的便捷途徑。

8　下幽谷而遷喬木：幽谷，深谷。遷，遷移。喬木，高樹。原指鳥兒從深幽的山谷遷移到高樹上去。這裏有升遷的意思。

9　東亞風雲：指日本強佔山東並逼迫中國政府簽訂"二十一條"。

10　鐵血：通常用來形容剛強堅韌、不屈不撓的精神或意志。多用在軍事方面。

11　黑鐵：這裏指代武器。

12　忍辱含垢：指忍受恥辱。出自漢班昭《女誡》："謙讓恭敬，先人後己；有善莫名，有惡莫辭；忍辱含垢，常若畏懼，是謂卑弱下人也。"

13　拊髀：以手拍股。表示激動、讚賞等心情。

14　子產存鄭：指子產在鄭國為相，採用寬緩的政策使鄭國得以長治。

15　勾踐沼吳：沼，名詞作使動詞，使吳為沼，即讓吳國淪為沼地。

16　卜式毀家抒世難：卜式，西漢大臣，洛陽（今屬河南）人，以牧羊致富。武帝時，匈奴屢犯邊，他上書朝廷，願以家財之半捐公助邊。帝欲授以官職，辭而不受。又以二十萬錢救濟家鄉貧民。朝廷聞其慷慨愛施，賞以重金，召拜為中郎，佈告天下。他以賞金悉助府庫；身為郎，仍布衣為皇家牧羊於山中。

17　木鐸：以木為舌的大鈴，銅質。古代宣佈政教法令時，巡行振鳴以引起眾人注意。

18　僻：原文為"敞"，教師改為"僻"。

19　隅：這裏指偏遠的地方。

20　領袖：此指能為他人做表率的人。

21　群策群力：群，大家，集體。策，謀劃，主意。指發揮集體的作用，一起貢獻力量，使得工作更加完美。漢揚雄《法言・重黎》："漢屈群策，群策屈群力。"

22　崇朝：比喻時間短暫，猶言一個早晨。亦指整天。崇通"終"。

23　集腋成裘：出自《慎子・知忠》："故廊廟之材，蓋非一木之枝也；粹白之裘，蓋非一狐之皮也。"指狐狸腋下的皮毛雖小，但聚集起來就能製成皮衣。比喻積少成多。

24　十年生聚，十年教訓：生聚，繁殖人口，聚積物力。教訓，教育，訓練。指軍民同心同德，積聚力量，發憤圖強，以洗刷恥辱。語出《左傳・哀公元年》："越十年生聚，而十年教訓，二十年之外，吳其為沼乎！"

25 斬：斷絕。

26 洞鑒：明察；透徹了解。郭璞《客傲》："玄悟不以應機，洞鑒不以昭曠。"

27 老僧常談：指經常發表的平凡的議論。比喻被人們聽慣了的沒有新意的老話。

28 清聽：指人的聽覺。

29 襄：助理，佐治。

30 臨池：臨池的本義指練習書法，晉衛恆《四體書勢》云："弘農張伯英者，因而轉精其巧，凡家之衣帛，必先書而後練之。臨池學書，池水盡墨。"這裏是指寫信。

31 企念：企盼，眷念。

【點評】

這篇作文據考訂寫於 1915 年 6 月。作者以書信的形式，就募集救國儲金一事致信友人，言辭質樸懇切，既表達了拳拳愛國之心，也有對友人殷切的期望，所談內容入情入理，讀來不禁令人動情。

文章開篇看似閒筆，希望從事小學教育的朋友不要見異思遷，而應該"既入之，即安之"，專心培養人才。這樣的開篇，既符合與朋友通信的一般格式，如聊家常，就關乎個人切身利益的事情談起。同時，也和下文募集救國儲金一事暗合——無論教育兒童、少年，還是儲金救國都是為了中華民族的前途着想。

作者在文章第二段提到的"東亞風雲，現已平和解決"揭示了寫作背景：1914 年中，第一次世界大戰爆發，中國提出德國直接將山東權益交還被拒，於是決定保持中立。當時美國注意力已轉移至歐洲，而英國則希望日本能成為其在遠東的盟友。日本於是在 8 月對德宣戰，出兵佔領了德國在中國的勢力範圍——山東半島。1915 年 1 月 18 日，日本公使向中華民國大總統袁世凱直接提出"二十一條"要求，意欲獨佔中國的權益。1 至 4 月，袁世凱一方面命外交部同日本談判，一方面暗中逐步洩露內容，希望獲得英美支援抗衡日本。中國的談判代表多次拒絕要求中的部分內容，迫使日本作出讓步，中國國內亦出現反日情緒。日本則以武力威脅中國，至 5 月 7 日，日本政府向中國發出最後通牒，限令於 9 日前答覆。最終袁世凱政府在 5 月 9 日晚上 11 時接受"二十一條"中一至四號的要求，並於 5 月 25 日完成簽字。5 月 9 日被全國教育聯合會定為國恥日，稱"五九國恥"。

　　作者在文章中緊扣懦弱無能的政府只能"忍辱含垢，低首言和"，依靠簽訂喪權辱國的條約換取苟且一時的"和平"，疾呼"公理後必恃鐵血"。在這樣關係國家前途命運的重要關頭，每一個有愛國之心的人都會挺身而出，為國效命。而"男兒愛國事叢叢，豈必槍林彈雨中"，作者指出，國家"猶有一線生機，即國民最後之熱心救國儲金是也"。他希望朋友能廣為宣傳募集救國儲金，並暢想所有同胞"集腋成裘"，"聚中國數十萬州縣之款而集之，財政上之困難問題可解決，而軍事可整頓，兵廠可設立，實業可振興，教育可普及。十年生聚，十年教訓，然後國運可以隆盛，聖澤可以不斬"。文章詳略安排得體，集中筆墨論及募集救國儲金的意義，募集的步驟及效果，而其餘如募集儲金章程等內容則一筆帶過。

（謝明）

十七

本校秋季始業[1]記

（一九一五年八月下旬）

　　本校之有始業式，不知其凡[2]幾矣。及吾生而遇之[3]，又次有四矣[4]。胡為[5]而記今之始業式？又胡為而記秋季始業式？曰：是有故焉[6]。今非昔比，維日日新，乃民國四年八月二十日始業式之精神，記之以誌[7]不忘。是日也，就形式論之，師生濟濟一堂，八百有奇[8]，鼓樂之鏗鏘中有校長教員之演說，歡聚一堂，誠一季中首盛之會。然吾以為應記者，固在彼不在此也。夫精神之聚，甚於形式之會；所得之利益，奚啻[9]萬倍。今日之聚，吾所謂精神之聚也。開會之初，八百學友，視線咸集於講台，以俟[10]校長之演說，潤其假期中所渴想之新南開[11]。及演說既終，意念又均注於個人，以思開課後何以為此新南開之學生。總之，思意所至，忽而全校，忽而一己；斯八百餘人無不皆同，精神之會，無逾此矣。至報告中有各類課程，均用啟發式，學生居主動，教師為輔助，以渙發[12]學者之腦力，此教授上之精神也；教室增設化學試驗室、博物室、木工製造室，以補教授之不足，而謀將來之應用，此規模上之精神也；寄宿生設通信考勤簿，生日用表，以長[13]其親愛家庭之心，計算之力，此又管理訓練上之精神也。精神佳[14]於形式，是會所得之精神，乃若是其多，故吾謂本期中雖無高樓大廈之擴張，而精神上之所獲實過前數倍，是安得[15]而不記哉？抑[16]吾又聞之，事貴有恆，始業式之精神，已往之精神也。來日方長，全校師生，若不謀保守而張大之，則新精神既不可得，即舊日之校粹，亦將蕩然[17]。理想中之新南開，未免又為屬樓海市矣！思之思之，作此中流，伊誰[18]之責？全校師生，皆無旁貸。然責人者曷[19]若責己，書之[20]藉以自警，是又吾作記之意中意也。

【周恩來教師評語】

文心縝密，層次井然。

【註釋】

1　始業：開始學業。及後文"始業式"等同於現今"開學典禮"。

2　凡：共。

3　及吾生而遇之：周恩來的國文老師旁批改為"自吾入學以來"。

4　又次有四矣：周恩來的國文老師旁批改為"業四次矣"。

5　胡為：為何。

6　是有故焉：這是有原因的。

7　誌：記住。

8　有奇：有餘。

9　奚啻：何止。

10　俟：等待。

11　潤其假期中所渴想之新南開：周恩來的國文老師旁批改為"潤人人意中新南開之渴想"。

12　渙發：應為"煥發"，充滿、振作。

13　長：增長。

14　佳：周恩來的國文老師旁批改為"勝"。

15　安得：怎麼能夠。

16　抑：或者。

17　蕩然：原文為"無存蕩然"，"無存"被刪去。

18　伊誰：誰，何人。

19　曷：怎麼。

20　書之：寫下這篇文章。

【點評】

　　根據手稿，本文是一篇作文，據考訂寫於 1915 年 8 月下旬，當時的周恩來即將升入中學三年級。在每個學期之初都要舉行始業式，其意義等同於如今的開學典禮，而周恩來正是在參加了南開中學秋季的始業式後，寫下了這篇文章，説明這次始業式給他帶來的影響。

　　文章起筆就開門見山地寫出記錄這次始業式的目的："今非昔比，維日日新，乃民國四年八月二十日始業式之精神，記之以誌不忘。"在其後的行文中，周恩來並沒有詳細列舉始業式的具體內容，僅以寥寥之筆帶過，意在引出始業式給他精神層面所帶來的收益。在他看來，由於假期的間隔，學生對於新南開擁有了無窮的渴想，而校長的演説正好可以為學生們解渴，讓學生知道即將面臨的南開之"新"，更讓學生可以反思自己將如何去做才可以適應"新"的南開，這便是始業式給學生精神上的啟迪。之後，他又從教授、規模、管理訓練幾個方面強調與精神的聯繫，進一步突出此次始業式為"精神之聚"。在文章的最後，他強調，精神必"謀保守而張大之"，如此方可實現保留舊日的精粹又實現理想中的嶄新，全校師生皆責無旁貸，自己更是藉寫這篇文章以自警。

　　這篇文章以"始業式之精神"為核心，從幾個方面分析"精神"在此次盛會中的重要作用，並揣測人之心理，正如周恩來的國文老師給此文的部分評語所説"文心縝密"。此外，他的老師還給此文的部分評語為"層次井然"，從文章的結構安排中的確可以看出這一點，引出記錄此次始業式的緣由，具體分析精神的重要性，如何去面對這一精神。文章層層遞進，井然有序，是一篇優秀的習作。

（楊倩）

十八

《校風》報傳[1]

（一九一五年九月中旬）

　　傳聞記實，宣之眾者，謂報也。在昔有軒轅之創[2]，三墳五典[3]，七索九邱[4]、國風雅頌[5]，皆報類也。然傳之不廣，實未足比乎今日一日千里[6]、紙貴洛陽之報章也[7]。守正不阿[8]，嚴於褒貶，秉董狐之筆[9]，執《春秋》之義[10]，上報也；唯善是彰，唯惡是隱，持一見，雖敗勿悔，刀鋸加身而不懼，中報也；至傳聞失實，隨聲附和，則自噲以下矣[11]。

　　報之類不一，要視所集之團體別之。校報之創於國內，始自清華。吾校之有報也，民國三年春季《星期報》[12]實首之。斯報之出，南開始有聲聞於外。南開聲譽之佳，固不因是傳，而鼓鐘於宮，廣音域內外，則義無辭焉。其組織為純粹學生自理，每班舉編輯二三人，共推正副主筆經其成。司其事者，陳鋼[13]、孔繁霱[14]、俞德曾也。編輯員不遑枚舉，唯張鴻誥[15]、吳家琭[16]二君，則屬之吾班者也。內容分言論、記事、文苑、小説多門，投稿不限乎師生。出版經年，校中之事實不及報告於校長演説中者，賴是以傳聞。同學之英才苦無處發展者，借是以宣彰。編輯員由是增辦報之經驗，校中閱者且以是長其愛校之心，旁觀者亦深其信任學校之念。中學校學生自由出報，域內殆未之或先。至是繼起者，在校中有二年以下同學所出之《敬業》學報[17]，校外有官立中學之《希光》，清華中學班之《留音》，接踵效法。高山之呼[18]，斯報又何多讓焉！惜乎今歲夏季，因經濟困難，驟爾中輟。聞者方痛其壽之不永，而校聲因是而湮沒也。乃《校風》報旋繼之以興。其組織與前稍異，各類主任係由校長指定，而編輯員則仍舉之於各班，內容殆無別於前。主筆陳、孔二君亦未之更動。故報之名雖異，而報內之精神則仍多舊貫，謂之二報可，謂之一而二、二而一亦無不可。是在閱吾傳之取統系之觀念與否斷之也。

《校風》之設，才經旬耳，溯其既往之外，他無足述。然余按其命名之義，殆取梁任公命《國風》意。唯清季《國風》出任公[19]之主張，乃能應之。今日之所敝，識遠見大，迥非徒動一時感情者所可比名副實矣。而吾《校風》能否追其塵，以為方興之南開擊農鐘，揚校聲，為吾之所謂上報者，是在吾南開學生之自為籌耳。若今者殆猶未美乎中，焉云其上哉！

【周恩來教師評語】

敍述周密，氣息深沉。

【註釋】

1　《校風》是南開中學公開發行的刊物，創刊於 1915 年 8 月，其前身是《南開星期報》。週刊開設"言論"、"紀事"等欄目。編輯由南開師生擔任，學生編輯分佈在各年級，每年選舉一次，編輯部有 6 名學生編輯，周恩來是 1916 年和 1917 年的編輯。1920 年底出版到第 151 期後停刊。1921 年後復刊為《南開週刊》、《南開季刊》等。本文題目下署"三年三組周恩來"。

2　在昔有軒轅之創：軒轅，周恩來的老師改為"輶軒"。輶軒：古代使臣乘坐的一種輕車，或用作古代使臣的代稱。揚雄《答劉歆書》："嘗聞先代輶軒之使，奏籍之書皆藏於周秦之室。""創"老師改為"采"。章學誠《文史通義·外篇·和州志藝文書序例》："文章散在天下，史官又無專守，則同文之治，唯學校官儒得而講習，州縣誌乘得而部次，著為成法，守於方州，所以備輶軒之采風，待秘書之論定。"

3　三墳五典：傳說中的古書名。《文選·張衡〈東京賦〉》："昔常恨三墳五典既泯，仰不睹炎帝、帝魁之美。"薛綜注:"三墳,三皇之書也;五典,五帝之書也。"

4　七索九邱:"七",周恩來的老師改為"八"。"邱"應作"丘",避孔子諱作"邱"。
八索九丘:古書名,後代多以指稱古代典籍。《左傳·昭公十二年》:"楚左史倚
相趨過,王曰:'是良史也,子善視之,是能讀三墳、五典、八索、九丘。'"杜預
注:"皆古書名。"

5　風雅頌:是《詩經》的三個組成部分。《詩·大序》認為風是用於教化、諷刺的作品;
雅是反映王室政治成敗得失的作品;頌是讚美君主、祭祀神靈的作品。這一説法在
古代具有很大影響。現在一般認為風是古代各地方的民間樂歌;雅是西周王畿(今
陝西中部)的樂歌;頌是宗廟祭祀用的樂歌,其中部分是舞曲。

6　一日千里:原形容馬跑得極快,後形容進步或發展的迅速。

7　紙貴洛陽:晉左思作《三都賦》,構思十年,賦成,不為時人所重。及皇甫謐為之
作序,張載、劉逵為之作注,張華見之,歎為"班、張之流也",於是豪富之家爭
相傳寫,洛陽紙價因之昂貴。事見《晉書·左思傳》。後以"洛陽紙貴"稱譽別人的
著作受人歡迎,廣為流傳。

8　守正不阿:堅守正道,不曲從迎合。

9　董狐之筆:指公正不偏、不因為個人的好惡或利害關係而捏造不實言論。《左傳·
宣公二年》載:趙穿殺晉靈公,身為正卿的趙盾沒有管,董狐認為趙盾應負責任,
便在史策上記載説趙盾弒其君。狐遂為趙盾所殺。後孔子稱讚道:"董狐,古之良
史也,書法不隱。"

10　《春秋》:魯國史書,相傳為孔子所修。經學家認為它每用一字,必寓褒貶,後因以
稱曲折而意含褒貶的文字為"春秋筆法"。《穀梁傳》中常見"春秋之義"的説法,
即指這種嚴於褒貶的記史原則。

11　噲:原指"鳥獸的嘴",此處整個句子的意思為"下報"。

12　《南開星期報》是《校風》的前身,創刊於 1914 年 3 月,主編是馬千里,學生負責
人是陳鋼,是我國北方最早的校刊之一。出版到 1915 年暑假前,第四十九期的出
版日期是 1915 年 6 月 13 日。

13　陳鋼(1892—1982),別號鐵卿,以號行。祖籍紹興,生於天津,從南開中學畢業
後留學日本,後因病被迫放棄學業。返國後入地方政界,並研究學術,先修地方史
志,繼而專事古錢學,1955 年後任天津市文史研究館館員。著有《古泉新知錄》、
《古錢史話叢稿》等。

14　孔繁霱,字雲卿,歷史學家。曾留學於美國芝加哥大學、德國柏林大學,回國後任
教於清華大學歷史系,講授世界通史、史學方法等,精通西方史學。

15　張鴻誥,吉林長春人。在南開中學時與周恩來同寢室住宿二年。1916 年赴日本留

學，學成回國後在哈爾濱電業局任工程師，1960 年調至北京國家水電部電科院。曾珍藏周恩來留日回國前相贈的七絕手跡，並於 1977 年捐贈給中國革命博物館。

16　吳玉如（1898—1982），字家琭。著名學者、書法家。生於南京，原籍安徽涇縣茂林村，故早年號茂林居士。曾在志達中學、達仁學院、工商學院等校任教，工商學院改為津沽大學後，任中文系主任。新中國成立後任中國書法家協會名譽理事、天津市文聯委員、天津市文史研究館館員等。

17　《敬業》學報是南開中學敬業樂群會的會刊，半年刊，1914 年 10 月創刊，1917 年 6 月終刊，共出 6 期。首期發行 500 冊，從第二期起發行量增至千餘冊，並與清華、東吳、震旦等校互贈交換。周恩來在報中以 "恩來"、"翔宇"、"飛飛" 等署名發表了許多文章。

18　高山之呼：比喻有影響的人物發出倡議。

19　任公：梁啟超，字卓如，號任公、飲冰室主人等。中國近代著名政治活動家、啟蒙思想家、教育家、史學家和文學家。戊戌變法領袖之一，其著作合編為《飲冰室合集》。《國風》報是康有為、梁啟超為宣傳和推動立憲運動而創辦的一個著名刊物，旬刊，1910 年創刊於上海，最高發行量達 3000 份。

【點評】

　　本文是周恩來的一篇作文。據中共中央文獻研究室《周恩來年譜》載，南開中學《校風》週刊創刊於 1915 年 8 月 30 日，本文中提到 "《校風》之設，才經旬耳"，故可知本文約作於 1915 年 9 月中旬。

　　周恩來在南開中學所做的很多作文均非老師命題，而是要求學生根據自己的現實生活及感受自主選題，本文也是如此。這是他為《校風》報而做的傳記。文章觀點鮮明，敘事周密，層次清楚，語言流暢。篇首提出 "傳聞記實，宣之眾者，謂報也。" 這個定義闡釋出報紙的兩種重要作用：傳播真實新聞，面向大眾宣傳。體現出周恩來對新聞事業的認識深度。他還根據職業道德水準，將報紙分為三個等級，指出新聞工作者應該做到恪守事實、客觀公平、懲惡揚善。文章主體部分記述了《星期報》在國內校報界的地位，及其組織機構、內容、宗旨、作用、影響等，概述了《星期報》停刊及改組為《校風》的情況。談到《校風》報名時，表達了效仿梁啟超《國風》的意願。雖然他與梁啟超的政治理念相差很遠，但梁的新聞思想對中學時代的周恩來產生了巨大影響。文末發出號召，激勵南開學生應努力把《校風》辦成"上報"。由於《校風》是南開中學機關報，作為主流媒體，堅持高標準的辦報原則，無疑對其日後成為中國校報史上的重要角色起到了奠基作用。

本文的文體相當於一篇應用文，結構上自有規矩，發揮的餘地並不大，但作者在敍事說理、語言運用等方面還是頗顯功底的。老師雖有個別處修改其措辭文句，但均是細枝末節，為的是精益求精而已。文中典故的使用也恰到好處，如首段以古代典籍來反襯現代報紙的傳播速度和影響力，用"一日千里"、"洛陽紙貴"等，在對報紙等級的分類部分，用"董狐之筆"、"春秋之義"等，均具有文采，體現出作者深厚的古典文學底蘊。

（劉樹紅）

十九

答友詢學問有何進境啟[1]

（一九一五年九月二十九日）

某兄偉鑒[2]：

前接瑤箋[3]，辱[4]承厚問，眷眷之顧，惠我實深。

弟終朝嫁[5]務紛紜，無片刻或息，於教程上可謂毫無心得。靦[6]顏置身於三年級中，顧[7]我同儔[8]，皆如上林[9]春色，日向增榮，銳進不已。返躬[10]自問，愧慚實深。即視彼一年級中活潑潑地[11]之童子，以課程著、品德著、事業著、交際著者，亦覺自度弗如。牛後[12]之隨，殆[13]無暇夕。雞口[14]風味，此生在校恐不易嘗之。吾兄，吾兄，易地而處，當何如[15]耶？

然弟竊思之，“學問”二字，非僅限於區區功課間。學者，事業之基；而問，又學之母也。非問無以解疑，非學無以廣識。道問學，人生立足之本。凡百事業，要蔑有違斯以收功效也[16]。今兄詢及學問，並未限以範圍。則弟之所報，猶可藉[17]此自解，或不至使足下閱之，掩目而不欲視，而斯函亦可畢其辭矣！

溯自開課迄今，已歷月餘。講室課程，已如前之所述。課外事務，則如蝟[18]集，東西南北，殆無時無地而不有責任繫諸身。人視之以為愚，弟當之尚覺倍有樂趣存於中。蓋埋首齋中，溫習舊課，此弟之所大苦，即為亦未嘗領其益。若置身於課外之學，則雖日習之，亦不為非。性近親之，性遠惡之；人性皆然，又何獨弟哉！唯兄其有以教之。

行者如是，今請一言吾之所思。夫國之立於今而不敗者，所恃[19]非僅鐵與血也。物質之文明，非足以衞國於永久，而延國脈於不墮者，唯精神上之國魂耳。一國之語言文字，即所以維繫斯國魂，而連貫之，傳播之，繼續之，俾[20]至於億萬紀而不滅磨，而不克[21]有所沉淪者也。前者，敝[22]校長因同學陳君鐵卿有斯文將喪之痛，特借斯以警學者。弟固有所蓄而未嘗發，聆是益奮吾志，請申論[23]之，以為吾所期之中國新少年告。今何時歟[24]？一日千里學術昌明之際，世界潮流，悉朝宗於海，順之者昌，逆之者亡，時勢所趨，非一二國家所可得而止之。證以保舊之邦於大地，殆已寥若晨星。即號稱獨立者，亦多殘喘僅延，朝不保夕[25]。吾華以四千年之歷史，最古之文化，得立於今，而尚未若埃及之丘墟，猶太之荒址者何哉？豈非以先民之遺澤[26]未斬，幽幽之國魂尚續，得以維繫之乎？然歐風美雨，日遍神州。吾不圖存，彼將代之。愛國者籌補救之方，要莫外乎二途，維新復古，冀[27]國安之之道耳。但平情論之，有心人皆知其過。彼尚西學者，終日言行，無非襲泰西[28]之皮毛，棄其精而取其糟粕；衣非西式不衣，食非西式不飽；唯新是名，唯西是尚；視舊學如草芥，不唯出之於口，亦且筆之於書。是而人者，吾鄙之，吾惡之，非驢非馬[29]，不僅為國學之蟊賊[30]，亦外人所不齒，安國者將焉用之。尚舊學者，則務反於前以自重於國人，無所謂新思想，彼直視若仇讎[31]。堯、舜、禹、湯、文、武、周公、孔子之名，君、臣、忠、孝、公、侯、聖德之詞，道之不勝其道，書之不勝其書。事實之合否，概置不問，唯返古是求。雖冒天下之大不韙[32]，倡世界未有之奇制，以國為戲，亦未嘗稍有憐色。如斯類者，吾無以名之；謂之為利祿薰心，毫無廉恥輩可也。日言籌安，安未及見，國將及踵亡矣！言念及此，東瞻朝鮮，西憶印度，不知涕淚之何從！莽莽中原，盡是斯人蹤跡。欲求一獨立不拔，放眼崑崙，顧彼度己，為國家謀久遠之計者，遑遑[33]終日，吾輒未得一人焉。吾華尚何望乎！吾華尚何望乎！然弟非以是類恫[34]詞短足下之志氣也；事實昭然，無可隱蔽。較之他國，相差何啻[35]天壤。適者生存，吾華在二十世紀大舞台中，可否能佔一適者地位，吾固不敢必。即足下亦恐有不忍出諸口。全國人民深思之，當亦有所自覺也。

但吾華果終無望乎？吾適[36]所云者，乃自覺心也。若以情察之，則愛國心殊不忍漠然。且天下興亡，匹夫有責。吾國國魂尚在若繼若續之際，振危固自有道。吾所謂之人，可視其為已滅觀可。人人存一自我作之之志，雖敗勿悔，雖存勿變。羅馬已亡，尚可藉三傑以再興。美雖屬土，華盛頓憑之樹獨立之旗。國亡不國，猶可有為，況在將亡未亡之際耶！故處茲世當自脫於智之外，而復入於情之內。不智則國之真象不明，不情則國之淪胥[37]有日。智而不情，失於高逸；莊老之徒，與世何有？情而不智，流於昏弱；墨翟之流，無補於大。是故以智為主體，而仍當以情為歸宿。吾等在職言職，今際學生時代，觀世應本乎智。將來出而濟世，則又宜入乎情。吾兄達者，當不以為河漢[38]。且學校潮流，多趨重於西學，故吾言國學之當視為要圖。西學非可卑也，兼而學之，要不失將來實用之旨。以國學役西學[39]，吾主之。切勿使西學役吾，而國學轉置之無用之地也。況各類科學，又非由西學不達。吾學之，吾寶之，而不傳之於國人，則學焉用之。國人非皆能習西學也，必有恃乎一二學者為之作導。今吾學者，止知唯西學是求，視國學無所用而不重也，遂卑之。殊不知國魂國魂，唯斯是附。今吾棄之，國何以立？數十年後，皇皇漢族，其無噍類[40]矣！吾哀之，吾痛之，吾以之告於兄，而又不欲兄之偏於國學也。故於維新復古中詳論之，冀補大雅於萬一，以吐吾胸中之塊壘，或亦足供採擇乎？臨

池俟命，不勝翹盼之至。匆匆此頌

腦鍵！

弟　周恩來　鞠躬

九月二十九號

【周恩來教師評語】

中間茹古涵今，閎中肆外。前後辭氣淋漓酣恣，雅近龍門，誠傑構也。

【註釋】

1　進境：指學業進步的情況。啟：書信。

2　偉鑒：鑒，舊時書信套語，表示請對方看信。如某先生台鑒，惠鑒，鈞鑒。唐楊炯《〈王勃集〉序》："以茲偉鑒，取其雄伯。"

3　瑤箋：對書札的美稱。清孫枝蔚《列仙詩》之四："東華童子捧瑤箋，青鳥銜書送地仙。"

4　辱：謙辭，表示承蒙。

5　嫁：疑為"家"。

6　覥：同"腼"。面容羞愧。宋蘇舜欽《舟中感懷寄館中諸君》詩："腼顏於其間，汗下如流漿。"清蒲松齡《聊齋誌異·考弊司》："忽秀才過，望見之，驚曰：'何尚未歸，而簡褻若此？'生腼顏莫對。"

7　顧：回頭看，這裏指看。

8　同儔：同伴。三國魏曹植《節遊賦》："遂乃浮素蓋，御驊騮，命友生，攜同儔。"此指同行者。元宋褧《至元三年六月八日史局賦五言十八韻》："詰朝重赴局，持此詫同儔。"此指同一官署共事者。

9　上林：指上林苑，漢武帝所建。上林苑既有優美的自然景物，又有華美的宮室組群分佈其中，是包羅多種多樣生活內容的園林總體。

10　返躬：反過來對自己。清陳天華《今日豈分省界之日耶》："湘人如不知返躬自愧，徒欲怨人，則危險有不可言者。"

11　活潑潑地：形容人機靈。清青城子《誌異續編·測字》："但須測字之人，心細而靈，活潑潑地，方能靜會。"

12　牛後：牛的肛門，比喻處於從屬地位。《戰國策·韓策一》："臣聞鄙語曰：'寧為雞口，無為牛後。'今大王西面交臂而臣事秦，何以異於牛後乎？"

13 殆：大概，幾乎。

14 雞口：雞喙。張守節《正義》："雞口雖小，猶進食；牛後雖大，乃出糞也。"常以喻低微而安寧之地位。

15 何如：如何，指怎麼辦。

16 要葨有違斯以收功效也：此句不通，疑為"要葨有違斯以收功效者也"。

17 藉：憑藉；依靠。

18 蝟：刺蝟。

19 恃：依賴，仗着。

20 俾：使。

21 克：能夠。

22 敝：謙辭，用於與自己有關的人或事物。

23 申論：討論，商量。

24 歟：文言助詞，表示疑問語氣。

25 朝不保夕：早晨不能保證晚上命運如何。形容形勢非常嚴峻，很難維繫。

26 遺澤：留下的德澤。《宋書·孝武帝紀》："猥以眇躬，屬承景業，闡揚遺澤，無廢厥心。"

27 冀：希望。

28 泰西：舊泛指西方國家，一般指歐美各國。清方以智《東西均·所以》："泰西之推有氣映差，今夏則見河漢，冬則收，氣濁之也。"瞿秋白《餓鄉紀程》九："我卻後悔不曾多受幾年東方古文化國的社會教育，再到'泰西'去。"

29 非驢非馬：《漢書·西域傳下·渠犁》："（龜茲王）後數來朝賀，樂漢衣服制度，歸其國，治宮室，作徼道周衛，出入傳呼，撞鐘鼓，如漢家儀。外國胡人皆曰：'驢非驢，馬非馬，若龜茲王，所謂騾也。'"騾，馬驢雜交而生。後用"非驢非馬"形容不倫不類的事物。

30 蟊賊：危害國家和人民的人。

31 讎：亦作"仇"。仇人，冤家對頭。《左傳·哀公元年》："（越）與我同壤而世為仇讎。"

32 冒天下之大不韙：語本《左傳·隱公十一年》："犯五不韙，而以伐人，其喪師也，不亦宜乎？"後以"冒天下之大不韙"謂公然幹普天下都認為是最大錯誤的事。

33 遑：驚恐匆忙，心神不定。晉陶潛《歸去來兮辭》："曷不委心任去留，胡為乎遑遑欲何之？"

34 恫：恐嚇。

35 何啻："何啻"亦作"何翅"，何止，豈只。唐李山甫《古石硯》詩："波浪因文起，塵埃為廢侵。憑君更研究，何啻直千金！"

36 適：剛才，方才。

37 淪胥：泛指淪陷、淪喪。嚴復《論教育書》："神州之陸沉誠可哀，而四萬萬之淪胥甚可痛也。"

38 河漢：《莊子·逍遙遊》："肩吾問於連叔曰：'吾聞言於接輿，大而無當，往而不返，吾驚怖其言，猶河漢而無極也。'"成玄英疏："猶如上天河漢，迢遞清高，尋其源流，略無窮極也。"後因以"河漢"比喻言論誇誕迂闊、不切實際，轉指不相信或忽視（某人的話）。

39 以國學役西學：役使西學為國學所用。

40 噍類：活人。《漢書·高帝紀上》："（項羽）嘗攻襄城，襄城無噍類，所過無不殘滅。"

【點評】

本文係周恩來在南開中學時的一篇作文，據考訂寫於 1915 年 9 月 29 號。

這篇作文是一封書信，文章借回復友人來闡述自己對學問的理解和對國家前途命運的關注。在作文開頭，作者主張學生學習不要拘泥於課本，妥善求書外之學問："學問二字，非僅限於區區功課間。"自己"課外事務，則如蝟集，東西南北。殆無時無地而不有責任繫諸身，人視之以為愚，弟當之尚覺倍有樂趣存於中……若於課外別有所學，則雖日習之，亦不為非"。當時的周恩來在學校廣泛組織、積極參加各種活動。他發起組織敬業樂群會，編輯《敬業》、《校風》刊物；參加南開新劇團；當選學校演講會副會長、江浙同學會會長；參加天津各界群眾舉行的救國儲金募款大會；參加全校演說比賽等等。在這些活動中，周恩來得到了鍛煉，獲得了"書外之學問"。

在此文中，周恩來還特別批評了一味承襲西方的維新派和一味崇尚舊學的復古派的崇洋、復古思想，他指出："彼尚西學者，終日言行，無非襲泰西之皮毛，棄其精華而取其糟粕。衣非西式不衣，食非西式不飽……非驢非馬……安國者將焉用之？"而"尚舊學者，則務反於前以自重於國人，無所謂新思想，彼直視若仇讎……如斯類者，吾無以名之，謂之為利祿熏心，毫無廉恥輩可也"。當時，為袁世凱復辟帝制效勞的"籌安會"已於 8 月間成立。對他們的無恥穢行，周恩來無限憤慨和憂慮，指出："日言籌安，安未及見，國將及踵亡矣！言念及此，東瞻朝鮮，西憶印度，不知涕淚之何從。"並深切表示自己希望找到能"獨立不拔、放眼崑崙，為國家謀久遠之計者"的急迫心情。我們不難看出，周恩來的這篇作文言辭酣暢恣肆，涉古及今，內容豐富，文章立意高遠，反映出他的憂國愛國之情。

（單巨兵）

二十

本校十一周年紀念新劇《一圓錢》記

（一九一五年十月）

　　趙安，保陽富紳趙凱之子也，幼失怙[1]，奉母至孝。兄平性放縱，時忤[2]母旨。嗜賭博[3]，一日以逋[4]欠故，為母所聞，痛責之。平愧悔遠出，誓謀自立。有胡柱者，女僕胡嫗子，閒常導平作狎邪[5]遊，及是安母斥之使去，胡嫗為之緩頰[6]，許之一月行。嫗恨甚，與柱謀席捲縱火害其家。計售[7]，安遂與母處窘鄉。不數載，生活益艱，議投其舅孫思富家。初安父在日，思富曾因債務乞凱代償，並與款往張垣經商。凱感其義，以女慧娟字[8]安，時安猶在繈褓中也。至張、孫已富，見安襤褸，驟變初心，僅云與凱為相識，推姻債事不知，且出一圓錢授安。安忿[9]出。孫妻何氏聞之，與女議，暗遣女僕田嫗齎[10]款及書往濟之。書款既達，平亦以經商由庫倫歸；經此，因雨得遇於廟中，悲喜交集，敍別後之情。平以得利且娶妻告母；安以罹災見拒及孫女之矢志從一玉潔冰清[11]告兄。一家團聚，其樂陶陶。平因故室已成焦土，遂家於是。孫悉安之復舊觀也，頗悔前愆[12]。未幾，以款餉事被控[13]，而胡嫗且以訛索繿孫宅。柱白官誣孫，思富益困，計無所出。女為之斡旋，求助於趙。平、安不念舊惡，力助之。孫遂得脫重累，既愧且悔，乃和好如初焉。噫！思富固今世之寫真歟？何其興之類也！[14]見利思遷，至以其女為市物而不惜。慧娟何不幸而有斯父！何氏何不幸而夫斯夫！田嫗亦何不幸而僕斯主也。趙氏固積善之家，乃平以逸而敗家，胡柱母子卒因之釀不測禍。上天相人固如是耶？然平之有昔，亦卒無自立之機，殆[15]碌碌終耳！家之不兆焚如[16]，則趙氏猶盛，兩家當仍其舊。思富又何能出其炎涼之習、利祿之態。人將以之為常人。安、慧姻緣亦將與世俗等，又何得知安之志、慧之烈[17]哉？嗚呼！人情澆漓[18]，賢不肖[19]以分，君子於是知世變矣！

　　記者曰：神州暗暗，天地為愁，國體呼聲，瀰滿禹域[20]。有志者丁[21]斯大難，正奔走呼號，冀醒帝夢之不暇。而我校獨別開生面，於奄奄一息之際，歡欣鼓舞，以慶祝此十一周年紀念，且循例演新劇焉。有心之士，得勿　[22]其為毫無心肝，樂其所樂乎？曰：非也。國事達今，已無轉圜[23]之機，欲求振興，唯俟之異日。然民智若是其暗，民德若是其卑，不謀啟之勵之，雖百餘年後，恐亦將如今之唯唯[24]否否，唯力是趨之民類耳！埋石之責，既若是其重，司之者又捨教育無與歸，此吾校新劇之演不可以已也。況學校教育在青年，欲聯社會與化之，則新劇又為此集中利器也。蓋改良社會，端賴感化勸導之功用，而新劇感人最深，迴非舊劇之以聲調音韻勝也。明乎此，則吾校新劇不為虛演，觀者不至無所動於中。而吾記亦將不虛作，庶可免於後庭花之譏[25]，天寶宮人之議[26]也。

【周恩來教師評語】

前半敘事，用錯綜參伍法，筆不平迤。入後按時繫言，激昂慷慨。

【註釋】

1　怙：依仗，憑藉。《詩經‧小雅‧蓼莪》：“無父何怙，無母何恃。”

2　忤：違反，抵觸。《韓非子‧難言》：“且至言忤於耳而倒於心。”（至言：最有道理的話。倒：不順。）

3　嗜賭博：原文為“事賭博”。周恩來的老師將“事”字改為“嗜”字，用字更準確。

4　逋：欠交，拖欠。《漢書‧昭帝紀》：“三年以前逋更賦未入者，皆勿收。”

5　狎邪：狎，親近而不莊重。《左傳‧襄公六年》："宋華弱與樂轡少相狎。"（宋：國名。華弱、樂轡：人名。少：年紀小的時候。）邪，不正當，邪惡。《荀子‧大略》："此邪行之所以起，刑罰之所以多也。"

6　緩頰：為人求情。《漢書‧高帝紀上》："漢王如滎陽，謂酈食其曰：'緩頰往説魏王豹。'"顏師古注引張晏曰："緩頰，徐言引譬喻也。"後用以稱婉言勸解或代人講情。

7　售：施展（奸計）。

8　字：女子許嫁。《周易‧屯》："女子貞不字，十年乃字。"

9　忿：憤怒，怨恨。《孫子兵法‧謀攻》："不勝其忿。"曹操《讓縣自明本志令》："為強豪所忿。"

10　齎：攜帶。《史記‧李斯列傳》："秦王乃拜斯為長史，聽其計，陰遣謀士，齎持金玉以遊説諸侯。"

11　玉潔冰清：原文為"玉潔冰霜"。周恩來的老師將"霜"字改為"清"字，用字更準確。

12　愆：過失，過錯。

13　以款餉事被控：《一圓錢》劇中相關情節：有兵營存款一宗，曾寄孫之銀號。銀號主事者，挪為他用。一日，兵營提款，主事人聞風而逃。孫無以應，焦灼萬狀。營中差棄，限以兩日償交，否則，以家產入公，人歸獄。

14　何其興之類也：周恩來老師將此句圈畫。圈去此句，上下文意不受影響。

15　殆：大概，恐怕。

16　焚如：《易‧離》："突如其來如，焚如，死如，棄如。"謂火焰熾盛。陶潛《怨詩楚調示龐主簿鄧治中》詩："炎火屢焚如，螟蜮恣中田。"後因以焚如指火災。

17　烈：剛直；嚴正。

18　澆漓：（風俗等）不樸素敦厚。

19　不肖：不賢。《禮記‧中庸》："賢者過之，不肖者不及也。"

20　禹域：中國的別稱。古代傳説禹首先劃分九州，並指定名山、大川為各州疆界，後世相沿稱中國為禹域。

21　丁：當，遭逢。《後漢書‧岑彭傳》："我喜我生，獨丁斯時。"

22　忾：此字疑為誤字，在原文作者改為"愕"字。若為"愕"字，文意即可解釋通。

23　轉圜：挽回。

24　唯唯：應答詞，順應而不表示可否。《史記‧太史公自序》："太史公曰：唯唯否否。"

25　後庭花之譏：後庭花，唐教坊曲名。南朝陳叔寶（陳後主）與幸臣按曲造詞，誇稱宮人美色，男女唱和，輕蕩而其音甚哀，名《玉樹後庭花》，後世多稱之為"亡國之音"。唐杜牧《泊秦淮》詩:"商女不知亡國恨,隔江猶唱後庭花。"由商女歌曲之萎靡,牽出"不知亡國恨",抨擊豪紳權貴沉溺於聲色,含蓄深沉;由"亡國恨"推出"後庭花"的曲調,借陳後主之詞,譏諷晚唐政治:群臣們又沉湎於酒色,快步陳後主的後塵了。

26 天寶宮人之議:天寶,唐李隆基(玄宗)年號,742—755年,為唐王朝極盛時期。唐元稹《長慶集》十五《行宮》詩:"寥落古行宮,宮花寂寞紅。白頭宮女在,閒坐說玄宗。"後凡追思昔時盛事,多用白頭宮女重話天寶當年為典。另:天寶宮人,天寶年間宮女。《全唐詩》卷七九七收錄其詩二首:"一入深宮裏,年年不見春。聊題一片葉,寄與有情人。""一葉題詩出禁城,誰人酬和獨含情。自嗟不及波中葉,蕩漾乘春取次行。"唐人小說記紅葉題詩故事頗多,事同而人物各異。其中有唐玄宗天寶年間顧況於苑中流水上得一大梧葉,上題詩云:"一入深宮裏,年年不見春。聊題一片葉,寄與有情人。"況亦於葉上題詩和之。後來元雜劇多演紅葉題詩的故事。

【點評】

　　本文題為《本校十一周年紀念新劇〈一圓錢〉記》,就不得不從張伯苓校長將話劇從歐美移植到天津,開創中國北方話劇的歷史說起。

　　1908年,張伯苓赴美國參加第四次世界漁業大會,順便考察歐美教育。其時張伯苓獲悉,話劇是一種很好的教育形式,對培養學生、改良社會有獨到的作用。於是他將話劇從歐美移植到天津,把南開中學打造成話劇活動的一方熱土。從1909年張伯苓校長自編自導自演三幕新劇《用非所學》開始,每逢南開校慶都要編演新劇,以誌慶祝。《一圓錢》就是專為1915年南開學校11周年校慶編演的新劇。周恩來這篇題為《本校十一周年紀念新劇〈一圓錢〉記》的作文據考訂寫於此年10月。

　　周恩來是南開新劇活動的多面手。新劇《一圓錢》從最初編纂劇本到十數易其稿,從擔綱主演到製作佈景,周恩來都親歷其間,並為此付出了大量的心血和精力,更取得了令人刮目的成績。《一圓錢》曾在京津兩地演出,均引起轟動,特別是周恩來扮演的女主角孫慧娟,得到了觀眾與專家的一致稱頌。正是因為周恩來在編演《一圓錢》過程中每個環節都能做到全情投入，所以在寫作本文時，他已將整出劇情熟稔於心，對自己所扮演的女主角孫慧娟的形象有着精準的把握，並對劇中其他人物形象均有較為深刻的理解。因此作文"前半敍事"，並未流於簡單的劇情介紹，而是做到"用錯綜參伍法，筆不平遝"。

更值得一提的是，周恩來不僅是新劇編演的積極實踐者，更堪稱中國話劇理論建設的先行者。在本文後半部分作者"按時繫言"，"激昂慷慨"地發表了自己對於新劇的初步認識。文章首先明確南開中學於校慶之際"循例演新劇"，其目的絕非"樂其所樂"，繼而闡明了新劇之功效在於教育青年、改良社會。至於新劇緣何具有如此重要的教化功用，周恩來則從新劇與舊劇的迥異之處給出了自己的答案。"蓋改良社會，端賴感化勸導之功用，而新劇感人最深，迥非舊劇之以聲調音韻勝也。"可見此時的周恩來對新劇理論的認識並未完全成熟。一年之後，即 1916 年，周恩來就新劇問題專門撰寫過一篇社論《吾校新劇觀》，其對新劇的認識至這篇社論方形成成熟的高屋建瓴式的理論成果。但在本篇作文"按時繫言"中，周恩來對新劇理論的思考與探索已初見端倪。

（劉敬華）

二十一

子輿氏¹不言利，司密氏²好言利，二説孰是，能折衷言之歟

（一九一五年秋）

　　嗚呼！處今日神州存亡危急之秋，一髮千鈞之際，東鄰同種，忽逞野心。噩耗傳來，舉國騷然，咸思一戰，以為背城借一³之舉，破釜沉舟⁴之計。一種愛國熱誠，似已達於沸點，而昏昏憒憒⁵之睡獅，亦如霍然⁶醒者。然一按⁷其實際，則所謂救中國之根本計劃，又非是道焉。蓋今之所謂戰者，乃由於日人之逼我甚，不得已而欲出此耳。是他動也，非自動也。逮一旦地割矣，礦採矣，風平浪靜，時過境遷，又復閉門掃軌⁸，鼾睡如故，則烏得謂之醒耶！又烏得謂其為根本之計劃哉！

　　然則補救之方法何由？間嘗採憂國者之言，因而論之，大抵不出二途：一則以中國維新亦已十餘載，政體已更，歐美之法非不行於中國，而國之弱也貧也如昔。其所以貧弱之原因，則由於人心墮落，民德淪喪，故欲救中國之不亡，必自正人心始。一則以中國地大物博，為五洲之寶藏，其所以衰者，由於人民謀利之不臧⁹，秉¹⁰政生財之乏術。果國富則民必強，民強則國斯興矣。

　　斯二説也，吾咸取之，引其證以論之，則知二説之不可偏廢，而必折衷採之行之，以救中國也。

　　夫子輿氏之言義不言利，乃正人心之所本也；司密氏之言利不及義，斯富國之佐證也。然二氏之說盡善矣，法之者盡美矣，而主[11]其說者，則未嘗求二氏之心[12]也。子輿氏處戰國分崩之際，人心渙散之日，不有言義者以正之，則鮮[13]不為大奸慝。是故孟氏繼孔氏之後，大聲急呼，以傳仁道，而華夏之命運遂得以延四千年而不衰。其所以不言利者，則當時趨利之徒蝟集[15]，民富廩[16]足，固無庸[17]再為之籌謀利之方矣。司密氏屆歐洲食少民眾之世，英倫窮困之日，欲求補救之方，則捨謀利不為功。是故《原富》書出，洛陽紙貴[18]，大陸風行，不數年英遂以富強之國鳴於世，法之者亦復稱富。而其所以不及義者，非不主義也，乃時際文化方興之日，民德增長之期，斯說也非要圖耳，故不及之。若夫中國之今日，財盡矣，德衰矣，司農[19]有仰屋之悲，君子有道喪之慨，言利則德不足以副[20]之，言義則民窮足以困之。是非二氏之說而法之[21]，不足圖根本之補救。民德民生，雙峰並峙，兩利皆舉。一則崇尚教育，滌除惡習，使國民之德性日益張，而達於堯天舜日之境；一則振興實業，厚培民生，使國民無不恆之產，國家有倉廩之餘，而比隆於歐美。秉國鈞者果能並採而行之，則今日東鄰之要求何足慮；白禍之恐慌，又何足憂。亡羊補牢，固未為晚，桑榆之收，亦非失策。安知二十年後，中國不復揚其舊有民德，發其未開之寶庫，以角逐於天演界中，而應黃禍之讖[22]哉！不然偏乎一端，言義者必達民窮財敝[23]，坐待他人魚肉[24]。如非洲之黑人，美洲之紅種，心雖善而力不足以使之成國家；為奴為隸，卒至無可籲之天。言利者必至終日奔走於利祿之場[25]，持盈握算，任人瓜分，如漂流四散之猶太族，雖擁巨富又奚能救其不亡？吾故曰：二氏之說盡善，若分而行之，適足以促吾國之亡。世有達[26]者，當不以余言為河漢[27]也。

【周恩來教師評語】

茹古涵今，才思駿發，相題尤能高人一籌，誠傑構也。前數行詞氣充沛，而稍嫌寬泛。

【註釋】

1　子輿氏，即孟子。孟子（約前 372—前 289），名軻，字子輿。鄒（今山東鄒縣東南）人，戰國時思想家、政治家、教育家。孔子學説繼承者，著有《孟子》一書。

2　司密氏，即亞當・斯密（Adam Smith，1723—1790），英國古典政治經濟學體系的建立者，其代表作有《國富論》、《道德情操論》等。

3　背城借一：與敵人作最後的決戰，也泛指最後拼死一搏。《左傳・成公二年》：“請收合餘燼，背城借一。”杜預注：“欲於城下，復借一戰。”謂背向城牆，倚仗最後一戰來決定勝敗。宋蘇軾《景純復以二篇仍次其韻》詩：“背城借一吾何敢，慎莫樽前替戾岡。”《聊齋誌異・絳妃》：“今欲背城借一，煩君屬檄草耳。”亦作“背城一戰”。《東周列國誌》二〇回：“世子華，年少方剛，請背城一戰。”茅盾《子夜》一八：“可是吉人的意見有點不同。他覺得此時我們一補進，就是前功盡棄，他主張背城一戰。”

4　破釜沉舟：《史記・項羽本紀》：“項羽乃悉引兵渡河，皆沉船，破釜甑，燒廬舍，持三日糧，以示士卒必死，無一還心。”後以“破釜沉舟”比喻下最大的決心，一拼到底。

5　憒憒：糊塗。憒，昏亂，糊塗。

6　霍然：忽然，迅速。

7　按：考察。

8　閉門掃軌：指杜絕賓客，不與來往。軌：車跡。

9　臧：善，好。

10　秉：執掌，操持。

11　主：注重，主張。

12　心：思想感情。

13　鮮：少。

14　奸慝：奸詐邪惡的人。慝：惡，邪惡。

15　蝟集：比喻事情繁多，像刺蝟的硬刺那樣聚在一起。

16　廩：糧倉。

17　無庸：不用，無須。

18　洛陽紙貴：《晉書・左思傳》：“(左思)作《三都賦》，於是豪貴之家競相傳寫，洛陽為之紙貴。”後以“洛陽紙貴”稱譽著作風行一時，流傳很廣。

19　司農：漢代官名。主管錢糧，為九卿之一，又稱大司農。東漢末改為大農。魏以後，或稱司農，或稱大司農。清代因戶部主管錢糧田賦，古俗稱戶部尚書為大司農。

20　副：輔助，陪伴。

21　是非二氏之説而法之：原文在“是非”右下處有老師添補的“取”字，按老師的意見，此句應為“是非取二氏之説而法之”。

22　讖：預決吉凶的隱語、圖記。

23　敝：損傷。

24　魚肉：比喻欺壓、殘害。《後漢書・仲長統傳》：“魚肉百姓，以盈其欲。”

25　言利者必至終日奔走於利祿之場：原文在“者”字右下處有“必至”二字，是周恩來後來加上的。有“必至”二字文句更好。

26　達：通曉事理。

27　河漢：比喻言論迂闊，不着邊際。《莊子・逍遙遊》：“肩吾問於連叔曰：‘吾聞言於接輿，大而無當，往而不返，吾驚怖其言，猶河漢而無極也。’”《世説新語・言語》：“謝公云：‘聖賢去人，其間亦邇。’子姪未之許。公歎曰：‘若都超聞此語，必不至河漢。’”

【點評】

　　本文是一篇作文(據手稿)，據考訂寫於 1915 年秋。此議論文的寫作背景，於原文第一段明確表達：“今日神州存亡危急之秋，一髮千鈞之際，東鄰同種，忽逞野心。噩耗傳來，舉國騷然，咸思一戰。”聯繫時代背景，“神州存亡危急之秋，一髮千鈞之際”應指袁世凱政府在 1915 年 5 月簽訂了中日“二十一條”(又稱《民四條約》)，日本意欲獨佔中國的領土，我國政治、軍事及財政等權益處於民族危亡的時刻；“噩耗傳來，舉國騷然，咸思一戰”應指喪權辱國的“二十一條”簽訂後，全國各地具有良知的中國人面對亡國滅種危險時的痛苦及反抗思想。本文由此展開：擁有一腔愛國熱血固然好，但此等“破釜沉舟之計”是否為當時“救中國之根本計劃”？“又非是道焉”，作者以非常肯定的語氣否定了舉國"咸思一戰"的思想，然後開始探討正確的"救中國之根本計劃"。

文章第二段先以設問句"然則補救之方法何由"開頭，接著通過採用"憂國者之言"分析中國"貧弱之原因"，得出欲達民族興盛"大抵不出二途"的結論：一是"自正人心始"，二是"果國富則民必強，民強則國斯興"。

文章第三段緊承上段設問句做出自己的回答，"斯二說也，吾咸取之"，"必折衷採之行之，以救中國也"。此段有過渡作用，後半句既點題，又自然引出下文論述。

文章第四段開頭不僅照應了題目中"子輿氏不言利，司密氏好言利"的部分內容，又為第三段的"斯二說"提供兩個有力的事實論據。作者從兩種學說產生的國度、時代、國情及採用之後的效果分別論述並加以比較，表明要效仿"二氏之說"，必先真正理解"二氏之心"，才能使國家興隆。然後，作者詳細分析中國今日之國情——"財盡矣，德衰矣，司農有仰屋之悲，君子有道喪之慨"，此時，補救之法若只"言利"，"則德不足以副之"；若只"言義"，"則民窮足以困之"。所以，今日之中國應該"民德民生，雙峰並峙，兩利皆舉"，這便是全文中心。在提出主旨句後，作者進一步從正面說理，充分論證"崇尚教育"和"振興實業"的重要意義；還從反面列舉"非洲之黑人"、"美洲之紅種"及"漂流四散之猶太族"的事例，充分論證只"言義"和只"言利"都不能挽救中國於危亡，只有將"二氏之說""折衷採之行之"，才是"救中國之根本計劃"。至文章結尾，作者以"吾故曰"的形式，再次強調了"二氏之說盡善"，但不可偏廢的主旨。

文章論證嚴謹，思路清晰，周恩來老師評價為"誠傑構也"。作者以一個熱血青年的視角，觀中國之時局，談中國之命運，尋興邦之出路，樸素深摯的愛國情感溢於言表。真知灼見，發人深思；論據典型，無可辯駁；談古論今，氣勢貫通。對於 17 歲中學生來講，能如此高瞻遠矚，實屬難能可貴，難怪周恩來老師讚歎此文"茹古涵今，才思駿發，相題尤能高人一籌"。

(李萱)

周恩來南開中學校中作文第 21 篇《子輿氏不言利，司密氏好言利，二説孰是，能折衷言之歟》首頁字跡

二十二

海軍說

（一九一五年冬）

兵，凶器也[1]。戰，危事也。此右文[2]之言，豈尚武[3]之國之宗旨乎？是以立國於今世者，無不視其軍事之強否，以判其國優劣。軍盛則國強，軍頹則國弱，斯人人所奉為公理，百驗不磨[4]者。

夫軍有海陸之分，陸軍僅能施威於境內，擢武於邊疆，山川之阻，有難色焉。若海軍之可航彼領灣，守我海港。保舊疆土，闢新大陸，唯焉是賴。故陸軍為海軍之後盾，海軍實為軍事之先驅也。

試矚目環瀛[5]，彼英倫以區區之三島，領印度[6]，據埃及[7]，佔澳美，凌東亞，赫赫乎執世界之牛耳[8]，揚揚乎[9]為全球之主人。東瀛亦以島國，一戰而敗我[10]，再戰而勝俄[11]，佔台灣[12]，據朝鮮，居近世之後起[13]，為黃種之出色。其他如法、如美、如德，亦復如是。而其國民莫不挾其雄心毅力爭風，角勝於天演[14]界中，逐焉皆是。何非其國勢是強、軍勢之盛[15]。又何非其海軍之力，足以撼震寰球有以使之乎？

返觀[16]吾國，百年前守閉關主義，龐然自大，視異種為夷狄[17]，視他族為化外[18]，海軍之事固無庸議也。其後，海禁大開，執政者亦知非拘泥於古所能強國，於是有倡練海軍之議。聘外人為教師，其始固甚勁[19]練，繼乃改以華人為帥。炮[20]不研改良之術，兵不教施放之精。泄泄遝遝[21]，昏昏夢夢，終日酒地花天[22]，於軍事無絲毫之研究。人必自侮而後人侮之，國必自伐而後人伐之[23]。其自侮自伐既如此，於是又甲午之敗。全軍覆沒，虛容[24]盡失；割地喪師，真情畢露。強盛之希望既成泡影，和平之期意復為幻想。棄良港，捨鉅款[25]，以圖一時之安。而外人鯨吞蠶食[26]之議，瓜分豆剖[27]之思，無稍息焉。夫當此二十世紀，強權潮流之日，我神州[28]存亡危急之秋[29]。

　　民國承之執政，在野[30]者據此兩種優劣[31]於是有擴張海軍之議[32]。言之非艱，行之維艱。或曰：吾國之良港既已租出，財政又復困艱如是，練海軍者將徒空言也乎？曰：是，又不然。夫海軍之練，其耗費固大，然成功用之甚廣[33]，雖今日耗無限之金錢，亦所不恤。借債練軍固屬不可，然以國家之稅練國家之軍，又奚不可哉？至軍港之佳固多，若秦皇、若葫蘆、若象山，又何非吾國主權所及之地耶？果爾[34]，則國之強可操左券[35]。挽神州之陸沉[36]，作中流之砥柱[37]，執世界之牛耳，保東亞之和平，捨海軍其誰歸？捨海軍其誰歸哉！

【周恩來教師評語】

筆酣墨飽，氣勢汪洋。青年有此文字，後日必不可限量矣，勉旃[38]。

【註釋】

1　兵，凶器也：《老子‧三十一章》："夫佳兵不祥之器。"

2　右文：視文字的義符居右的理論。這裏是指"戰"右半部"戈"表意，戰爭動用兵器之意。按，"右文說"為宋人王聖美所創，《夢溪筆談》卷十四："王聖美治字學，演其義以為右文。古之字書皆從左文。凡字，其類皆在左，其義在右如木類，其左皆從木。所謂右文者，如戔，小也。水之小者曰淺，金之小者曰錢，歹之小者曰殘，貝之小者曰賤。如此之類，皆以戔為意也。"

3　尚武：崇尚武事。

4　百驗不磨：驗，徵也，應驗，有效。不磨，不滅。《後漢書‧南匈奴傳》："千里之差，興自毫端，失得之源，百世不磨矣。"

5　環瀛：即環宇，指世界。舊稱中國為神州，有大瀛海環繞各州之外。故以環瀛指世界。《史記‧孟子荀卿列傳》："中國外如赤縣神州者九，乃所謂九州也。於是有神海環之，人民禽獸莫能相通者，如一中區者，乃為一州，如此者九，乃有大瀛海環其外。"環瀛又做瀛寰。

6　領印度：英國商人 1600 年在印度創立了"不列顛東印度公司"，"不列顛東印度公司"日漸壯大，並擁有了威脅性的軍事力量，於 1757 年在普拉西戰役中戰勝印度，逐步由商業貿易企業轉變為印度的實際主宰者。1857 年印度成為英國殖民地。

7　據埃及：1882 年英國殖民軍佔領埃及，之前埃及為法軍佔領。1922 年英國承認埃及獨立，但仍保留諸多特權，直至 1954 年 7 月，雙方就蘇伊士運河達成協議，從而結束英國對埃及的軍事佔領。

8　執世界之牛耳：即於世界中，為勝利者。古時諸侯結盟，割牛耳歃血，由主盟國執放置牛耳的盤子。故執牛耳代之勝利者。《周禮‧戎右》："盟則贊牛耳。"鄭玄箋："謂尸盟者割牛耳取血助為之，尸盟者執之。"《左傳‧魯定公八年》："衛人請執牛耳。"

9　揚揚乎：得意的樣子。《荀子‧儒效》："得委積足以掩其口，則揚揚如也。"楊倞注："揚揚，得意之貌。"

10　一戰而敗我：指 1894 年中日甲午海戰中國戰敗，戰敗後簽訂《馬關條約》。

11　再戰而勝俄：指日俄戰爭。甲午海戰後，遼東問題影響日俄兩國的利益。1904 年 2 月 8 日在中國領土上爆發日俄戰爭，12 日，清政府宣佈"局外獨立"，劃遼河以東為交戰區。沙俄最終戰敗，日本取得在朝鮮和中國東北駐軍的權利。

12　佔台灣：甲午戰敗後簽訂《馬關條約》，割讓台灣全島及附屬各島嶼。

13　後起：後起之秀。余懷《板橋雜記》："崔科，後起之秀，目未見前輩典型。"本作"後來之秀。"《晉書‧王忱傳》："卿風流俊逸，真後來之秀。"又有做"後來領袖"。

14　天演：進化。天演界即生物界。嚴復譯《天演論》中，將 Evolution 譯作天演。吳汝綸《天演論序》："是故天行人治，同歸天演。"按，此天演，猶《莊子》之"運鈞"義。

15　盛：原字塗改漫漶，依《周恩來早期文集》作"盛"。

16　返觀：當做"反觀"。

17　夷狄：偏遠部落，有藐視語氣。《論語‧八佾》："子曰：'夷狄之有君，不如諸夏之亡也。'"《説文》："夷，東方之人。"又"狄，北狄也。"

18　化外：教化之外的地方，指受不到教化的邊遠地區。《唐律義疏‧名例》："諸化外人，同類自相犯者，各依本俗法。"

19　勁：強。

20　炮，手稿為"礮"，一種拋射石彈的機械裝置。《武經總要》有載，古稱"飛石、拋石"。潘岳《閒居賦》："炮石雷駭。"李善注："礮石，今之拋石也。"張銑注："炮石，以石激物也。"此處指冷兵器，言清代武器處於落後的水準。

21 泄泄遝遝：泄泄、遝遝，皆形容遲緩萎靡的樣子。《孟子・離婁上》："《詩》曰：'天之方蹶，無然泄泄'。泄泄，猶遝遝也。"朱熹注："泄泄，怠緩悅從之貌。"今北方方言亦有"泄泄遝遝"。

22 酒地花天：同花天酒地，沉湎酒色。《官場現形記》第二十七回："到京之後，又復花天酒地。"

23 國必自伐而後人伐之：《孟子・離婁上》："夫人必自侮，然後人侮之；家必自毀，而後人毀之；國必自伐，而後人伐之。"

24 虛容：名聲顏面。

25 棄良港，捨鉅款：良港，指《馬關條約》增開長沙、重慶、蘇州、杭州為通商口岸。鉅款，指《馬關條約》第四款："中國約將兩萬萬兩交與日本。"

26 鯨吞蠶食：像鯨一樣一口吞下，像蠶吃桑葉一樣逐步侵食。王韜《英宜保土》："若土耳機三土一旦為俄所鯨吞蠶食，則地兼三海，拓疆萬里。"

27 瓜分豆剖：意與鯨吞蠶食同。鮑照《蕪城賦》："出入三代，五百餘載，竟瓜剖而豆分。"康有為《上清帝第五書》："瓜分豆剖，漸露機牙。"豆，容羹器。

28 神州：又稱赤縣神州，指中國。《史記・孟子荀卿列傳》："以為儒者所謂中國者，於天下乃八十一分居其一分耳。中國明月赤縣神州，赤縣神州內自有九州，禹之序九州是也。"

29 存亡危急之秋：情況緊迫，關乎國家存亡的時刻。《出師表》："此誠危急存亡之秋也。"

30 在野：不在位，不執政。《尚書・大禹謨》："君子在野，小人在位。"

31 兩種優劣：指英日以島國而勝之優，與我國閉關敗軍之劣。

32 擴張海軍：1917 年 3 月，陳紹寬《報告調查日本海軍及各重要機關詳細情形》："日本海軍近來大事擴張，軍港設備又為完全，艦艇日多，軍中器械日新月異"，"若以艦艇年齡之新舊，船隊噸數之多寡，軍械之利鈍，以及精神之奮弛與東鄰一比，實相去甚遠，然則我軍無所謂海軍矣，此國威之不嚴，國勢之所以弱於列強者，殆皆以無海軍故"。又 1919 年《報告英美日各國擴張軍艦並條陳我國海軍規劃》。

33 然成功用之甚廣：作者將"成"改為"其"，"之"改為"為"。

34 果爾：假如真能如此。果，假如。

35 操左券：象徵有把握。券即契約，以竹為之，分為左右，債權人持左券，憑此追索債務。《商君書・等分》："即以左券予吏之問法令者。"

36 神州之陸沉：國土淪陷。《世說新語・輕詆》："慨然曰：'遂使神州陸沉，百年丘墟，王夷甫諸人，不得不任其責。'"

37 中流砥柱：語出朱熹《與陳侍郎書》："而二公在朝，天下望之，屹立若中流之砥柱，有所恃而不恐。"

38 勉旃：在此努力吧。"之焉"的合音。錢謙益《袁可立授奉直大夫》："余感忘古人求舊之義，勉旃。"

【點評】

　　這篇作文，據考訂作於 1915 年冬。本文題為《海軍説》，但文章開頭並未從海軍説起，而是先從軍事武力談起，肯定了人人信奉的"百驗不磨"的公理——"軍事之強否，以判其國優劣。軍盛則國強，軍頹則國弱。"然後作者才轉到議論海軍上，作者認為海軍有"航彼領灣，守我海港。保舊疆土，闢新大陸"的作用。而且"陸軍為海軍之後盾，海軍實為軍事之先驅"。文章的真知灼見，已顯端倪。

　　接着作者以海戰實例為鏡鑒，得出"又何非其海軍之力，足以撼震寰球有以致之乎"的判斷。看問題的深透，非比尋常。文章筆鋒一轉，反觀國內，對比之下道出了中國軍事力量，特別是海軍力量衰微現狀："繼乃改以華人為帥。炮不研改良之術，兵不教施放之精。"並分析其原因："泄泄遝遝，昏昏夢夢，終日酒地花天，於軍事無絲毫之研究。"這樣就致使本國殆於"我神州存亡危急之秋"。聲聲警語，振聾發聵。

　　而文章最後一段，又借"練軍之難"的答問轉承深入，對海軍建設進行實質性的思考。古來答問都是為答而問的（戴震論孝經語），此文亦不例外。前文敍述海軍之必要，後文自然須論及建設海軍之法。答問的妙處在於不隔斷文章氣勢，使得文章氣貫理暢，內容連貫清晰。此處的回答既強調了練軍的重要，又道出了練軍的方略。作者繼之大膽設想有一支強大的海軍，"國之強可操左券，挽神州之陸沉，作中流之砥柱，執世界之牛耳，保東亞之和平"。因此在文尾大聲疾呼"捨海軍其誰歸？捨海軍其誰歸哉！"重復中有發問，也有抒情。一片雄心壯志揮灑其間，文終而氣不竭，表達了文章"興海軍，強中華"的主旨。由此我們清楚地看到周恩來雖然年紀輕輕，卻有着愛國憂國的拳拳之心。

　　本文除了運用事實和説理論證外，還運用了因果論證、對比論證等，這些增強了文章的説理深度，具有較強的説服力。另外文章邏輯性強，語言連貫，言詞縝密激切，讀來給人以較強的氣勢和感染。所以周恩來的國文老師在評語中有"筆酣墨飽，氣勢汪洋"的評價，體現出當時老師對周恩來作文的欣賞。

（常虹）

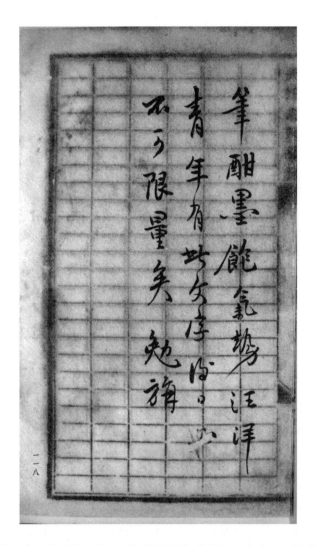

周恩來南開中學校中作文第 22 篇《海軍說》教師批語書跡："筆酣墨飽，氣勢汪洋。青年有此文字，後日必不可限量矣，勉旃。"

二十三

或多難以固邦國論[1]
（一九一五年冬）

　　夫有非常之時勢，然後有非常之英雄；有非常之英雄，然後建非常之功業[2]。人有非常之功業，而名以立；國有非常之功業，而邦以興。是故時勢也、英雄也、功業也，立名之基礎，興邦之利器也。然而立名事末[3]，興邦事偉。既有非常之時勢，要必[4]有非常之功業，建之於國，以固邦本[5]，始克[6]成非常之英雄耳。且夫天下承平[7]，四海晏樂[8]，烽火[9]不舉[10]，兵革[11]不興[12]，非非常之時勢也。強弱相侵，殺戮頻仍[13]，家國銅駝[14]之感，宗社有禾黍[15]之悲，大廈將傾，扶危有待眾木。國運既[16]替[17]，光復必俟[18]後人。是[19]誠[20]所謂[21]非常之時勢矣！

　　間嘗讀史，至晉劉琨[22]"或多難以固邦國"一語，不禁深致服膺[23]。知有非常之時勢，適[24]足以興固邦本，挽已墜之家國也。當夫西漢末造[25]，中原紛擾，新莽竊篡，光武以一餘裔，卒致中興之志[26]。戰國之際，越並於吳，為人奴隸，供人驅使[27]，勾踐[28]以亡國之君，乃達沼吳[29]之念。斯二君者，處國破家亡、宗社邱墟[30]之際，乃能轉危為安，重整山河，何哉？蓋子興氏[31]有言：生於憂患，死於安樂。[32]彼富貴利達[33]之徒，值上下相安之日，以為國家無事，遂泄泄遝遝[34]，耽[35]於宴樂，百政不舉，田畝荒蕪，終至盜賊蜂起，弊害叢生。內患既開，外侮斯乘。當是時也，憂時之君，愛國之士，目擊受他人之憑陵[36]踐踏已甚，乃發憤圖強，臥薪嘗膽[37]。一旦羽毛豐滿，登高而呼，久困之民必揭竿[38]而隨，不達再興之域、邦固之境，未之有也[39]。故普敗於法，而俾斯馬克[40]乃能挽已頹之大廈，重整舊邦，生聚教訓[41]，不十年乃復興。一戰勝奧，再戰勝法，浸浸[42]乎有駕凌全歐之勢。義亡於奧，而加里波的[43]乃能拯久替之國運，喚醒國魂，義旗高舉，未數載乃光復舊疆，重興羅馬，使數千年之古國復立於今之新世界中。由是以觀古今東西，處非常之時勢者，均可以成非常之功業。多難興邦，劉子誠不我誣也[44]。

　　然而返察吾國，自海禁[45]大開，強鄰逼處。鴉片之役，英人侵我；越南之戰[46]，法人欺我；布楚之約[47]，俄人噬我；馬關之議[48]，日人凌我；及乎庚子[49]，諸國協力以謀我。瓜分豆剖，蠶食鯨吞，岌岌[50]乎不可終日[51]。此固非常之時勢也，而人民之鼾睡如故。逮[52]乎辛亥[53]，國建共和。昏昏蒙人，離我而立。蠢蠢藏番，畔[54]我藩籬[55]。列強藉口以進兵，俄英從中而播動，思收漁人之利。土地喪失，國亡即在目前，此固非常之時勢也。而人民乃不此之急，鬩牆[56]自私，釀成湖口之變[57]。未幾[58]事平，鼾睡又復如故。至於今日，同種東鄰，乘歐戰[59]方殷之際，忽來哀的美敦之書[60]。政府無後盾，國民無先驅；忍恥受辱，逐條承認；五項要求，猶言後議。事急矣！時逼[61]矣！非常之勢，多難之秋[62]，至斯亦云極矣！而全國人民，優游者有之，無識者有之。舉目河山，將非我有，然酣睡仍復依[63]，沉沉大陸，鼾睡依然。雖其中不乏愛國之士，發憤以圖強，立志以自振[64]；但時易[65]境遷[66]，如火如荼，轉成為無聲無臭矣！嗚呼！臥榻豈容人鼾睡[67]，宋太祖[68]之言猶在耳。厝薪久已見微明[69]，賈長沙[70]之語豈忘心。莽莽神州，已倒之狂瀾待挽。茫茫華夏，中流之砥柱伊[71]誰？弱冠[72]請纓[73]，聞雞起舞[74]，吾甚望國人之勿負是期也。不然多難既不足以固邦國，時勢亦不足以造英雄。興漢心無，沼吳志沒。加里波〔的〕之不作，俾斯麥之已亡。衰草斜陽，行將[75]會銅駝於荊棘。中原故趾[76]，當必見披髮於伊川[77]。則劉子[78]所謂或字之義者，殆[79]在是歟[80]？悲夫！

【周恩來教師評語】

才思駿發，波瀾老成。中後歷陳時事，尤有賈長沙痛哭流涕之情，誠傑構也！

【註釋】

1　出自晉劉琨《勸進表》："或多難以固邦國，或殷憂以啟聖明。"

2　功業：功勳事業。《易・繫辭下》："爻象動乎內，吉凶見乎外，功業見乎變，聖人之情見乎辭。"晉劉琨《重贈盧諶》詩："功業猶未建，夕陽忽西流。"

3　然而立名事末：原文將"末"改為"微"字，是老師批改作文時所改。

4　要必：大體總是；總歸。清蒲松齡《聊齋誌異・佟客》："異人何地無之，要必忠臣孝子，始得傳其術也。"

5　邦本：國家的根本。《書・五子之歌》："民唯邦本，本固邦寧。"孔穎達疏："民唯邦國之本，本固則邦寧。"後因以"邦民"指人民。唐杜甫《入衡州》詩："凋弊惜邦本，哀矜存事常。"

6　克：能夠。

7　承平：治理相承；太平。《漢書・食貨志上》："今累世承平，豪富吏民訾數巨萬，而貧弱俞困。"

8　晏樂：原文旁批有"宴"字，而"晏"字又有義項同"宴"字，且有"宴樂"一詞，故此處宜解釋為安樂。

9　烽火：指戰爭、戰亂。唐杜甫《春望》詩："烽火連三月，家書抵萬金。"

10　舉：發起，興辦。

11　兵革：指戰爭。

12　興：舉辦，發動。

13　頻仍：連續不斷。北周庾信《周上柱國宿國公普屯威神道碑》："再為連率，頻仍衣錦。"

14　銅駝：周恩來的國文老師旁批改為"有荊棘"，改後為"家國有荊棘之感，宗社有禾黍之悲"，在字數音節上更為整飭。

15　禾黍：《詩・王風・黍離序》："《黍離》，閔宗周也。周大夫行役至於宗周，過故宗廟宮室，盡為禾黍。閔宗周之顛覆，彷徨不忍去而作是詩也。"後以"禾黍"為悲憫故國破敗或勝地廢圮之典。

16　既：已經。

17　替：衰廢。

18　俟：等待。

19　是：這。

20　誠：確實，的確。

21　所謂：所説的。

22　劉琨：（271—318）西晉詩人。字越石，中山魏昌（今河北無極）人。官至并州刺史，長期與匈奴貴族劉曜、劉聰對抗。後兵敗，投奔鮮卑貴族，被殺。代表作《重贈盧諶》及《扶風歌》、《答盧諶》等詩，慷慨悲涼。明人輯有《劉越石集》。

23　深致服膺：原文此處旁批將“深致”二字改為“拳拳”，且有成語拳拳服膺，意為誠懇信奉；衷心信服。《禮記·中庸》：“回之為人也，擇乎中庸，得一善則拳拳服膺，而弗失之矣。”鄭玄注：“拳拳，奉持之貌。”

24　適：恰好。

25　末造：猶末世。指朝代末期。《儀禮·士冠禮》：“公侯之有冠禮也，夏之末造也。”

26　新莽竊篡，光武以一餘裔，卒致中興之志：西漢末王莽篡權，改國號新，故稱新莽。劉秀，東漢的開國皇帝，謚號“光武”。他領導舂陵等義軍，掃滅新莽，紹續漢業，成功地實現了“光武中興”。在他當政的中、後期乃至明帝時期，出現了一個“馬放牧，邑門不閉”、“四夷賓服，家給人足，政教清明”的穩定和諧的社會局面。曹植、諸葛亮評價他勝於高祖（劉邦）；陳亮稱他“光乎周宣”；王夫之説他“允冠百王”；蔡東藩曾作詩讚曰：“三十三年膺大統，功多過少算明王。”種種措施，使東漢初年出現了社會安定、經濟恢復、人口增長的局面，因此劉秀統治時期，史稱“光武中興”。

27　為人奴隸，供人驅使：旁批為“含羞忍垢”。

28　勾踐：（?—前465）春秋時越王。後為吳王夫差所敗，困於會稽，屈辱於吳。乃用文種、范蠡為相，臥薪嘗膽，立志復仇。十年生聚，十年教訓，卒興兵滅掉了吳國，繼而北進，大會諸侯於徐州（山東滕縣南），成為春秋後期的霸主。

29　沼吳：猶言滅吳。語本《左傳·哀公元年》：“越十年生聚，而十年教訓，二十年之外，吳其為沼乎！”杜預注：“謂吳宮室廢壞，當為污池。”清楊焯《吳門雜感》詩之二：“煙波一棹鴟夷子，閒對西施話沼吳。”魯迅《且介亭雜文·阿金》：“〔我〕也不信己亡殷，西施沼吳，楊妃亂唐的那些古老話。”

30　邱墟：廢墟，荒地。此處用作動詞。

31　子輿氏：孟子（前372—前289），名軻，字子輿。戰國時期鄒人，魯國慶父後裔。

中國古代著名思想家、教育家，文學家，戰國時期儒家代表人物。

32　生於憂患，死於安樂：出自《孟子・告子下》，因有憂患而得以生存，因沉迷安樂
而衰亡。

33　利達：猶顯達。《孟子・離婁下》："由君子觀之，則人之所以求富貴利達者，其
妻妾不羞也，而不相泣者，幾希矣。"

34　泄泄遝遝：遲緩；懈怠。語出《孟子・離婁上》："《詩》曰：'天之方蹶，無然泄泄。'
泄泄，猶遝遝也。"朱熹集注："泄泄，怠緩悅從之 …… 遝遝，即泄泄之意。"

35　耽：沉溺，入迷。

36　憑陵：侵犯，欺侮。亦作"憑凌"。《左傳・襄公二十五年》："今陳忘周之大德，
蔑我大惠，棄我姻親，介恃楚眾，以憑陵我敝邑。"

37　臥薪嘗膽：身臥於柴薪，口嘗着苦膽。比喻發奮磨礪，時刻不忘雪恥。春秋時，越
王勾踐戰敗，為吳所執，既放還，欲報吳仇，苦身焦思，置膽於坐，飲食嘗之，欲
以不忘會稽敗辱之恥。見《史記・越王勾踐世家》、趙曄《吳越春秋・勾踐歸國外
傳》。

38　揭竿：舉竿；持竿。特指武裝暴動。《舊唐書・柳璨傳論》："李氏之失馭也 ……
狐鳴鴟嘯，瓦解土崩。帶河礪嶽之門，寂無琨逖；奮挺揭竿之類，唯効敦玄。"

39　未之有也：即未有之也。意為沒有這樣的事。

40　俾斯馬克：今譯俾斯麥，奧托・馮・俾斯麥（1815—1898），普魯士宰相兼外交大
臣，是德國近代史上傑出的政治家和外交家，被稱為"鐵血首相"。

41　生聚教訓：《左傳・哀公元年》："〔伍員〕退而告人曰：'越十年生聚，而十年教訓，
二十年之外，吳其為沼乎！'"後以"生聚教訓"指軍民同心同德，積聚力量，發憤
圖強，以洗刷恥辱。

42　浸浸：漸漸。《漢書・酷吏傳・嚴延年》："賓客放為盜賊，發，輒入高氏，吏不
敢追。浸浸日多，道路張弓拔刃，然後敢行，其亂如此。"

43　加里波的：朱塞佩・加里波的（1807—1882），是個意大利愛國志士及軍人。他獻
身於意大利統一運動，親自領導了許多軍事戰役，是意大利建國三傑之一（另兩位
是撒丁王國的首相加富爾和創立青年意大利黨的馬志尼）。而由於在南美洲及歐洲
對軍事冒險的貢獻，他也贏得了"兩個世界的英雄"的美稱。

44　不我誣也：即不誣我也。誣，欺騙。

45　海禁：指明清兩代禁止中國人到海外經商和限制外國商船進口貿易所採取的措施。
明唐順之《條陳水運事宜》："今歲夏間，聖明念遼人之飢，弛海禁，運米賑之。"
清黃遵憲《番客篇》："國初海禁嚴，立意比驅鱷。"

46　越南之戰：即中法戰爭又作清法戰爭，是清朝與法國之間為越南主權問題而爆發的

戰爭。戰爭之中由於清朝對法宣戰時未召集各國大使，因此不具有公開性，而法國自始至終未向清朝宣戰，僅稱為"報復性軍事行動"。而戰場除了在安南（越南古稱安南國）境內展開外，法國也派遣部隊攻打雲南邊界，並派遣庫爾貝（孤拔）率領遠東艦隊攻打福建、台灣、浙江，控制台灣海峽，佔領澎湖。

47 布楚之約：1689 年，中俄兩國在尼布楚進行談判，雙方簽訂了第一個邊界條約《尼布楚條約》（也是清政府和西方國家簽訂的第一份條約）。條約簽訂後，中俄東段邊境地區相對穩定，兩國人民和平往來，貿易得到很大的發展。它是一個在清政府作了很大讓步的情況下簽訂的一個平等條約。

48 馬關之議：《馬關條約》為清朝政府和日本政府於 1895 年 4 月 17 日（光緒二十一年三月二十三日）在日本馬關（今下關市）簽署的條約，原名《馬關新約》，日本稱為《下關條約》或《日清講和條約》。《馬關條約》的簽署標誌着甲午戰爭的結束。清朝代表為李鴻章和李經芳，日方代表為伊藤博文和陸奧宗光。該條約是繼《北京條約》以來侵略者強加給中國最刻毒的不平等條約，它使日本得到巨大的利益，也適應了帝國主義各國向中國輸出資本的願望。條約簽訂後，由於俄、德、法三國的干涉，日本將遼東半島退還給中國，中國付給日本"酬報"銀三千萬兩。

49 庚子：1900 年（庚子年），義和團運動在包括北京在內的中國北方部分地區達到高潮，大清帝國和國際列強開戰，八國聯軍佔領了北京紫禁城皇宮。1901 年（辛丑年）9 月，中國和 11 個國家達成了屈辱的《解決 1900 年動亂最後議定書》，也就是中國史稱的《辛丑合約》。《辛丑合約》規定，中國從海關銀等關稅中拿出 4 億 5 千萬兩白銀賠償各國，並以各國貨幣匯率結算，按 4% 的年息，分 39 年還清。這筆錢史稱"庚子賠款"，西方人稱為"拳亂賠款"。

50 岌岌：危急貌。《孟子・萬章上》："天下殆哉岌岌乎？"

51 不可終日：一天也過不下去。形容局勢危急或心中惶恐。語出《禮記・表記》："君子不以一日使其躬，儳焉如不終日。"

52 逮：到，及。

53 辛亥：1911 年，農曆辛亥年。孫中山領導了推翻清朝統治的資產階級民主革命。這一年 10 月 10 日湖北武昌起義爆發後，各省相繼起義響應，形成了全國規模的革命運動，終於推翻了清王朝的反動統治，結束了中國兩千多年的封建君主專制制度。

54 畔：同"叛"。

55 藩籬：邊界；屏障。漢賈誼《過秦論上》："乃使蒙恬北築長城而守藩籬。"

56 鬩牆：語本《詩・小雅・常棣》："兄弟鬩于牆，外禦其務。"謂兄弟相爭於內。後用以指內部相爭。

57 湖口之變：1913 年 7 月，江西都督李烈鈞在江西湖口誓師，組織討袁軍，進行第二次革命。

58 未幾：沒有多久；很快。

59 歐戰：1914 年 8 月，第一次世界大戰爆發。

60 哀的美敦之書：英語 Ultimatum 的譯音。意為最後通牒，是談判破裂前的"最後的話"。一般是一國就某個問題用書面通知對方，限定在一定時間內接受其條件。否則就採取某種強制措施，包括使用武力，斷交，封鎖，抵制等等。此處指"二十一條"。

61 逼：迫近。

62 秋：時機，日子。

63 依：仍舊。

64 自振：自救；自給。《史記·衛將軍驃騎列傳》："其在塞外，卒乏糧，或不能自振。"

65 易：改變。

66 遷：變動，轉變。

67 臥榻豈容人鼾睡：自己的牀鋪邊，怎麼能讓別人呼呼睡大覺？比喻自己的勢力範圍或利益不容許別人侵佔。語出宋李燾《續資治通鑒長編》卷十六趙匡胤："臥榻之側，豈容他人鼾睡乎！"

68 宋太祖：趙匡胤（927—976），960 年他以"鎮定二州"的名義，謊報契丹聯合北漢大舉南侵，領兵出征，發動陳橋兵變，黃袍加身，代周稱帝，建立宋朝，定都開封。在位 16 年。在位期間，加強中央集權，提倡文人政治，開創了中國的文治盛世，是一位英明仁慈的皇帝，是推動歷史發展的傑出人物。

69 厝薪久已見微明：語出成語"抱火厝薪"，"厝"同"措"，置放。薪，柴火。把火放在柴草底下。比喻危機即將出現。東漢班固《漢書·賈誼傳》："夫抱火厝之積薪之下而寢其上，火未及燃，因謂之安，方今之勢，何以異此？"

70 賈長沙：賈誼（前 200—前 168），洛陽（今河南省洛陽市東）人。西漢初年著名的政論家、文學家。18 歲即有才名，年輕時由河南郡守吳公推薦，20 餘歲被文帝召為博士。不到一年被破格提為太中大夫。但是在 23 歲時，因遭群臣忌恨，被貶為長沙王的太傅。後被召回長安，為梁懷王太傅。梁懷王墜馬而死後，賈誼深自歉疚，直至 33 歲憂傷而死。其著作主要有散文和辭賦兩類。散文如《過秦論》、《論積貯疏》、《陳政事疏》等都很有名；辭賦以《弔屈原賦》、《鵩鳥賦》最著名。

71 伊：是。

72 弱冠：古代男子二十歲行冠禮，表示已經成人，但體還未壯，所以稱做弱冠，後泛指男子二十左右的年紀。

73 請纓：請求交給殺敵任務；自請從軍報國。《漢書·終軍傳》載："南越與漢和親，乃遣軍使南越，説其王，欲令入朝，比內諸侯。軍自請：'願受長纓，必羈南越王而致之闕下。'"後以"請纓"指自告奮勇請求殺敵。

74　聞雞起舞：《晉書·祖逖傳》："〔祖逖〕與司空劉琨俱為司州主簿，情好綢繆，共被同寢。中夜聞荒雞鳴，蹴琨覺曰：'此非惡聲也。'因起舞。"後以"聞雞起舞"為志士仁人及時奮發之典。

75　行將：不久就要；將要。

76　趾：同"址"。

77　披髮於伊川：《左傳·僖公二十二年》："平王之東遷也，辛有適伊川，見被髮而祭於野者，曰，不及百年，此其戎乎，其禮先亡也。秋，秦晉遷陸渾之戎於伊川。"這説明周平王由陝西東遷洛邑後，派大夫辛有到伊川，發現這裏有在野外披髮祭祀的，古代的禮儀已經喪失，秦國晉國又把西北的陸渾之戎（原住在敦煌一帶）遷到了伊川。

78　劉子：子：先生。劉子即是劉琨。

79　殆：大概。

80　歟：文言助詞，表示疑問、感歎、反詰等語氣。

【點評】

　　本文手稿頁邊有"民國四年冬季第五次"字樣，據考訂本文係周恩來寫於 1916 年冬的一篇課業命題作文。

　　1916 年 5 月 9 日袁世凱不顧全國人民的反對，接受了日本提出的滅亡中國的"二十一條"，全國各地掀起抵制日貨的高潮。全國教育聯合會將 5 月 9 日定為國恥紀念日。為此，本年冬季作者撰寫了本篇命題作文，對此歷史事件發表看法。

　　作者開篇便以"夫有非常之時勢，然後有非常之英雄；有非常之英雄，然後建非常之功業"來激勵國人雖當亂世，但時勢造英雄，更可有一番作為，以立名興邦。"然而立名事末，興邦事偉。"可見作者眼界之開闊，胸懷之坦蕩。手稿頁邊教師旁批三字"筆勢偉"，想來正是對作者能有此胸襟的肯定。文章接下來便以何謂"非常之時勢"引出下文劉琨之"或多難以固邦國"一語。

為證實"或多難以固邦國"，作者涉古及今，旁徵博引，通過中國古代的光武中興和勾踐滅吳得出孟子"生於憂患，死於安樂"的結論，又以統一德國的俾斯麥和統一意大利的加里波的兩位歐洲近代史上的大英雄進一步論證了"多難興邦"的論點。周恩來國文老師在評語中說"才思駿發，波瀾老成"，實在精準。

至此，"二十一條"之事，作者雖看似隻字未提，實則卻字字為後文鋪墊。

作者於後文歷陳實事，對國內外政治形勢洞若觀火，由鴉片戰爭、中法戰爭、尼布楚條約、馬關條約，一直說到辛亥革命和二次革命，又與當時國民的愚昧形成對比，從而水到渠成道出東鄰日本覬覦我神州國土，"二十一條"喪權辱國的現實。文章造岌岌可危之勢，抒殷殷報國之情，詞句讀來令人聲淚俱下，為之動容。無怪乎周恩來的國文老師在評語中寫到："尤有賈長沙痛哭流涕之情"。

文章最後，作者在殷切希望國人能發憤圖強、力挽狂瀾之際又重提及興漢、沼吳之例，使文章結構完整，渾然一體，作者構思之巧妙、縝密可見一斑。

（滑娜）

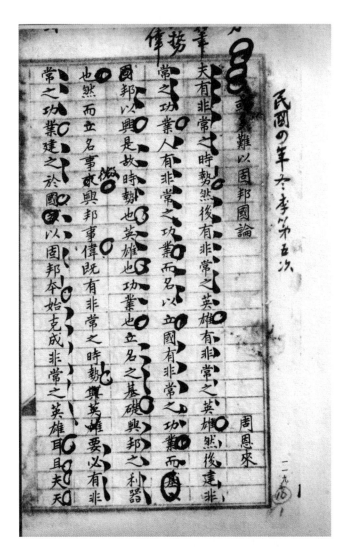

周恩來南開中學校中作文第 23 篇《或多難以固邦國論》首頁書跡

二十四

送劉蓉生先生出仕山西序[1]

（一九一五年）

　　嗚呼！處此千鈞一髮之神州，危如累卵之亞陸。茫茫宦海[2]，滾滾政潮[3]；風波時起，百弊叢生；朝衣冠而夕鑽營[4]，威下民以諉執事[5]。長此以往，救世無人，循是而後，官箴安在[6]！命令雖頒，貪黷如故；肅政[7]史設，緘口依然。以身作則，中流之砥誰期？隨眾模棱[8]，萬里之巨浪誰破？況復當國家多事之秋，政出諸門[9]之日。欲得良吏，以整綱紀；羅致賢才，而警頹風。則親民之官，根本之考驗，誠今世刻不容緩之圖[10]也。津門劉蓉生先生，方以教育自任[11]，薰陶後進[12]，一旦慨然興起，快焉相從，思挽已倒之狂瀾，冀拯水火之蒼生。蒙主試之知，膺民社之選，分發三晉[13]，起程有日。回瞻燕趙，返轡何期[14]？然先生為國謀福，為民圖利，捨其小而謀其大，計其巨而遺其細。不作戚戚[15]之容，具有巍巍之志。以義自勵，以道自任。鶴立雞群，免為流俗所移[16]。鳳鳴朝陽[17]，乃作政海之柱。寧學淵明，不為五斗而折腰[18]。勿效彥倫，甘受移文之毀辱[19]。此先生之志。而燕趙之士，亦以此望於先生也。然則挽已沉之大陸，拯已溺之蒼生，復漢唐之盛跡，醒中華之酣夢，其在斯人歟[20]！其在斯人歟！

【周恩來教師評語】

制摩駢體，法未大純。然風簷寸晷中，得此已非易易。

【註釋】

1　周恩來 1913 年 8 月入天津南開中學，編入己三班，下半年轉入丁二班，國文教員即劉蓉生先生，後劉先生去山西做官。

2　宦海：舊以官場險惡，有如風波不定的海洋，故稱。

3　政潮：指政局上的起伏變遷。

4　朝衣冠而夕鑽營：表面上衣冠楚楚，正人君子，背地裏攀附權貴，以謀私利。朝衣冠：早晨穿戴好衣帽。

5　威下民以諛執事：威逼欺詐百姓，奉承討好官吏。執事：掌管主持政事的官員。

6　官箴安在：為官的正道體現在哪裏呢？官箴，百官對為政者的一種警諫。後世稱官吏之誡為“官箴”，如稱官吏善良為“不辱官箴”，為官不善稱為“有玷官箴”。

7　肅政：即肅政台。官署名。唐光宅元年，改御史台為左肅政台，並增置右肅政台。台官稱肅政大夫，負責監察中央各官署、軍旅得失，兼察各州縣風俗民情。

8　模棱：喻遇事不置可否，態度含糊。

9　政出諸門：政令由不同部門發出。説明當時政局混亂，朝令夕改。

10　誠今世刻不容緩之圖：（以上）確實是當今刻不容緩地需要認真考慮的事情。

11　以教育自任：把教育當做自己的責任。

12　後進：後輩，亦指學識或資歷較淺的人。

13　三晉：山西簡稱晉，三晉是山西的美稱。

14　返轡何期：何時能回到家鄉。返轡，意指回馬。唐李商隱《行次西郊作一百韻》：“千馬無返轡，萬車無還轅。”轡，駕馭牲口用的韁繩。

15　戚戚：憂懼貌；憂傷貌。

16　免為流俗所移：不為世俗所改變。

17　鳳鳴朝陽：鳳凰在太陽初升時鳴叫，比喻稀有的吉兆，也比喻有高才的人得到發揮的機會。出處《詩經·大雅·卷阿》：“鳳凰鳴矣，于彼高岡；梧桐生矣，于彼朝陽。”

18　不為五斗而折腰：這個成語來源於《晉書·陶潛傳》：“吾不能為五斗米折腰，拳拳事鄉里小人邪。”比喻為人清高，有骨氣，不為利祿所動。五斗米，晉代縣令的俸祿，後指微薄的俸祿。折腰，彎腰行禮，指屈身於人。

19　勿效彥倫，甘受移文之毀辱：周顒，字彥倫，南朝居士。長於佛理，又兼通老、易，起初隱居北山，後來卻應詔做起官來了，是一個外表好像恬淡，其實非常熱衷名利的假隱士。這裏作者用來與陶淵明做對比。

20　其在斯人歟：希望全寄託在在這人的身上了。斯人，這個人，即劉蓉生先生。

【點評】

序分為書序和贈序，我們經常接觸到的大多是書序，它是對一篇文章或一部著作內容進行介紹、評述的文字，如王羲之的《蘭亭集序》，魯迅的《〈吶喊〉自序》等。贈序始於唐代，是文人臨別贈言性質的文字，內容多是勉勵、推重、贊許之辭。往往因人立論，闡明某些觀點，言辭懇切而意味深長，相當於議論性散文的寫法，如唐韓愈的《送石處士序》，明宋濂的《送東陽馬生序》。

從《送劉蓉生先生出仕山西序》的內容分析，這篇文章是一篇贈序，可能是國文課上的一篇練習之作。劉蓉生先生是民國初年天津市有名的教育家，當時是周恩來所在班的國文教員，不久即去山西做官，師生臨別之時，周恩來寫就這篇贈序表達對劉先生的殷殷期望之情。開篇即寫當時國家處在危急多事之秋，政壇黑暗，百官貪瀆，"風波時起，百弊叢生；朝衣冠而夕鑽營，威下民以誣執事。長此以往，救世無人，循是而後，官箴安在！"當時還在中學求學的周恩來，年紀輕輕卻目光深邃，洞悉國家大事，敢於針砭時弊，膽量令人佩服。隨後寫到"以身作則，中流之砥誰期？隨眾模棱，萬里之巨浪誰破？況復當國家多事之秋，政出諸門之日。欲得良吏，以整綱紀；羅致賢才，而警頹風"。國家興亡，匹夫有責，文章自然而然地引出文章的主角劉蓉生先生，劉先生即將去山西上任，在這樣一個大的背景之下，肩負着重大的責任和使命，作者對先生的期望也就顯得格外重要和必然。"先生為國謀福，為民圖利，捨其小而謀其大，計其巨而遺其細。不作戚戚之容，具有巍巍之志"，"思挽已倒之狂瀾，冀拯水火之蒼生"，這樣的文字就顯得言真意切，厚望有加。並以不為五斗米折腰的陶淵明激勵先生做人要有傲骨，要清廉，為民親民，不負重託。最後以"挽已沉之大陸，拯已溺之蒼生，復漢唐之盛跡，醒中華之酣夢，其在斯人歟！其在斯人歟！"再次表達對先生深切的期望和無限的信任。全篇氣勢宏大，言真意切，文脈貫通，一氣呵成，不失為一篇標準的贈序體例。

（潘印溪）

二十五

申包胥安楚[1]論

（一九一五年）

　　千古仁人志士[2]，所最痛心疾首之事，莫如河山破碎，家室陵夷[3]，國家有黍油麥秀[4]之悲，社稷有荊棘銅駝[5]之感。為臣子者，處此時勢，苟遇祖國無再振之師，境內復仇之士[6]，則觀[7]異國，有可以我助者，亦必乞師求救。持以毅力，動以利害[8]，未嘗不可蒙[9]其利也。蓋況精誠可以格天，人力定能轉勢[10]哉！雖然處如此之勢，不得不爾[11]。若稍有進退，又何必趨此下策也，以為南八乞終不可得之哉[12]！吾於申包胥之安楚也，成一疑問焉[13]。世之論包胥者，皆以其嘗事暴虐之平王[14]，無所匡救[15]，事急以求濟[16]，智者當不如是。余以為此未足以罪[17]包胥也。當是時，楚國無再振之旅[18]，捨此別無良策，實逼處此，不得不作背城[19]之一戰，是烏足罪[20]乎。然則包胥果無罪乎？曰：又不然也。余所誅[21]者，其不明君臣朋友之大義也。包胥，平王之臣耳。當王欲誅伍奢父子[22]之時，為包胥計，正宜以伍氏之賢而無罪諫於平王。不聽，則以其欲死於秦庭者而死於平王之前[23]。王雖冥頑不靈[24]，感其至誠，必悟矣！不然當與員[25]臨別之時，伐楚斬社之際[26]，曷不陳[27]大義於員之前。不聽，則以其欲哭於秦庭者而哭於伍員之前，員亦可稍斂剛銳[28]之氣，以留楚祀[29]也。夫有此兩可[30]諫之機遇，可哭之理由，而有可以必聽必悟之希望，保全荊楚之社稷，發揚君臣朋友之大義，易如反掌。何為計不出此，直待事無可如何[31]之時，而為乞不可必得之秦師，使人憐我之哭，而救吾祖國之存亡，其計亦左[32]矣！而其成功亦去霄雲之乞師賀蘭幾希，其成功亦幸矣[33]。況當是時，昭王迫甚，其猶得以奔隨[34]者，特幸耳[35]。設其徘徊成白之津[36]，而子胥之徒，率練甲而戕之立盡[37]，外無宗族托於強鄰，內則宮室誅屠已盡，則雖有包胥諸臣將輔，誰以復國，楚之宗祀，將由是斬矣。即使昭王得以奔隨，而秦王無所動於中[38]，坐觀成敗，則雖以包胥七日之泣，又何足以救楚哉！吾故曰：包胥之得以安楚者，倖耳[39]。安得足以後世法[40]哉！至其逃賞之事[41]，則又為沽名釣譽[42]之舉，以示子胥履信之義[43]，更不足道也。然其精衛杜鵑[44]之精誠，固不可沒[45]也。

【周恩來教師評語】

思路既多，詞旨亦富。特說話太多，難免有不妥之處。文以妥勝，不以多勝者，此也。

【註釋】

1 申包胥安楚：申包胥是春秋時楚國貴族，與伍子胥為知交。楚昭王十年（前506），吳國用伍子胥計策攻破楚國，申包胥到秦求救，在宮廷痛哭七晝夜，最終使秦發兵救楚。參看《左傳》、《史記》等。

2 千古仁人志士：原文在"仁人"右下處有"志士"二字。有"志士"二字文句更好。

3 陵夷：衰落。《史記・高祖功臣侯者年表》："始未嘗不欲固其根本，而枝葉稍陵夷衰微也。"《漢書・成帝紀》："帝王之道日以陵夷。"

4 黍油麥秀：也作"黍離麥秀"，哀傷亡國之辭。《詩經・王風・黍離》："彼黍離離，彼稷之苗。行邁靡靡，中心搖搖。"《詩經・小序》："《黍離》，閔宗周也。周大夫行役至於宗周，過故宗廟，宮室盡為黍離。閔周室之顛覆，彷徨不忍去，而作是詩也。"

5 荊棘銅駝：也作"銅駝荊棘"，銅駝，銅鑄的駱駝，古代設置在宮門的外面。荊棘，叢生的多刺植物。銅駝被棄置在荊棘叢中，形容亡國後的淒冷景象。唐房玄齡等《晉書・索靖傳》："靖有先識遠量，知天下將亂，指洛陽宮門銅駝歎曰'會見汝在荊棘中耳！'"

6　境內復仇之士：此句漏寫"無"字，應為"境內無復仇之士"。在原文此句中，除"之"字周恩來的老師無圈畫，其餘字均有圈畫。旁邊有教師"國民無義旗之舉"批語。

7　觀：即"環視"。

8　持以毅力，動以利害：憑着毅力堅持（説服對方），用利害打動（對方）。

9　蒙：遭，受。此處可引申為"得到"、"獲得"。

10　精誠可以格天，人力定能轉勢：真誠可以感動上天，人的力量一定可以扭轉情勢。精誠，真誠。《莊子・漁父》："真者，精誠之至也，不精不誠，不能動人。"格天，感動於天。古代統治者自稱受命於天，凡所作為，感通於天，叫格天。

11　爾：如此，這樣。

12　以為南八乞終不可得之哉：此句"以為南八"四字上有墨線，有刪除意。在"之"字右下側有"師"字，"哉"字上也有墨線，疑刪除此字。照此，句子應為"乞終不可得之師"。南八，即唐代南霽雲（？—757），善騎射，從張巡守睢陽，為安祿山兵所圍，張巡使南霽雲向賀蘭進明求救，賀蘭不肯發兵，霽雲拔刀斷指，不食而去。睢陽陷落，敵帥脅迫他投降，張巡呼曰："南八，男兒死耳，不可為不義屈！"和張巡同日被殺。詳見韓愈《昌黎集・張中丞傳後敍》。

13　成一疑問焉：此句五字都有老師圈畫，旁有周恩來的老師批改語"不禁有感焉"。

14　暴虐之平王："（費）無忌言於平王曰'伍奢有二子，皆賢，不誅且為楚憂。可以其父質而召之，不然且為楚患。'……（王）使人召二子曰：'來，吾生汝父；不來，今殺奢也。'……尚既就執，（王）使者捕伍胥……伍尚至楚，楚並殺（伍）奢與（伍）尚也。"有關史實，詳見《史記・伍子胥列傳》。

15　匡救：扶正補救。

16　事急以求濟：指"（吳）遂以其屬五千人擊楚將子常。子常敗走，奔鄭。於是吳乘勝而前，五戰，遂至郢。己卯，楚昭王出奔。庚辰，吳王入郢……及吳兵入郢，伍子胥求昭王。既不得，乃掘楚平王墓，出其屍，鞭之三百，然後已……於是申包胥走秦告急，求救於秦。"見《史記・伍子胥列傳》。

17　罪：名詞用作動詞，認為……有罪。

18　楚國無再振之旅：見本文註釋 16。

19　背城：背對着城。

20　烏足罪：哪裏值得論罪。

21　誅：責備，責求。

22　當王欲誅伍奢父子：見本文註釋 14。

23　死於秦庭：在原文此句"死"字右側有一"哭"字，依據史料應為"哭於秦庭"。申包胥"跋涉谷行，上峭山，赴深溪，游川水，犯津關，躡蒙籠，蹠沙石，蹻達膝曾繭重眡，七日七夜，至於秦庭"。於是"依於庭牆而哭，日夜不絕聲，勺飲不入口七日"。可見《淮南子‧修務訓》、《左傳‧定公四年》、《史記》等。

24 冥頑不靈：形容糊裏糊塗，愚昧無知。冥，昏暗。頑，愚蠢。

25 員：伍子胥（前？—前484），名員。春秋楚國人。詳見《史記‧伍子胥列傳》。

26 伐楚斬社之際：吳楚兩國交惡已久，闔閭三年、四年兩度伐楚，都取得勝利並掠地。闔閭六年楚國伐吳，伍子胥領兵大破之，又掠地。闔閭九年，吳國合唐、蔡兩國大舉伐楚，五戰五勝進入郢都，楚昭王逃亡。伍子胥求昭王不得，就掘墓鞭平王屍三百，算是報了大仇。見《史記‧伍子胥列傳》。在作文原句"伐楚斬社"、"際"上有圈畫，右側有周恩來的老師語"聞員覆（之，作文此字未圈）言"，按周恩來老師的意見，此句為"聞員覆之言"。社，古代指土地神和祭祀土地神的地方等。"社"是土神，"稷"是穀神，古代君主都祭社稷，後用以借指國家。伐楚斬社，攻打楚國，剷除國家。

27 曷不陳：曷，何故。陳，述說，陳述。

28 剛銳：剛強而鋒利。

29 以留楚祀：保留楚國祭神之所。祀，祭神之所。

30 兩可：此處不是"可以這樣，也可以那樣，兩者都可以"之義，而是"兩次可以"之意。

31 無可如何：無可奈何。如何，奈何。

32 左：卑，下。

33 而其成功亦去霄雲之乞師賀蘭幾希，其成功亦幸矣：霄雲之乞師賀蘭，見本文註釋12。幾希，無幾，甚少。"其成功亦幸矣"幾字，老師均有圈畫。

34 奔隨：指楚國陷落後楚昭王逃奔到隨國一事。詳見《史記‧伍子胥列傳》。

35 特幸耳：只是幸運罷了。特，只。幸，幸運。

36 成白之津：應是"成臼之津"，楚昭王奔逃隨國，曾在成臼之津停留。《左傳‧定公五年》有"王之奔隨也，將涉於成臼"的文字。成臼，即今日的臼成河。

37 率練甲而戕之立盡：練甲，精兵。戕，殺害。

38 中：內心。

39 倖：非分所得，僥倖。

40 法：效法。

41 逃賞之事：《左傳‧定公五年》："王賞鬥辛、王孫由于、王孫圉、鍾建、鬥巢、申包胥、王孫賈、宋木、鬥懷……申包胥曰：'吾為君也，非為身也。君既定矣，又何求？且吾尤子旗，其又為諸？'遂逃賞。"

42 沽名釣譽：用不正當的手段謀取榮譽。沽，買。釣，騙取。

43 以示子胥履信之義：《左傳‧定公四年》："初，伍員與申包胥友。其亡也，謂申包胥曰：'我必復（通"覆"字）楚國。' 申包胥曰：'勉之！子能復（覆）之，我必能興之。'"《東周列國志》第七十七回《泣秦庭申包胥借兵，退吳師楚昭王返國》予以加工解釋："（申包胥謂其妻曰）吾始為朋友之義，不泄子胥之謀，使子胥破楚，吾之罪也；以罪而冒功，吾實恥之！"這裏的"以示子胥履信之義"可能是《東周列國志》第七十七回中説的"為朋友之義，不泄子胥之謀，使子胥破楚"的事情。

44　精衛杜鵑：精衛，《山海經・北山經》："發鳩之山，其上多柘木，有鳥焉，其狀如烏，文首，白喙，赤足，名曰'精衛'……是炎帝之少女，名曰女娃。女娃游於東海，溺而不返，故名精衛。常銜西山之木石，以堙於東海。"杜鵑，鳥名。《太平御覽・十三州志》："當七國稱王，獨杜宇稱帝於蜀……望帝（杜宇）使鱉冷鑿巫山治水有功，望帝自以為德薄，乃委國禪鱉冷，號曰開明，遂自亡去，化為子規（杜鵑）。"後人常以杜鵑為古蜀帝杜宇代稱。此處精衛和杜鵑連用，表示赤誠堅定。

45　沒：埋沒，隱藏。

【點評】

從作文標題上看，"論"字表明此文是一篇議論文，"申包胥安楚"是發生在春秋時期的史實，可見這是一篇史論文章。文章可分為兩個部分。從開頭至"以為南八乞終不可得之哉"是第一部分，總説國家處於破碎之際，不得不乞師救國。在這一部分中，主要説了三層意思：一是國家破碎，二是乞師可以"蒙其利"，三是乞師是不得已的事情。一小層是預設的情況，二小層是預設情況出現後採取的行動，三小層是行為的理由。因情致行，由行示理，層層相連，富有邏輯。這些為下文議論申包胥安楚作了鋪墊。

從"吾於申包胥之安楚也"至文章結束是第二部分，這是議論"申包胥安楚"的正式內容。"吾於申包胥之安楚也，成一疑問焉"道出了議論的原因。然後指出世間否定申包胥的理由，但作者對此持否定態度，到此形成了否定之否定。在這否定之否定中，作者有觀點——"余以為此未足以罪包胥也"，有理由——"當是時，楚國無再振之旅，捨此別無良策，實逼處此，不得不作背城之一戰"，有結論——"是烏足罪乎"。行文至此，看似是在否定之否定中肯定了申包胥無罪，然而作者筆鋒一轉，以"又不然也"，提出申包胥是有罪的看法，"其不明君臣朋友之大義也"是對申包胥有罪做的詮釋，應是作者議論的中心論點。以下論述都是圍繞它來展開的。作為證明論點的論據有二：一是對於君臣，"正宜以伍氏之賢而無罪諫於平王"；二是對於朋友，"陳大義於員之前"。正因為申包胥"有此兩可諫之機遇，可哭之理由"卻"計不出此"，所以作者堅決否定了他。這之後，作者又以假設論證說理，將議論引向深入。一個假設是伍子胥"率練甲而戕之立盡，外無宗族托於強鄰，內則宮室誅屠已盡，則雖有包胥諸臣將輔，誰以復國，楚之宗祀，將由是斬矣"；另一個假設是"秦王無所動於中，坐觀成敗"。這些假設論證有力地支撐了作者的論點。行文至此，順理得出結論：申包胥安楚行為不足法，他的逃賞履信也不足道。

值得一說的是，周恩來的這篇史論雖然不長，但能夠一分為二地論述，並沒有褒則足赤，貶則全非。文章在主體否定申包胥的同時，也有局部的肯定。如文章結尾處說到申包胥"精衛杜鵑之精誠"時，作者就肯定了他"不可沒也"。

這篇文章是篇史論，可是我們還可以透過議論的視角、個人的觀點、思想的認識等，窺見周恩來青年時期處理事情的一些基本原則和做法，即"伍奢父子無罪"——實事求是的原則，"發揚君臣朋友之大義"堅持道義的原則，"正宜以伍氏之賢而無罪諫於平王"——不利的事情制止於萌芽的做法等。這些處理事情的思想原則、做法，表現了周恩來青年時期思想智慧的亮色，無疑成為他後來妥善地處理中國革命和建設中許多紛繁複雜大事的思想基礎和智慧保證之一。

周恩來當時的國文老師在文章後面的批語中寫道："思路既多，詞旨亦富。特說話太多，難免有不妥之處。文以妥勝，不以多勝者，此也。"這裏既有肯定，也有否定。這篇作文有 700 多字，從當時作者的年齡和現在中學生作文的寫作字數上看，周恩來此文的文字量適當。如果刪掉部分文字，勢必論證欠充分而影響說服力。

　　周恩來當年在南開中學讀書時，國文課程設作文、默文、尺牘（書信）、習字四科。每月交兩篇作文：一至三年級時寫長篇一次、短文一次；四年級時作文一次、札記一次。這篇作文有人考訂寫於 1915 年。如果這樣，周恩來當時正在上中學三年級（周恩來當時在南開中學上中學，學制為四年，不分初中、高中），教他的國文教師是鄧鶴庭先生。在周恩來自己保留、裝訂成冊的 52 篇作文中，有幾篇是史論文章。這篇作文是教師命題，還是作者自己定題，已不可考。

（韓文霜）

二十六

陳涉亡秦論

（一九一五年）

　　楚雖三戶，亡秦必楚[1]，甚矣，人心之不可侮也。夫始皇以戰勝之聲威[2]，續六世之餘烈[3]；吞周室，併諸侯[4]；立大一統之邦基[5]，開千萬紀之偉業[6]；雄心勃勃，不可一世，奚止混合中原[7]而已哉！然而漁陽戍卒，揭竿起義，天下豪俊，相繼從風[8]，不轉瞬而秦室亡[9]。咸陽炬[10]，卒至世不三傳[11]，遺後人之笑者，要不得不歸罪痛恨於始皇也。蓋祖龍雖沒[12]，而使胡亥[13]、趙高[14]得以登大寶握權要，陳涉之徒能俟隙以起者[15]，實始皇也。況博浪一擊[16]，天下久已心應。陳涉特不過一乘時而起[17]，挺而走險之士[18]，固非必存子房之心也[19]。則陳涉之亡秦，實始皇之自亡之耳。然始皇固自□天下黔首莫敢誰何[20]，而卒不永祚者[21]，何也？不能遺其子孫以萬世之業也。曰：始皇固有之築長城以弊胡[22]，鑄翁仲以防內[23]，無不為其子孫作萬世之想。曰：非也。克享長歲之道[24]，在此不在彼。武王[25]非如始皇之顧慮其子孫之甚，而周祚八百[26]，遺愛在民[27]，人心無由離異也[28]。始皇以蓋世之英[29]，擁百萬之師，正值兵燹之後[30]，民生元氣[31]凋零已盡。苟能以仁義自繩[32]，惠及黎民，則陳涉無由而興，劉項[33]又何隙得乘？雖傳百世至於千萬世可也。乃計不出此[34]，徒肆其專制之惡焰[35]，施其暴烈之政策，誅無辜之懷王[36]，以示威於天下，其失民心一也；窮兵黷武[37]，好大喜功[38]，北築長城，勞民傷財，其失民心二也；廢先王之道，燔百家之書[39]，坑儒士[40]，殺豪傑，其失民心三也；收天下之兵，鑄之咸陽[41]，鍼元元之口[42]，勝於防川[43]，其失民心四也。總此四失，雖有賢君，猶恐難回民意[44]，況復棄仁義之扶蘇[45]、英勇之蒙恬[46]，而不以之為嗣為臣[47]；親昏憒[48]之胡亥、奸嬖[49]之趙高，反以之繼業秉權。秦之宗社[50]，雖無陳涉，亦必淪胥於江淮俊傑[51]，欲不亡不可得也。況陳涉為之導[52]，焉有不速其亡者乎？夫陳涉以遷徙之徒[53]，無才無德，漁陽一呼[54]，卒移秦祚[55]，使劉邦得以成功者，又未使非涉之力也[56]。假使陳涉勝不驕，仍以昔之愛民者愛之[57]，則中原逐鹿[58]，又多一勁敵，漢之為漢，未可知也[59]。又何止成一草莽之英雄也哉[60]！嗚呼！亡秦者始皇也，非陳涉也。陳涉以是而亡秦，轉以是而自是亡之。前車之鑒[61]，始皇不能鑒於六國，而陳涉復踵其後以亡[62]，毋亦大可悲耶！後之人覽之不能自鑒，毋亦與陳涉生一同情之感也[63]，悲夫！

【周恩來教師評語】

局勢開展，氣勝言宜。唯用筆有稍欠細膩處。

【註釋】

1　楚雖三戶，亡秦必楚：語出《史記・項羽本紀》："自懷王入秦不反，楚人憐之至今，故楚南公曰：'楚雖三戶，亡秦必楚也。'"裴駰集解引臣瓚曰："楚人怨秦，雖三戶猶足以亡秦也。"一說，指楚之昭、屈、景三大姓。見司馬貞索隱引韋昭說。後人多指"三戶人家"。

2　聲威：聲勢威風。

3　續六世之餘烈：（秦始皇）繼承了秦孝公、惠文王、武王、昭襄王、孝文王、莊襄王六代遺留下來的功業。

4　吞周室，併諸侯：吞併周王室，兼併諸侯國。這幾句語出漢賈誼《過秦論》："及至始皇，奮六世之餘烈，振長策而御宇內，吞二周而亡諸侯。"

5　大一統：《公羊傳・隱公元年》："何言乎王正月？大一統也。"徐彥疏："王者受命，制正月以統天下，令萬物無一一皆奉之以為始，故言大一統也。"大，重視、尊重；一統，指天下諸侯皆統系於周天子。後世因稱封建王朝統治全國為大一統。

邦基：國家的基礎。

6 紀：記年代的方式，古代一紀指十二年。

7 奚止混合中原：奚止，何止。豈止。混合，摻雜；合併。中原，地區名，廣義指整個黃河流域，狹義指今河南一帶。這裏是泛指中國。

8 漁陽戍卒：指陳涉。漁陽，地名，戰國燕置漁陽郡，秦漢治所在漁陽（今北京市密雲縣西南）。《史記‧陳涉世家》："二世元年七月，發閭左適戍漁陽，九百人屯大澤鄉。"揭竿起義：揭，高舉；竿，竹竿，代旗幟。砍了樹幹當武器，舉起竹竿當旗幟，進行反抗。指人民起義。漢賈誼《過秦論》："斬木為兵，揭竿為旗。天下雲集回應，贏糧而景從。山東豪俊遂並起而亡秦族矣。"

9 轉瞬：轉眼。喻時間短促。

10 咸陽炬：咸陽被焚。《史記‧項羽本紀》："項羽引兵西屠咸陽，殺秦降王子嬰，燒秦宮室，火三月不滅。"

11 世不三傳：秦朝的帝位沒有傳過三世。嬴政為始皇帝，二世胡亥，三世子嬰。趙高殺二世，立子嬰為秦王，在位 46 天。劉邦攻破咸陽，子嬰投降，後為項羽所殺。

12 祖龍：指秦始皇。《史記‧秦始皇本紀》："（三十六年）秋，使者從關東夜過華陰平舒道，有人持璧遮使者曰：'為吾遺滈池君。'因言曰：'今年祖龍死。'"裴駰集解引蘇林曰："祖，始也。龍，人君象。謂始皇也。"沒，同"歿"，死。

13 胡亥：即秦二世（前 230—前 207），嬴姓，名胡亥，在位時間前 210—前 207，也稱二世皇帝。是秦始皇第十八子，公子扶蘇的弟弟，從中車府令趙高學習獄法。秦始皇出遊南方病死沙丘宮平台，秘不發喪，在趙高與李斯的幫助下，殺死兄弟姐妹二十餘人，並逼死扶蘇而當上秦朝的二世皇帝。

14 趙高：（？—前 207），中國秦朝二世皇帝時丞相，著名宦官（一說並非宦官）。是中國歷史上第一個有名氣的宦官。秦始皇死後與李斯合謀篡改詔書，立始皇幼子胡亥為帝，並逼死始皇長子扶蘇。秦二世即位後設計陷害李斯，並成為丞相。後派人殺死秦二世，不久後被秦王子嬰所殺。登大寶：登上皇帝之位。權要：猶權貴。這裏指權力。

15 俟隙：趁機。

16 博浪一擊：語出《史記‧留侯世家》："（張良）東見倉海君。得力士，為鐵椎重百二十斤。秦皇帝東游，良與客狙擊秦皇帝博浪沙中，誤中副車。"

17 特：只。

18 挺而走險："挺"當作"鋌"。鋌，急走的樣子。走險，奔赴險處。指在無路可走的時候採取冒險行動。

19 存子房之心：存有張良那種一定要除掉秦始皇的信念。子房，張良的字。

20 黔首：古代稱平民；老百姓。《禮記‧祭義》："明命鬼神，以為黔首則。"鄭玄注："黔首，謂民也。"孔穎達疏："黔首，謂萬民也。黔，謂黑也。凡人以黑巾覆頭，故謂之黔首。"《史記‧秦始皇本紀》："二十六年……更民名曰黔首。"誰何：盤詰查問。

21 卒不永祚：最終不能長久地享有帝位。祚，福；皇位。

22 築長城以弊胡：修築長城來抵禦胡人。漢賈誼《過秦論》："乃使蒙恬北築長城而守藩籬，卻匈奴七百餘里，胡人不敢南下而牧馬，士亦不敢貫弓而報怨。"

23 翁仲：傳說秦始皇初兼天下，有長人見於臨洮，其長五丈，足跡六尺，仿寫其形，鑄金人以象之，稱為"翁仲"。見《淮南子‧泛論訓》高誘注。又《史記‧陳涉世家》引賈誼《過秦論》："收天下之兵聚之咸陽，銷鋒鏑，鑄以為金人十二，以弱天下之民。"《索隱》："各重千石，坐高二丈，號曰'翁仲'。"

24 克享：能夠享有。

25 武王：周武王姬發（？—前1043）。周文王姬昌次子。中國西周第一代帝王。他繼承父親遺志，於公元前11世紀消滅殷商王朝，奪取全國政權，建立了西周王朝，表現出卓越的軍事、政治才能，成為中國歷史上一代名君。

26 周祚八百：周朝有八百多年。周，前11世紀周武王滅商後建立，建都鎬京（今陝西西安市南）。歷史上稱平王東遷以前為西周，以後為東周。前256年為秦所滅，共歷三十四王，八百多年。

27 遺愛：謂遺留仁愛於後世。

28 人心無由離異也：民心沒有離異的緣由。離異：指因各懷心志而離去。

29 蓋世之英：謂才能、功績等高出當代之上。英：傑出的人。《淮南子‧泰族》："智過萬人者謂之英。"《禮記‧辨名記》："德過千人曰英。"

30 兵燹：因戰亂而造成的焚燒破壞等災害。

31 民生元氣：民生，民眾的生計、生活。元氣，指國家或社會團體得以生存發展的物質力量和精神力量。

32 苟能以仁義自繩：假使能用仁義來約束自己。自繩，約束自己。

33 劉項：劉邦項羽。

34 乃計不出此：竟然不從這方面制定謀略。

35 徒：只是。肆：放縱。惡焰：比喻專制暴政。

36 誅無辜之懷王：《史記‧項羽本紀》："夫秦滅六國，楚最無罪。自懷王入秦不反，楚人憐之至今。"《史記‧楚世家》："頃襄王三年，懷王卒於秦，秦歸其喪於楚。楚人皆憐之，如悲親戚。諸侯由是不直秦。秦楚絕。"按，史有二楚懷王，皆非秦始皇所誅。前楚懷王（熊槐）死於秦昭王時，後楚懷王（熊心）為項羽所殺。

37　窮兵黷武：濫用武力，肆意發動戰爭。

38　好大喜功：喜愛幹大事，建大功業。今多用以指不管條件是否許可，辦事鋪張浮誇。

39　廢先王之道，燔百家之書：語出《史記‧陳涉世家》引漢賈誼《過秦論》：“於是廢先王之道，燔百家之言，以愚黔首。”廢除了先王實行仁義的政策，焚毀了諸子百家的著作。

40　坑儒士：秦始皇三十五年，以儒生是古非今，於咸陽坑殺四百六十餘人。史稱“坑儒”。見《史記‧秦始皇本紀》、《史記‧李斯列傳》。

41　收天下之兵，鑄之咸陽：見本文註釋 23。

42　緘元元之口：封住老百姓的嘴（壓制言論）。緘，當作“緘”。緘，封，閉。元元，百姓；庶民。

43　勝於防川：語出《國語‧周語上》：“防民之口，甚於防川，川壅而潰，傷人必多，民亦如之。是故為川者，決之使導；為民者，宣之使言。”

44　難回民意：難以挽回民心。

45　扶蘇：（前 241—前 210），秦始皇長子，是秦朝統治者中具有政治遠見的人物。他認為天下未定，百姓未安，反對實行“焚書坑儒”、“重法繩之臣”等政策，因而被秦始皇貶到上郡監蒙恬軍。秦始皇死後，趙高等人害怕扶蘇即位執政，便偽造詔書，指責扶蘇在邊疆和蒙恬屯兵期間，“為人不孝”、“士卒多耗，無尺寸之功”、“上書直言誹謗”，逼其自殺。

46　蒙恬：（？—前 210），姬姓，蒙氏，名恬。秦始皇時期的著名將領。前 221 年，蒙恬被封為將軍，攻齊，因破齊有功被拜為內史（秦朝京城的最高行政長官）。秦統一六國後，蒙恬奉命率三十萬大軍北擊匈奴。胡亥殺死扶蘇後，逼蒙恬自殺。

47　為嗣為臣：（不以扶蘇）作為皇位繼承人，（不以蒙恬）作為重臣。

48　昏憒：愚昧；糊塗。

49　奸嬖：奸，奸佞。嬖，（受）寵倖。

50　宗社：宗廟和社稷的合稱。也借指國家。

51　淪胥：泛指淪陷、淪喪。江淮：長江和淮河。泛指長江與淮河之間的地區。江淮俊傑，指項羽劉邦等起義者。

52　導：前導，領頭人。

53　遷徙：流放邊遠地區。《史記‧陳涉世家》引《過秦論》：“陳涉甕牖繩樞之子、甿隸之人而遷徙之徒也。”

54　漁陽一呼：指陳涉等在漁陽起義抗秦。見本文註釋 8。

55　卒移秦祚：最終改變了秦國的福運（指滅亡了秦國）。

56　又未使非涉之力也：又未嘗不是陳涉的力量。未使，當作"未始"。未始，猶未必，用於否定詞前，構成雙重否定，語氣較肯定句委婉。

57　仍以昔之愛民者愛之：仍然用昔日愛護百姓的方式來愛護下屬。

58　中原逐鹿：喻群雄並起，爭奪天下。

59　漢之為漢，未可知也：漢是否能夠建立漢朝，還是不可知的呢。這裏指陳涉如果能夠愛民，也許未必會身死，而天下也有可能為陳涉所得。

60　草莽之英雄：舊時指在山林出沒的農民起義或強盜們中的著名人物。草莽，草叢；草野。

61　前車之鑒：《大戴禮記・保傅》："鄙語曰：……前車覆，後車誡。"漢劉向《說苑・善說》："《周書》曰：'前車覆，後車戒。'蓋言其危。"後以"前車之鑒"、"前車可鑒"或"前轍可鑒"比喻以往的失敗，後來可以當作教訓。

62　踵：追隨，繼承。

63　同情：謂同一性質；實質相同。《韓非子・揚權》："參名異事，通一同情。"

【點評】

　　這是一篇帶有史論性質的作文。中國歷史上記載和論述秦朝興敗的名篇甚多，如《史記》中的《秦始皇本紀》《項羽本紀》《陳涉世家》《留侯世家》、漢代賈誼的《過秦論》、唐代杜牧的《阿房宮賦》等等。尤其是賈誼的《過秦論》，明確提出了"仁義不施，而攻守之勢異也"的觀點。周恩來寫這篇《陳涉亡秦論》，無論從論點上還是從語言上都借鑒了這些作品。作者先論述了秦國的滅亡是"自亡"，並明確指出了秦國的"四失"，這是秦覆亡的內因，至於陳涉，只不過是借助了這個內因"俟隙以起"的導火索罷了。而陳涉在成勢之後，慢慢變得驕縱，也重蹈了秦的某些覆轍，最終導致自己失敗。應該說，從陳涉開始，中國的農民起義總是陷入這樣一個死循環。譬如後來的黃巢起義、李自成起義、太平天國運動等等，無不"踵其後以亡"。1944 年，郭沫若寫的《甲申三百年祭》同樣是以科學態度對李自成領導的農民起義的原因、經驗、教訓作了總結，引起了中共中央的重視。而作為中共中央領導人之一的周恩來，在中學時代就清醒地意識到了這個問題。這對他日後參加革命，把握革命的正確方向都有着重要的意義。除此之外，本文還從藝術上借鑒了前代作品。譬如文中"後之人覽之不能自鑒"幾句，就是從杜牧《阿房宮賦》"秦人不暇自哀，而後人哀之；後人哀之而不鑒之，亦使後人而復哀後人也"中化用出來的。由此見出作者善讀書並善用書的特點。

（程濱）

二十七

征蒙論[1]
（一九一五年）

　　莽莽[2]神州，茫茫大陸[3]，風雨霾霾[4]，煙霧沉沉。俄叱其北，英伺其西，法唊其南，日據其東[5]。處此飄搖震盪之時，豈非今日千鈞一髮之中國乎？[6]至如此之時，處如此之勢，政府人民，猶復鼾睡不醒[7]，作黨爭、權爭、利爭、名爭[8]，爭爭不已，繼之以兵爭[9]。欲吾中華之不亡也，其可得[10]乎？夫鬩牆禦侮[11]，本理之當然；弱肉強食[12]，勢所必至。慨自蠢蠢蒙人，建獨立之旗；而庸庸藏番，亦生叛離之念[13]。英俄合以謀我，日法從中漁利。桂太郎[14]之西行，良有以[15]也；哲布丹之西行，豈徒然[16]哉！是時征蒙之聲，盈盈耳鼓；仇俄之念，濟濟[17]腦中。我國民之自負方殷[18]，而外人之譏吾益甚。恥不知雪，仇不知復，果未出諸外人之料也。盡煙消雲散，無臭[19]無聲以終。雖政府有質問之文，人民有反對之電，然成事不足，敗事有餘[20]。卒至俄蒙之協約簽字，外蒙之主權盡失，方知事之不足濟也。然是時苟注全力以貫之[21]，蒙事必有挽回。不意南方亂起，內部自擾[22]。遲至今日，中俄之協約完全成立，而蒙事亦已不堪問矣！雖然數條文字，固不足搏[23]俄人之行動，又豈足繫[24]吾人之手足哉！吾志士英雄，果有意於振興蒙事，則請捐軀塞上，效命疆場[25]。班超投筆[26]，正吾人有為之日；終子請纓[27]，本青年應盡之職。況吳少將之坐鎮東蒙，張將軍之掌符北口[28]，男兒好身手，固當如是。斬哲布尊丹[29]之首，掃哥薩克[30]之兵，振興華夏，指顧間[31]耳，志士盍興乎來[32]！不然中國不亡於專制，而亡於共和；不滅於君主，而滅於民國。空談誤國，豈不痛哉![33]

【周恩來教師評語】

纏綿愷惻，悲壯蒼涼，説得征蒙一事，冠冕堂皇。至其選句之工，對偶之巧，確切皆係實事。青年有此文字的，是不可限量之才。

【註釋】

1　征：用武力制裁，討伐。蒙：蒙古。
2　莽莽：廣闊，範圍非常寬廣。《楚辭·九辯》："塞充倔而無端兮，泊莽莽而無垠。"
3　原稿此處本為"大陸"二字，後改為"禹甸"二字，為作者本人所改。後者較前者更有文采，與前句對仗更工。禹甸：《詩·小雅·信南山》："信彼南山，維禹甸之。畇畇原隰，曾孫田之。"毛傳："甸，治也。"朱熹·集傳："言信乎此南山者，本禹之所治，故其原隰墾辟，而我得田之。"本謂禹所墾辟之地。後因稱中國之地為禹甸。
4　霾：空氣中因懸浮着大量的煙、塵等微粒而形成的混濁形象，如陰霾。
5　俄叱其北，英伺其西，法啖其南，日據其東：俄國在北方發聲，英國在西方窺探，法國侵蝕了南方，日本佔據了東方。叱，大聲呵斥。伺，窺探。啖，吃。據，佔有。
6　處此飄搖震盪之時，豈非今日千鈞一髮之中國乎：原稿此處改為"我國處此飄搖震盪之大風潮流旋渦中，豈非千鈞一髮之時代乎？"為老師所改。改句較原文語法更規範，語意也更生動有氣魄。
7　鼾睡不醒：比喻愚昧不清醒。
8　黨爭、權爭、利爭、名爭：為黨派、權力、利益、名聲所進行的爭鬥。
9　兵爭：武裝爭鬥。
10　得：能夠。
11　鬩牆禦侮：鬩，爭吵。鬩牆，兄弟相爭於內。禦侮，抵禦外敵。比喻雖有內部爭吵，仍能一致對外。出處：《詩經·小雅·常棣》："兄弟鬩于牆，外禦其務（侮）。每有良朋，烝也無戎。"
12　弱肉強食：指動物中弱者被強者吞食。比喻弱者被強者欺凌，弱國被強國侵略。語本唐韓愈《送浮屠文暢師序》："弱之肉，強之食。"明劉基《秦女休行》："有生不幸遭亂世，弱肉強食官無誅。"

13　蠢蠢蒙人，建獨立之旗；而庸庸藏番，亦生叛離之念：本文寫作之時，民國肇建，戰亂紛呈，袁世凱竊取中華民國大總統之位，天下陷於混亂之中。部分蒙古族人和藏族人產生叛離祖國之心，搞起所謂的獨立。

14　桂太郎：（1848 年—1913 年）。長州藩出身（今山口縣），曾任台灣日治時期第二任總督，後來三度出任日本內閣總理大臣（1901—1906；1908—1911；1912—1913），是日本有史以來任職時間最長的首相，元老之一。任內締結英日同盟，進行日俄戰爭，並策劃吞併朝鮮。

15　良有以：確實有原因。

16　徒然：枉然，白白地，不起作用。

17　濟濟：眾多貌。《詩・大雅・旱麓》："瞻彼旱麓，榛楛濟濟。"毛傳："濟濟，眾多也。"唐盧綸《元日早朝呈故省諸公》詩："濟濟延多士，蹌蹌舞百蠻。"

18　方殷：謂正當劇盛之時。《新唐書・陸贄傳》："今師旅方殷，瘡痛呻吟之聲未息，遽以珍貢私別庫，恐群下有所觖望，請悉出以賜有功。"

19　臭：氣味的總稱。

20　成事不足，敗事有餘：把事情做好很困難，做壞卻很容易，指人之低能，不足以擔當重任。也指把本可以辦好的事情有意地破壞掉。《歧路燈》："部裏書辦們，成事不足，敗事有餘；勝之不武，不勝為笑。"

21　苟注全力以貫之：如果能把全部的力量使用在這件事上。

22　南方亂起，內部自擾：根據時間計算，此處應指辛亥革命、二次革命、討袁戰爭、護國戰爭等戰爭所引發的內亂。

23　搏："搏"似為"縛"字之誤。縛，束縛，阻礙。

24　繫：拴，捆縛。

25　捐軀塞上，效命疆場：意思是為國家戰死在邊疆戰場。

26　班超投筆：東漢班超家境窮困，在官府做抄寫工作，曾經擲筆長歎說，大丈夫應當在邊疆為國立功，哪能老在筆硯之間討生活呢！後人把文人從軍叫做投筆從戎。《後漢書・班超傳》："〔班超〕家貧，常為官傭書以供養。久勞苦，嘗輟業投筆歎曰：'大丈夫無它志略，猶當效傅介子、張騫立功異域，以取封侯，安能久事筆研間乎？'"後立功西域，封定遠侯。因以"投筆從戎"為棄文就武的典故。

27　終子請纓：終子，西漢時代的終軍。請纓，請求交給殺敵任務，自請從軍報國。《漢書・終軍傳》載："南越與漢和親，乃遣軍使南越，說其王，欲令入朝，比內諸侯。軍自請：'願受長纓，必羈南越王而致之闕下。'"後以"請纓"指自告奮勇請求殺敵。唐王勃《秋日登洪府滕王閣餞別序》："無路請纓，等終軍之弱冠；有懷投筆，愛宗愨之長風。"

28 吳少將之坐鎮東蒙，張將軍之掌符北口：東蒙，蒙山，古稱"東蒙"，又名"雲蒙"，
是沂蒙山區最高大的山脈。北口，一是指河北省諸關口，如喜峰口、古北口、張家
口等，以別於西口。二是指在威海城區東部偏北，北山嘴岬角與劉公島之間。因位
於威海灣北部，故名。本文中所言此兩處地名及吳、張兩位將軍的具體所指已難以
考證。

29 哲布尊丹：即前文所言之哲布丹，指哲布尊丹巴八世。

30 哥薩克：哥薩克人（Kozacy, Козаки），俄羅斯和烏克蘭民族內部具有獨特歷史和文
化的一個地方性集團。現多分佈在頓河、捷列克河和庫班河流域等地。"哥薩克"
（Kozacy，Cossacks）一詞源於突厥語，含義是"自由自在的人"或"勇敢的人"。
大約在公元十五至十六世紀時，由於地主貴族的壓榨和沙皇政府的迫害，俄羅斯和
烏克蘭等民族中的一些農奴和城市貧民（主要是青壯年），因不堪忍受殘酷壓迫，
被迫逃亡出走，流落他鄉。

31 指顧間：彈指回首之間，極言時間短暫。

32 志士盍興乎來：有志之士難道沒有此意興嗎？盍，表示反問或疑問，何不，難道不。

33 空談誤國，豈不痛哉：只是空談而沒有實際行動，耽誤了國事，難道不令人心痛嗎！

【點評】

　　本文係周恩來於南開中學讀書時期所寫的一篇政論文，據考證寫於
1915年，作者時年17歲。文章所寫內容乃是中國近現代歷史上一段慘
痛的國家分裂史。現在我們展讀當年愛國青年周恩來的熱血文字，仍然
不禁激情澎湃，深為其中殷殷的愛國情懷所感染。

　　文章開篇以非常工整的對舉句書寫出當時中國所面臨的險惡形
勢——國內"風雨霾霾，煙霧沉沉"，國外強敵環伺，日侵月割，整個
中國處於"飄搖震盪"、"千鈞一髮"之際。然而"政府人民，猶復鼾睡
不醒，而仍作黨爭、權爭、利爭、名爭，爭爭不已"。正是面對這樣內
憂外患的艱難時刻，蒙古和西藏卻要分裂獨立，而英法日俄也想趁火打
劫從中漁利。對此中國政府和民眾的反抗，軟弱無力，"成事不足，敗
事有餘"，最終致使俄蒙條約簽字，外蒙主權全失。作為熱愛國家如生

命的青年，作者振臂高呼，所有志士英雄應該效仿班超投筆、終軍請纓，捐軀赴國難，效命疆場。那樣必能掃滅頑兇，振興華夏。否則中國將亡於眼前。

青年周恩來在本文中所展現出的愛國豪情、誓死精神，並非只是一番激情的豪言壯語，而是有冷靜深刻的形勢判斷：對於當時國內外的環境（"俄叱其北，英伺其西，法啖其南，日據其東"）和敵對勢力的行為（"桂太郎之西行，良有以也；哲布丹之西行，豈徒然哉"），他都有着清醒的認識和準確的判斷；對於頑強抗爭並能取得勝利的條件（"吳少將之坐鎮東蒙，張將軍之掌符北口"），也有着明晰的估判。可惜那樣一個民眾昏昏、英雄無伍的時代，他的愛國主張也只能付諸東流。所以，老師當時給他的批語是"纏綿愷惻，悲壯蒼涼，説得征蒙一事，冠冕堂皇。至其選句之工，對偶之巧，確切皆係實事。青年有此文字的，是不可限量之才"。言語中既有對他的精神、才氣的讚揚，也有對他壯志難酬的感慨。

（孫超）

二十八

伯夷叔齊餓於首陽山論[1]
（一九一五年）

處專制之世[2]，而有特異之思想固難；而有激烈言論，發揚於[3]君主之前則尤難。欲求其人，實鮮[4]見焉。然吾於殷周之際[5]，得二人焉。曰：伯夷、叔齊。何以見之？蓋武王之伐紂[6]也，本應天順人[7]，無可指疵[8]之。而夷、齊獨叩馬諫之[9]，豈自別於眾[10]，以示異[11]耶？要[12]亦有所感耳。觀其叩諫之辭[13]，以暴易暴之歌[14]，吾深服其卓識遠見，而歎其獨具隻眼[15]也。然紂固暴君也，人人欲得而誅之。武王起乎勢，應乎時，其得誠大功也，必矣；夷、齊又何諫耶？殊不知彼諫者，乃知武伐紂，自私也，非為公也。窺大寶[16]，竊神器[17]，天下無逐鹿[18]之人，四海鮮仇我[19]之士，取君位如反掌。則去一紂也，仍來一紂。散鹿台之財[20]，式商容之閭[21]，固足稱諸後世[22]。而誅死紂之首，懸之太白之旗[23]，自即御位[24]，不以之武庚[25]，又何酷何私！是則夷、齊之先見，豈凡夫俗子所得參預[26]其間，而叩馬之諫，又何足怪哉！至不忠不孝之譏[27]，夷、齊固借題發揮，欲其止兵不進，以俟[28]紂之自斃。而左右不察欲兵之去[29]，武王心中豈無兵之之意耶？特不過仁義之師[30]難以出諸口[31]。幸也太公見機扶而去之[32]，不然其性命不知何若也。夷、齊雖去，猶有武或讓賢[33]之希望，不圖封武庚而監之[34]，使微子而遠之[35]，分商遺民[36]，斬紂之首，則執夷、齊之舊怨豈能冰解[37]，夷、齊亦自知之。首陽餓死，豈無故哉！恥食周粟，正所表其清也[38]。

而後人非之，真一孔之見也[39]。夫夷、齊之初志[40]，在乎哀君主世襲之弊政，欲改之不得，求阻之於武又不得。天下皆濁我獨清，天下皆醉我獨醒[41]，不死何為[42]，留此殘生，何所待耶？兄弟讓國是其證也。孟子稱之為聖之清[43]，良有以也[44]。則首陽之餓死，固非愚人所可譏也。

【周恩來教師評語】

思意頗深，詞亦甚富。唯字句間不能一律完整精湛。

【註釋】

1 伯夷叔齊：商末孤竹君之二子。相傳其父遺命要立次子叔齊為繼承人。孤竹君死後，叔齊讓位給伯夷，伯夷不受，叔齊也不願登位，先後都逃到周國。周武王伐紂，二人叩馬諫阻。武王滅商後，他們恥食周粟，採薇而食，餓死於首陽山。見《呂氏春秋·誠廉》、《史記·伯夷列傳》。舊時將伯夷叔齊當作抱節守志的典範。首陽山：一稱雷首山，相傳為伯夷、叔齊採薇隱居處。《詩·唐風·采苓》："采苓采苓，首陽之巔。"毛傳："首陽，山名也。"按，首陽山在今何地，舊說不一。《論語》何晏集解引漢馬融曰："首陽山在河東蒲阪，華山之北，河曲之中。"蒲阪故城，在今山西省永濟縣南。

2 專制：由君王獨掌國家政權的政體或統治方式。泛指獨斷專行。

3 發揚於：發揚，把意思或道理充分表達出來。《太平廣記》卷二六〇引唐胡璩《譚賓錄·崔損》："唐崔損性極謹慎，每奏對不敢有所發揚。"

4 鮮：少。

5 殷周之際：商代和周代交替的時候。

6 紂：商代最末的君主名，史稱紂王，歷史上有名的暴君。《史記·殷本紀》："帝辛，天下謂之紂。"注："《謚法》：殘忍捐義曰紂。"《呂氏春秋·功名》注："賤仁多累曰紂。"蔡邕《獨斷》："殘義損善曰紂。"

7 應天順人：《易·革》："湯武革命，順乎天而應乎人，革之時大矣哉。"後封建王朝或帝王更迭，常自稱應天命、順人心而慣用此語。

8 疵：缺點或過失。

9 叩馬諫之：叩，通"扣"，叩馬，勒住馬。諫，進諫。

10 自別於眾：認為自己和大眾有所不同。

11 示異：表現出與眾不同。

12 要：總要，總之。

13 叩諫之辭：（伯夷叔齊）叩馬進諫的話。《史記·伯夷列傳第一》：“西伯卒，武王載木主，號為文王，東伐紂。伯夷、叔齊叩馬而諫曰：‘父死不葬，爰及干戈，可謂孝乎？以臣弒君，可謂仁乎？’”

14 以暴易暴之歌：用殘暴者代替殘暴者。《史記·伯夷列傳第一》：“武王已平殷亂，天下宗周，而伯夷、叔齊恥之，義不食周粟，隱於首陽山，采薇而食之。及餓且死，作歌。其辭曰：‘登彼西山兮，采其薇矣。以暴易暴兮，不知其非矣。神農、虞、夏忽焉沒兮，我安適歸矣？於嗟徂兮，命之衰矣！’遂餓死於首陽山。”

15 獨具隻眼：指一個人的眼光敏銳，見解透徹獨到。語本《景德傳燈錄·普願禪師》：“師拈起球子，問僧云：‘那個何似這個？’對云：‘不似。’……師云：‘許你具一隻眼。’”亦泛指具有別人沒有的眼光和見解。

16 窺大寶：窺視覬覦皇帝之位。

17 竊神器：神器，代表國家政權的實物，如玉璽、寶鼎之類。借指帝位、政權。《漢書·敘傳上》：“世俗見高祖興於布衣，不達其故，以為適遭暴亂，得奮其劍，游說之士至比天下於逐鹿，幸捷而得之，不知神器有命，不可以智力求也。”顏師古注引劉德曰：“神器。璽也。”《三國演義》第八十回：“曹氏大罵曰：‘吾父功蓋寰區，威震天下，然且不敢篡竊神器。’”曹亞伯《武昌革命真史·武昌起義·檄各府州縣電》：“窺竊我神器，誅鋤我人民。”

18 逐鹿：比喻爭奪統治權。《史記·淮陰侯列傳》：“秦失其鹿，天下共逐之，於是高材疾足者先得焉。”裴駰集解引張晏曰：“以鹿喻帝位也。”周恩來《春日偶感》詩之一：“中原方逐鹿，博浪踵相蹤。”

19 仇我之士：可以和我抗衡的對手。仇，匹配，同伴。《左傳》：“嘉偶曰妃，怨偶曰仇。”

20 散鹿台之財：鹿台，古台名。別稱南單之台。殷紂王貯藏珠玉錢帛的地方。故址在今河南省湯陰縣朝歌鎮南。《尚書·周書·武成》：“散鹿台之財，發鉅橋之粟。”孔穎達疏：“《新序》云：鹿台，其大三里，其高千尺。”

21 式商容之閭：《尚書·周書·武成》：“釋箕子囚，封比干墓，式商容閭。”正義：“式者，車上之橫木，男子立乘，有所敬則俯而憑式，遂以式為敬名。《說文》云：‘閭，族居里門也。’武王過其閭而式之，言此內有賢人，式之禮賢也。”《世說新語·德行》：“陳（蕃）曰：‘武王式商容之閭，席不暇暖。吾之禮賢，有何不可？’”注：“許叔重曰：‘商容，殷之賢人，老子師也。’車上跽曰式。”

22 固足稱諸後世：本來是值得為後世所稱道的。

23 而誅死紂之首，懸之太白之旗：《史記・周本紀》：「（武王）至紂死所。武王自射之，三發而後下車，以輕劍擊之，以黃鉞斬紂頭，縣大白之旗。」太，通「大」。

24 御位：即「御極」，登極即位。

25 不以之武庚：不把政事交給武庚。武庚，紂王之子。《史記・殷本紀》：「（武王）封紂子武庚、祿父，以續殷祀。令修行盤庚之政，殷民大説……周武王崩，武庚與管叔、蔡叔作亂，成王命周公誅之。」

26 參預：亦作「參與」、「參豫」。預聞而參議其事；介入，參加。《晉書・唐彬傳》：「朝有疑議，每參預焉。」

27 不忠不孝之譏：見前「叩諫之辭」註釋。

28 俟：等待。

29 左右不察欲兵之去：指伯夷叔齊叩馬進諫，武王左右之人想要殺掉他們。《史記・伯夷列傳第一》：「左右欲兵之。太公曰：『此義人也。』扶而去之。」

30 特不過仁義之師：特，只是。仁義之師，伸張仁愛正義討伐邪惡的軍隊。《三國演義》第一一五回：「吾欲興仁義之師，伐無道之主，汝安敢逆吾意！」

31 難以出諸口：（某些話）難以從他嘴裏説出來。

32 幸也太公見機扶而去之：見前「左右不察欲兵之」註釋。

33 武或讓賢：武王也許會把位子讓給賢者。

34 不圖封武庚而監之：沒想到表面上是分封武庚，實際上確實監視着他。參見前「不以之武庚」註釋。

35 使微子而遠之：表面上任用微子，實際上確實疏遠他。微子，周代宋國的始祖。名啟，殷紂王的庶兄，封於微（今山東梁山西北）。因見紂淫亂將亡，數諫，紂不聽，遂出走。周武王滅商，復其官。周公承成王命誅武庚，乃命微子統率殷族，奉其先祀，封於宋。《史記・宋微子世家》：「周武王伐紂克殷，微子乃持其祭器造於軍門，肉袒面縛，左牽羊，右把茅，膝行而前以告。於是武王乃釋微子，復其位如故。」《史記・殷本紀》：「而立微子於宋，以續殷後焉。」

36 分商遺民：分封殷商的遺民（實際上是削弱他們的勢力）。《史記・殷本紀》：「而封殷後為諸侯，屬周。」

37 則執夷、齊之舊怨豈能冰解：這句是説，武王對殷商其他的人都進行了表面封賞暗中削弱的處置，對於伯夷叔齊曾經叩馬進諫的怨恨，又怎麼能釋懷呢。

38 恥食周粟，正所表其清也：伯夷叔齊以吃周朝的糧食為恥辱，這正是他們用來表示自己清高的方式。參見前「以暴易暴之歌」註釋。

39 而後人非之，真一孔之見也：後世之人非議伯夷叔齊的行為，真是狹隘的見解。一孔之見，從一個小窟窿裏面所看到的，比喻狹隘片面的見解。

40　夫夷、齊之初志：初志，原來的志向。《史記·伯夷列傳》：“伯夷、叔齊，孤竹
　　君之二子也。父欲立叔齊，及父卒，叔齊讓伯夷。伯夷曰：‘父命也。’遂逃去。
　　叔齊亦不肯立而逃之。”

41　天下皆濁我獨清，天下皆醉我獨醒：語出《楚辭·漁父》：“屈原曰：‘舉世皆濁我
　　獨清，眾人皆醉我獨醒，是以見放！’”

42　不死何為：不死還幹甚麼呢？《詩經·墉風·相鼠》：“人而無儀，不死何為！”

43　孟子稱之為聖之清：《孟子·萬章下》：“孟子曰：‘伯夷，聖之清者也。’”

44　良有以也：確實是有原因的。

【點評】

　　本文係周恩來的一篇作文，據考訂寫於 1915 年。作者在文中闡明
了對武王伐紂、伯夷叔齊叩馬進諫以及後來餓死首陽山之事的看法。可
以說，和很多歷代寫伯夷叔齊的文章（如《史記·伯夷列傳》、韓愈《伯
夷頌》、魯迅《故事新編·采薇》等）一樣，這是一篇借題發揮的文章。
作者在文中將伯夷叔齊設定為理想破滅則不願苟活於濁世的正面形象，
而將武王設定為假仁義之名、行一己之私的反面形象。這在歷代將武王
作為聖人來景仰的中國來說，不能不算是驚世駭俗之言。本文的價值不
在於討論歷史，而在於借古諷今。當時作者所處的時代，正是辛亥革命
之後，軍閥竊取革命成果之時。在當時的社會上，存在很多如作者所譏
諷的看似革命，實則“何酷何私”的政治人物。這些人物相繼粉墨登場，
正如作者所說的“去一紂也，仍來一紂”，政治之專制，體制之陳舊，
並沒有發生任何實質的變化。當時最具典型的人物即袁世凱。1912 年
1 月 25 日，袁世凱及各北洋將領通電支持共和。待其就任中華民國第
一任大總統後，雖然也頒佈了一些積極的政令，但他個人的野心也日益
顯露。終於 1915 年 12 月，宣佈恢復中國的君主制，建立中華帝國，
並改元洪憲。而本文恰恰作於 1915 年，所以作者借評論“武王伐紂”而
抨擊時政之意，不言而喻。文中“夫夷、齊之初志，在乎哀君主世襲之
弊政”的觀點，其所指也就不難理解了。同時，作者筆下的伯夷叔齊也

被賦予了為理想而獻身的志士色彩。從這點看來，周恩來的老師所給的
"思意頗深"的評語是非常精準的。

在本文中，作者大量引經據典。考作者所用之典，主要出自《史記‧
伯夷列傳》、《史記‧殷本紀》、《史記‧周本紀》、《史記‧宋微子世家》、
《尚書‧周書‧武城》。故而老師有"詞亦甚富"的評語。由此亦可見，這
雖然是一篇借題發揮之作，但作者也進行了大量文獻閱讀。其論點固然新
奇，其論據則絕無杜撰之嫌。這也表現了作者實事求是的精神以及創新思
維。

此外，老師評語還提到："唯字句間不能一律完整精湛。"認為作
者在遣詞造句上還欠考究。這一點也不失公允。譬如教師為作者修改的
一句，原文為："觀其叩諫之辭，以暴易暴之歌，吾深服其卓識遠見，
而歎其獨具隻眼也。"教師修改為："觀其叩馬諫入之辭，以暴易暴之
歌，吾深服其卓識遠見，而歎其獨秉大節也。"經修改後，"叩馬諫入
之辭"與"以暴易暴之歌"在字數音節上更為整飭悅耳。而原文"卓識遠
見"與"獨具隻眼"有重複之嫌，改為"獨秉大節"後，則是從見識與節
操兩個方面讚頌了伯夷叔齊，使文章意蘊更為豐富。然而瑕不掩瑜，教
師在文章中圈點了很多詞句，由此可知，從整體上講教師對本文應是頗
為欣賞的。

（程濱）

二十九

説報紙之利益

（一九一五年）

　　人類所以迭[1]出於他種動物之上者，豈僅恃其靈性之高而已哉，要亦有文字為之妙用耳。文字之功用固多，而察往昭來，譽揚褒貶，靈通消息，又為文字功用中之功用也。

　　溯吾國古代，有國風[2]之創，朝報[3]之設，實為流通時事之一大起原也。乃因行之不久，至漢而廢其制，人民耳不聞朝事，口不談國政，昏昏焉衣食是謀，上下隔膜，數百里外不通消息。甚至茶肆有莫談國事之禁，司法有妄談朝政之罪。國之強弱，民不得而知。甚矣！專制時代之黑暗也。

　　近世紀來，歐風東漸，有一二智者，倡報章之利益，足以疏通風氣，開化頑蒙，為當務之急，不可不創辦也。於是有為報館生涯者，庚子[4]以還，日漸發達。人民之智識漸啟，世界之觀念稍具。風俗通，民情習泰西[5]之智，科學賴是以輸。亞東之文化仗斯以明。日居斗室，而國事盡知。足未出戶，而地理均明。道吾人之所不能道，知吾人之所不能知。一字之褒貶，勝於斧鉞。數版之文字，敢比春秋[6]。報紙之利益如上，誠吾人終日不可缺之物，亦開通民智必要之事也。

　　雖然，此猶其小焉者也。吾聞之歐美，其執政者恆視輿論之可否，為行政之方針。故總統大臣，常退為報館之主筆。非文豪、政治、教育等博士，不能為主筆。其嚴格如此，蓋誠恐不學之徒，藉以為其信口雌黃，顛倒黑白，以淆人聽聞也。故泰晤士[7]輿論，有轉移全世界之能力。雖議院[8]議員之發言，其效力尚不如是速。影響之大，利益之廣，可謂偉哉！

然吾國近日尚不足以語此也。蓋報紙本集多數人之意見，發為公正之言論，確當之事實，非謾罵揭私可比。而今日之報紙，多黨同伐異，挾仇尋私，互相嘲笑，謠傳時事，駭人聽聞，肆其煽惑之手段，鼓其擾亂之心理，致人民有相戒不看報之語。第以二次革命[9]，潯陽湓濱之亂，實報紙之鼓動力。誠如是，則凡所謂報紙之利益，舉一掃而空之矣，豈不哀哉！吾甚望置身輿論界者，秉董狐之筆[10]，為春秋之言[11]；毋阿私，毋尋隙；勿為報紙之賊，勿作文字之蠹[12]，則吾華庶幾[13]能受報紙之利益也哉。

【周恩來教師評語】

氣充詞沛，暢所欲言。苟非養到功深，萬難至此也。

【註釋】

1　迭：教師修改為“高”。

2　國風：周王朝為了制禮作樂，曾派採詩官在春秋兩季到各地搜集歌謠，貴族們為了祭祖、宴客、出兵、打獵、諷喻等目的也作詩，這些詩後來被編輯成了《詩》。漢代以後被尊為經典，遂有《詩經》之稱。國風又稱“十五國風”，為《詩經》的精華所在。“飢者歌其食，勞者歌其事”，歌唱愛情，讚美勞動，揭露現實，是國風中最為動人的主題。

3　朝報：是一種以簡訊形式報導帝王日常動態和官員升降任免的公開的傳播載體，是一種更接近於現代大眾傳媒的封建官報。

4　庚子：即庚子年，它是農曆一甲子中的一個，60年為一周期，比如1840年、1900年、1960年。此處應為1900年。

5　泰西：猶極西。舊泛指西方國家，一般指歐美各國。

6　一字之褒貶，勝於斧鉞。數版之文字，敢比春秋：出自《幼學瓊林·文事》的“榮於華袞，乃春秋一字之褒；嚴於斧鉞，乃春秋一字之貶"。意思為：得到《春秋》的一個字的表揚比得到華麗的衣服還要光榮，受到《春秋》的貶損比受斧鉞之刑還要難受。

7　泰晤士：指《泰晤士報》(*The Times*)，是英國的一份於全國發行的綜合型日報，是一張對全球政治、經濟、文化發揮巨大影響力的報紙。

8　議院：議院，也作議會，議會是國家最高立法機關，監督內閣行政，並對內閣所做的行政政策擁有決定權和否決權。議院分上議院和下議院，如英國。有的又稱參議院和眾議院，如美國、日本。議院，並不是所有國家都有的，它只是一些國家的國家立法機關。

9　二次革命：孫中山等革命党人於 1913 年發動的討伐袁世凱的一場戰爭，又稱"討袁之役"、"癸丑之役"、"贛寧之役"。

10　董狐之筆：後人對那些公正不偏，不因為個人的好惡或利害關係而捏造不實言論的人的稱呼。出於《左傳·宣公二年》：趙穿殺晉靈公，身為晉國正卿的趙盾沒有管，史官董狐認為趙盾應負責任，便在史策上記載説"趙盾弒其君"，即為趙盾所殺。後孔子稱讚説："董狐，古之良史也，書法不隱。"

11　春秋之言：春秋，孔子編的一部關於魯國的編年體史書，書中用隱晦筆法對時事加以褒貶。後比喻隱晦曲折的評判為"春秋筆法"。參照註釋 6。

12　蠱：蛀蟲。

13　庶幾：差不多。

【點評】

　　現代意義上"國家"這一概念，毫無例外也是一個"想像共同體"。加速這一想像進程的建立莫過於現代化術語的傳播，而報紙無疑是承載這一傳播任務的紙質"公共空間"。在這個空間中，舊的話語體系會被摧毀，新的話語體系會被建構，而建構的過程也將是新的自我主體增強的過程，只有這樣，新的國民性才能與新的國家相匹配。

　　青年時期的周恩來以其廣遠的視角，立足於"報紙與國家之關係"這一宏闊的視閾中論説了現代報紙之利益。周恩來老師讚評其文"氣充詞沛，暢所欲言"，其實，氣脈充沛，並不單純指其主旨明確且集中，更重要的是立論高遠，思想的制高點才是詞語豐實的關鍵所在，行文恰如"一泓海水杯中瀉"，浩浩湯湯，且汩汩滔滔。

　　文章指出：在古中國專制時代，時事流通遭廢之弊端，致使民眾昏昧頑蒙，"國家"與民眾剝離。無話語，則無主體意識，則無"國家想像共同體"。而在西方文明的東漸進程中，報紙之利益被一二智者宣導，民眾智識漸啟，"國家"與民眾碰撞。周恩來並沒有淺論至此，因為傳播怎樣的術語決定着"國家想像共同體"的怎樣建構。於是他深層指出：西方報紙之功用在於行政，因此，其主筆必須是某一領域的專才；而當時我國報紙之功用在於惑亂，主筆的為私行為怎會建構公正和真實的話語體系呢？因此，民眾自動遠離"國家"。

　　新的話語體系的建構意味着國家合法性的確立，而當時儘管已是共和政體，可是勝利果實已為袁世凱這一跳樑小丑所竊取，江西各地屢屢起義，但都被袁世凱打敗，國家政局一派混亂。一個新生的國體必須獲得其國民的普遍認同才能得到真正的鞏固，而動員廣大的國民認同就是國家輿論界所面臨的最重要的任務。所以，鑒於當時傳媒條件的局限，報紙必須承擔起這一傳播的任務，主筆們必須承擔起自己為公的職責，否則"國家想像共同體"得以鞏固的內在話語邏輯將會斷裂。

　　因此，周恩來在文章結尾處殷切地期望，輿論界應樹立良好的輿論風氣——公正、真實。這是中國現代化進行中早期知識分子的一種青春熱望，是一些激進的和懷有救國焦慮的中國人在開始拋棄以往的西方種種資本主義現代性選擇與方案之前的一種思想萌芽。

（馬西超）

三十

國民宜有高尚思想說

（一九一五年）

　　夫立國於二十世紀之秋[1]，殖民逐鹿[2]之場，思欲保其顏色，鞏固其領土，捨富強其道莫由[3]。然富也、強也，亦非一朝一夕所能奏其效，一人一力所可成其功，必合全國之人民，萬眾之人心，以結構之，始克[4]達其目的。而其能否成此要素，胥[5]視其國民之思想界為如何耳。彼一國之風俗黑暗閉塞也，則其民之思想必愚陋；思想愚陋，然後有卑鄙[6]之觀念，昏暗之政策；視殘殺為要務，置國事於不顧，則其國之敗亡，可立而待矣！彼一國之風俗文明優美也，則其民之思想必高尚；思想高尚，然後有健全之輿論，激昂之民氣；合群以圖其強，殖民以致其富；其收效之大無俟卜筮[7]矣！

　　夫思想界之關係於一國之強否，既如上所述。今更以時勢證之，不觀夫條頓[8]之民族乎，其思想之高尚，誠可執世界之牛耳[9]。新發明之科學、汽船、汽車以及於平民政治，共和政體，種種新事業、新生機、新政策，殆[10]無不由此族發明其端，以英、美、德為其試驗之場也。至其軍事之佈置，又可為世界平和之保障。有如此之高尚思想，現而為最良之政策，宜乎地球上無條頓民族不履之跡[11]。俄、法、意之瞠乎其後[12]，良有以也[13]。又觀夫土耳其乎，其民族固勇敢善戰，強項不屈。然以其思想之卑鄙，遂昧[14]於世界之潮流，暗於歐亞之大勢，內無開通民智之行政，外鮮折充樽俎[15]之交誼。雖有德、奧之扶助，恃而無恐，乃土巴一戰，卒至宗社陵夷，歐陸盡失，一屈（蹶）[16]而不可復振，豈其戰之不善耶？要亦人民之思想卑鄙，以致昧於事，暗於理之所致也。

縱察往事，而返觀吾千鈞一髮之神州，四千年之文明已失其舊，思想日趨卑鄙，民氣日漸消磨。無日新之可望，難再振之期。嗚呼！茫茫大陸，桃源[17]安在；莽莽中華，英傑何之。欲救神州，請自改良社會始。而改良社會，又端賴思想界為之作中流砥柱[18]。念條頓民族之所以強，土耳其之所以弱，則當開通民智，輸灌智識，使國民之思想日趨於高尚之途，則中華庶有豸[19]乎。殷鑒不遠[20]，吾輩青年，其急起圖之。

【周恩來教師評語】

竭力尚作，樸實說理。與鼓弄虛鋒，空滑了事者迥異。

【註釋】

1　秋：指某個時期（多指不好的）。如，多事之秋。

2　逐鹿：喻群雄並起，爭奪天下。《史記・淮陰侯列傳》："秦失其鹿，天下共逐之，於是高材疾足者先得焉。"

3　由：經過，經歷。

4　克：能夠。

5　胥：全，都。

6　卑鄙：低微鄙陋。《三國志・蜀志・諸葛亮傳》："先帝不以臣卑鄙，猥自枉屈，三顧臣於草廬之中。"

7　卜筮：古時預測吉凶，用龜甲稱卜，用蓍草稱筮，合稱卜筮。《易・繫辭上》："以制器者尚其象，以卜筮者尚其占。"《禮記・曲禮上》："龜為卜，策為筮。卜筮者，先聖王之所以使民信時日、敬鬼神、畏法令也；所以使民決嫌疑，定猶與也。"

8　條頓之民族：條頓（teuton）是古代日爾曼人中的一個分支，公元前4世紀時大致分佈在易北河下游的沿海地帶，後來逐步和日爾曼其他部落融合。後世常以條頓人泛指日爾曼人及其後裔，或是直接以此稱呼德國人。

9 牛耳：古代諸侯會盟時，割牛耳取血盛敦中，置牛耳於盤，由主盟者執盤分嘗諸侯為誓，以示信守。《周禮·夏官·戎右》："贊牛耳，桃茢。"鄭玄注："尸盟者割牛耳取血助為之，及血在敦中，以桃茢沸之又助之也。"後用以指在某方面居於領袖地位的人。

10 殆：大概，幾乎。

11 宜乎地球上無條頓民族不履之跡：倒裝句，正常句序為"地球上無條頓民族不履之跡宜乎"。

12 瞠乎其後：瞠：直視。在別人後面乾瞠眼趕不上。形容遠遠落在後面。《莊子·田子方》："夫子奔逸絕塵，而回瞠若乎後矣。"

13 良有以也：良，很，甚。以，所以，原因。指某種事情的產生是很有些原因的。

14 昧：糊塗，頭腦不清。

15 折充樽俎：折衝樽俎，指不用武力而在酒宴談判中制敵取勝。語出《戰國策·齊五策》蘇秦說齊閔王曰："臣之所聞，攻戰之道非師者，雖有百萬之軍，北之堂上；雖有闔閭、吳起之將，擒之戶內；千丈之城，拔之尊俎之間；百尺之衝，折之衽席之上。"晉張協《雜詩》之七："何必操干戈，堂上有奇兵，折衝樽俎間，制勝在兩楹。"

16 一屈：原文的"屈"字，周恩來的老師改為"蹶"。

17 桃源："桃花源"的省稱。

18 中流砥柱：語出《晏子春秋·諫下二四》："古冶子曰：'吾嘗從君濟於河，黿銜左驂以入砥柱之中流。'"砥柱，山名，在河南三門峽東，屹立於黃河激流中。後以比喻堅強而能起支柱作用的人或集體。

19 有豸：有所解除，得以解除。《左傳·宣公十七年》："余將老，使郤子逞其志，庶有豸乎！"杜預注："豸，解也。"楊伯峻注："言患亂得解也。"

20 殷鑒不遠：殷，指商朝後期。鑒，鏡子，引申為借鑒，指殷商子孫應以夏的滅亡為戒。後泛指前人的教訓就在眼前。出自《詩經·大雅·蕩篇》："殷鑒不遠，在夏后之世"。

【點評】

這篇作文據考訂寫於 1915 年。即使放在今天，這都是一個很容易寫大寫空的題目，而作者卻寫得有理有據，扎實具體，令人不能不佩服青年周恩來的學識見解與眼光心胸。

　　文章分三段。第一段強調國家富強非一朝一夕、一人一力所能及，必須“合全國之人民，萬眾之人心”才能達到國家富強的目的。這樣，每個國民都擁有高尚的思想就顯得至關重要了。第二段，作者將條頓與土耳其兩相對比，突出思想高尚之條頓民族的強大與思想卑鄙的土耳其的暗昧，材料鮮明生動，道理不言自明。第三段聯繫現實中華國情，提出“欲救神州，請自改良社會始。而改良社會，又端賴思想界為之作中流砥柱”的主張及“開通民智，輸灌智識”的措施。

　　14歲那年的周恩來就曾說出“為中華崛起而讀書”的豪言壯語，可以說，愛國為民是周恩來一生的奮鬥主線。而周恩來的愛國並不是只掛在口頭上，更是始終落在學習和工作的實處。對於這篇作文，當時國文教師的評語為：“竭力尚作，樸實說理。與鼓弄虛鋒，空滑了事者迥異。”從評語中可以看出，當時的教師對周恩來的肯定，不僅在他有深刻的思想，縝密的論證，更在他認真具體的調查研究，有放眼國際國內的視野。試想，沒有對國家大事、國內外形勢、治國策略的清晰明確的思考，對十六七歲的青年來說，寫這樣的題目，恐怕只剩下“老虎吃天，無法下口”的感歎了。

（何士龍）

三十一

共和¹政體者，人人皆治²人，
人人皆治於人論

（一九一五年）

　　由酋長部落時代，而躋³於國家也，有專制政體為之導。由國家主義，而達於世界，有共和政體為之引。酋長也、君主也、民主也、大同⁴也，為政體必經之階級，人民應渡之時期，循序而進，非一朝一夕之故所可立而待也。

　　上古酋長時期，人民昏昏愚愚，無所用其愛情⁵，故其團結力薄，老死不相往來。後經許多之戰爭，強有力者，竊居首要，以治一般人民。而元元黔首⁶，均為被治之人，遂結成君主之局。至十八九世紀，智識漸張，民權日伸，於是有倡為共和政體者，澎漲其說，諸國漸效。達於今民主共和之潮流益湧，人民咸⁷思效法，恐終不免有同化之一日耳。孟德斯鳩⁸嘗曰：共和政體者，人人皆治人，人人皆治於人。此數語足代表共和真正之精神。欲求人民能具治人治於人之資格，則必道德高尚，智識充足，知自由之真理，明平等之範圍。法理通，然後知進退；自治明，而後免禍患。共和之所以異於專制者何，民主之所以良於君主者誰，如斯可以談共和，行共和。而為共和之國民，以己之能力而治人，亦以己之能力而治於人。夫吾之精於行政者，一政之出，使民服；一令之施，使人從。治人之力，固由是而發生。然政之乖舛[9]，因受立法部議之彈劾，司法者之裁判。或因經商業紐[10]，作工日偽。雖身為教育家，亦必身為人治。又出為總統，固可治人；退而為民，亦必被治於人。吾之條陳[11]行而治人，而吾亦在被治之列。治人治於人者，恆常繫諸一人之身。共和之真諦在是，民主之精神亦在此，豈有他哉！立憲人民，雖有請願之權，議院有立法之務，然裁可[12]仍不得不歸諸君主。故君主僅為治人者，而人民治人之權，亦不能普及，是故終不若民主共和之為愈也。世之國共和者，其以為然乎？

【周恩來教師評語】

思想極高，詞亦懇摯，非明共和真理者，不能道隻字。

【註釋】

1　共和：周厲王時，奴隸和自由民大暴動，厲王逃跑。至宣王執政，中間十四年，號共和。共和名稱由來有兩說：一說由召公周公二相共同執政，故號共和。見《史記·周本紀》。一說厲王出奔後，由共和伯代理政事，故號共和。共和元年，即公元前841 年，是中國歷史上有正確紀年的開始。後用作政體名——共和制，即國家元首和國家權力機關定期由選舉產生的一種政治制度，與君主制相對。

2　治：管理，治理。

3　躋：登，升。

4　大同：《禮記·禮運》："大道之行也，天下為公，選賢與能，講信修睦。故人不獨親其親，不獨子其子，使老有所終，壯有所用，幼有所長，鰥寡孤獨廢疾者皆有所養，男有分，女有歸。貨惡其棄於地也，不必藏於己；力惡其不出於身也，不必為己。是故謀閉而不興，盜竊亂賊而不作，故外戶而不閉。是謂大同。"這是秦漢間人根據有關原始社會傳說而虛構的太平盛世。

5　愛情：深摯的喜愛感情。《禮記·禮運》："何謂人情？喜、怒、哀、懼、愛、惡、欲。"

6　元元黔首：元元，一說平民。《戰國策·秦策》："制海內，子元元。"一說猶"喁喁"。《史記·孝文帝紀》："以全天下元元之民。"索隱引顧野王："元元猶喁喁，可憐愛貌。"黔，黑色。黔首，庶民，平民。《禮記·祭義》："明命鬼神，以為黔首則。"注："黔首，謂民也。"唐孔穎達疏："黔首，謂萬民也……黔，謂黑也。凡人以黑巾覆頭，故謂之黔首。"《史記·秦始皇本紀》："二十六年……更名民曰黔首。"

7　咸：皆，都。

8　孟德斯鳩：(1689—1755)，18 世紀法國啟蒙時代的著名思想家、法學家。1748 年，他最重要的也是影響最大的著作《論法的精神》發表。在這部書中，他明確提出了"三權分立"學説。《論法的精神》奠定了近代西方政治與法律理論發展的基礎。該書最初由嚴復翻譯時，書名譯為《法意》。

9　乖舛：不齊。乖，背離，不一致。舛，相違背或謬誤、差錯。《文選》晉潘仁安（岳）《西征賦》："人度量之乖舛，何相越之遼迥。"

10　絀：不足，減損。

11　條陳：分條陳述。《漢書·李尋傳》對詔問災異："臣謹條陳所聞。"後稱分條陳述意見的文件為條陳。

12　裁可：裁斷決定。《新唐書·董晉傳》："方竇參得君，裁可大事不關諮晉，晉循謹無所駁異。"

【點評】

在《共和政體者，人人皆治人，人人皆治於人論》一文中，周恩來談了他對共和政體的看法，論述了君主制元首和共和制元首的不同，以及共和制的理論淵源、權力之間的監督這些問題。這説明周恩來已經能用一些民主知識解釋一些社會現象。這篇作文對研究周恩來早期思想具有重要意義。

作文中周恩來的民主主義思想萌芽很有可能來自一些課本。如上海商務印書館 1912 年 6 月首版的《共和國教科書新國文高小》第一冊第二十三課是《共和政體》："法儒孟德斯鳩曰：'共和政體者，人人皆治人，人人皆治於人。'蓋人民各以己意投票選舉，以議一國之政，故曰人人皆治人。既選定議員若官吏，則委以治理之權，而服從其下，故曰人人皆治於人。"周恩來的中學時代，正是中國社會面臨的重要的轉折關頭，也是周恩來思想成長的重要時期。南開中學作為近現代新型學校，其語文教育成為宣傳新思想、新文化、新觀念的重要陣地，對周恩來思想的成長發揮了重要作用。

文章中的"大同"的概念出於《禮記・禮運》。（見註釋4）康有為作為一個政治家和思想家，在中國近代歷史上影響很大，尤其是他為《禮運》作注，提出"大同説"並以此作為他維新變法的理論依據，在歷史上留下了重要的一筆。康有為在《禮運注》中論述了他的"大同説"。康有為認為"必天下為公而後可至於太平大同"。他在注中寫道："天下為公，選賢與能者，官天下也。夫天下國家者，為天下國家之人公共同有之器，非一人一家所得私有，當合大眾公選賢能以任其職，不得世傳其子孫兄弟也，此君臣之公理也。"在這裏，康有為所認為的"公"即人民大眾公共擁有國家，公共治理國家，而這種"公"，是相對於"家天下"而言的。康有為所謂的"天下為公"，所謂"大同"，即要求人權、民主、平等、博愛，做到這些，才可以達到太平大同之世。周恩來的民主主義思想萌芽，應從康有為的著作中也汲取了營養。

1915年12月，袁世凱悍然稱帝，周恩來寫於之前的這篇作文具有更為重要的進步意義。

（高宇鵬）

1916 年的周恩來

三十二

試各述寒假中之事況

（一九一六年二月二十三日）

　　年華逝水，歲月不居[1]，余負笈[2]津門，亦已三載矣。追憶曩昔[3]，離鄉別弟之日，於今六閱寒暑。一年鐵嶺，二載瀋陽，隨遇而安[4]，因時而學。旅中況味[5]飽嘗，固未得一日享家庭之真樂趣也！逮乎既之天津，伯父攜眷居焉，始稍稍有家人生趣[6]。然南望鄉關歸不得，同胞兄弟各西東，又徒傷奈何而已！

　　但學校固家庭也。職教員之殷殷愛護，懇懇啟蒙，無異父母。眾同學之相敬相愛，相規相輔，有逾骨肉。是以跋涉千萬里，負笈而來，未嘗戚戚[7]者，非其孰能致之。然而假期既蒞，則爭先恐後，提筐攜物以就道，若唯恐不速，蓋遄[8]返鄉里之心使之然也。

　　假期歸省[9]，既為學子所公認，則按例休息，是群所歡迎，理無反對之餘地。而余視之，滋有戚焉。以歸既不可，聚首期無；同窗良友，復回故里。所謂身在異鄉為異客，每逢佳節倍思親[10]者，余於思親之外，益以思友。冷案寒窗，孤燈弱火，容有興哉。亦唯唏噓[11]歎息而已矣！夫學子共盼之假期，而余以之為墮神喪志之歲月，是余與假期為無緣也。而今歲之寒假，則迥非若昔日之沉悶，且增吾若干之興味。是知天下事，寧容人有所揣測，亦唯憑一己之責覺達觀[12]，擴我心胸，以底於成。非然者快樂之假期已逝，未來之歲月方長。吾又安得以昔之所經，按今之所履者哉。且夫記已往足資來鑒，述前行有助他山[13]。知者為知[14]，非者為非，吾何容心，余唯求無負此二旬光陰，則此記為不虛矣。是為序。

一月三十一日，陰曆十二月二十六日。假期既放，旋里[15]者莘莘[16]。同室二君，均整裝以待歸去，午後行矣。余因為會中編纂《仇大娘》稿本事，未得賦送離亭[17]，殊為恨恨。二君既去，余獨處室中，續稿時許，忽校役持單進，蓋新劇團排演新劇時呼余往蒞會也。余於是不得不捨筆而代以舌，詣思敏室，共襄盛舉。夫假期本為休息，何有乎演劇？斯乃校長之所許，亦即體育會之所懇。緣今歲春季，北部運動會舉行於京師。我校以具有戰勝東亞之人才，稱雄津門之聲威，當然與賽。但人至眾也，款至臣也，非一時可得而致，於是有演劇募捐之動議。校長亦以假中事微，且屆舊曆年節，閒暇者易於為非，集住津、住校之學生，有寒假樂群會之設。溫課也、運動也、遊戲也、遊藝也，是其內容。而募捐之演劇、收費之電影，遂共為遊藝部所具之事矣。會期自舊曆正月初三至十五，凡十三日，今日之排演，初五正式之預備也。

二十七日。日間為稿事執筆終日。晚偕友人往舊戲園觀新劇。劇名《珠還合浦》[18]，佈景頗劣，飾者做作尚無大疵，唯人多南音，詞多冗雜，聽者既不能了了，又弗克知其正旨，於是知新劇之難演矣。蓋新劇在感化社會，若使觀者探驪[19]不得，則興趣且無，又何領悟足云。借鏡鑒己身臨其境[20]者，知所炯戒[21]矣！

二十八日。昨歸頗晏[22]，又續稿更餘。晨起已紅日滿窗，急挾稿詣印刷所。時已屆歲盡，手民初未之許，商良久，始允加費印。金錢萬能，殊足為凡百事業之成功一助也。

二十九日。今日為舊歲除夕。家家爆竹聲，不絕於耳，沿俗尚也。南俗晚間聚家人父子團聚一案共食，名曰“守歲飯”。北地不知有是習否？余歸家食既畢，以人稀故無他務，獨據一案，取校中自治勵學會新出版之雜誌閱之，歷三時許，全書幾盡。夫今日何日耶？非家庭團聚時耶？余也何如父母雙亡，北堂久不聞喚子之聲。回思依依膝下，此情此景，不必讀蓼莪[23]之章，便已悲慨無垠。矧[24]茲今夕，尤令人淚盈枕蓆，竟夜不能寐矣！

正月初六日。前數日余忽患喉腫症，移居調養室。友人數來視，夢亞以疾故，相言及家世，不覺彼此同情，深有慨乎其遇。嗚呼！同是天涯淪落人[25]。余不為夢亞悲，不為余悲，余且為舉世之不得同儔[26]而一訴其平生者，一痛哭焉！

初十日。鳳曆更後，連夕演劇，殊不得閒。余之煩惱歲月，遂亦因之而減其量。人以為不得暇之困，且因之多增幸福。蓋閒生惰，惰生驕，有用之精神，轉化為極不堪指使之人。假期足以養成閒暇之習，今藉斯一掃斯病，豈非演劇之功，庸人又烏足知之！

今晨挾行囊，之[27]車站，作京都行，與校中新劇團所組織之觀劇團也，同行者將及念人。余初入都門，人地生殊，幸導者孔[28]多，免履迷途。語云：入國問風，入境問俗。[29]余入京師，睹社會之腐陋，聞政府之黑暗，首善之區如斯，知中國之自亡久矣，又奚待外人瓜分而豆剖[30]之哉！

十二日。晨自京歸，語友人以北京現狀，相與歎息，久之。夫國事非不可為也，愚民政策，暗民手段，層出不窮，激之有以致之。追原禍始，不得不痛恨於障百川而東之[31]者也。後數日又復以演劇使假期告終。總之，此三星期中，光陰殊未擲之等閒。此執筆自記，頗堪自喜者也。今假期既逝，開課二日，拉雜[32]書之，雖未能有完全之統系，然無語非衷，準吾直覺，聊以為回鴻之一顧耳。

【周恩來教師評語】

篇中敍及父母雙亡，不忍蓼莪卒讀，直令人□心傷。古人云：讀《陳情表》而不動情者，必非孝子。吾於此文亦云。

【註釋】

1　歲月不居：指時光流逝。居，停留。漢孔融《論盛孝章書》：“歲月不居，時節如流，五十之年，忽焉已至。”

2　負笈：笈，書箱。背着書箱。指遊學外地。唐房玄齡等《晉書・王裒傳》：“北海炳春，少立志操，寒苦自居，負笈遊學。”

3　曩昔：往日，從前。晉向秀《思舊賦》：“追思曩昔遊宴之好，感音而歎，故作賦云。”

4　隨遇而安：能安於所處的各種境遇。《孟子・盡心下》：“若將終身焉。”宋朱熹《四書章句集注》：“言聖人之心，不以貧賤而有慕於外，不以富貴而有動於中，隨遇而安，無預於己，所性分定故也。”

5　況味：景況和情味。

6　生趣：生活情趣；樂趣。明沈德符《敝帚軒剩語補遺・神佛佑人再生》：“汝前生為吾弟子，故我見汝猶憐，當令汝還。諸神皆諾。因得蘇。然食飲俱不納，無生趣。”

7　戚戚：憂懼貌；憂傷貌。《論語・述而》：“君子坦蕩蕩，小人長戚戚。”漢班固《漢書・韋玄成傳》：“今我度茲，戚戚其懼。”

8　遄：快，迅速。

9　歸省：回家探望父母。唐朱慶餘《送張景宣下第東歸》詩：“歸省值花時，閒吟落第詩。”

10　身在異鄉為異客，每逢佳節倍思親：出自唐王維《九月九日憶山東兄弟》詩。

11　唏噓：歎息。清周亮工《書影》卷三：“《新安史》、《石壕史》諸作，沉雄悲壯，感慨唏噓，自是樂府勝場。”《老殘遊記》第八回：“題罷，唏噓了幾聲，也就睡了。”

12　達觀：遍覽，縱觀。《尚書・召誥》：“周公朝至於洛，則達觀於新邑營。”

13　有助他山：他山，指別處山上的石頭。比喻磨礪自己，幫助自己成就的外力。《群書治要》卷四五引漢仲長統《昌言》：“可令王侯子弟，悉入大學，廣之以他山，肅之以二物，則腥臊之污可除，而芬芳之風可發矣。”

14　知者為知：見《論語・為政》：“知之為知之，不知為不知，是知也。”知道就是知道，不知道就是不知道，這就是聰明的態度。

15　旋里：返回故鄉。清蒲松齡《聊齋志異・胡四娘》：“（程孝思）願乖氣結，難於旋里，幸囊資小泰，攜卷入都。”清錢泳《履園叢話・景賢・書周孝子事》：“越五載，（周文榮）省親旋里，不數月即去。”

16　莘莘：眾多貌。《國語・晉語四》：“周詩曰：‘莘莘征夫，每懷靡及。’”漢班固《東都賦》：“獻酬交錯，俎豆莘莘。”

17　離亭：驛亭。古時人們常在這個地方舉行告別宴會。古代建於離城稍遠的道旁供人歇息的亭子。古人往往於此送別。南朝陳陰鏗《江津送劉光錄不及》詩：“泊處空餘鳥，離亭已散人。”宋徐昌圖《臨江仙》詞：“飲散離亭西去，浮生長恨飄蓬。”

18　《珠還合浦》：粵劇。珠還合浦：比喻東西失而復得或人去而復回。出自《後漢書・循吏傳・孟嘗》：“（合浦）郡不產穀實，而海出珠寶，與交阯比境……嘗到官，革易前敝，求民病利。曾未逾歲，去珠復還，百姓皆反其業。”戲劇故事：東漢時期，合浦郡盛產珍珠聞名海外，當地老百姓以採珠為生，貪官污吏趁機盤剝，使得珠民大肆捕撈，珠蚌產量越來越低，餓死不少人。漢順帝劉保派孟嘗當合浦太守，他革除弊端，不准濫捕。不到一年，合浦又盛產珍珠了。

19　探驪：驪，古指黑龍。在驪龍的頷下取得寶珠。原指冒大險得大利。後常比喻文章含義深刻，措辭扼要，得到要領。《莊子・列御寇》：“取石來鍛之。夫千金之珠，必在九重之淵，而驪龍頷下，子能得珠者，必遭其睡也。使驪龍而寤，子尚奚微之有哉？”

20　身臨其境：親自到了那個境地，獲得某種切身感受。《三俠五義》第六五回：“及至身臨其境，只落得‘原來如此’四個大字，毫無一點的情趣。”

21　炯戒：亦作“炯誡”。明顯的鑒戒或警戒。漢班固《幽通賦》：“既訊爾以吉象兮，又申之以炯戒。”《三國志・吳志・賀邵傳》：“此當世之明鑒，目前之炯戒也。”《北史・高允傳》：“夫史籍，帝王之實錄，將來之炯誡。”

22　晏：遲，晚。

23　蓼莪：《詩・小雅》篇名。此詩表達了子女追慕雙親撫養之德的情思。後以“蓼莪”指對亡親的悼念。《後漢書・清河孝王劉慶傳》：“（諸王）常有《蓼莪》、《凱風》之哀。”宋蘇軾《謝生日詩啟》：“《蓼莪》之感，迨衰老而不忘。”

24　矧：另外，況且，何況。

25　同是天涯淪落人：語出白居易《琵琶行》：“同是天涯淪落人，相逢何必曾相識。”大家都是有不幸的遭遇的人，近似“同病相憐”。

26　同儔：猶同伴。三國魏曹植《節遊賦》：“浮素蓋，御驊騮，命友生，攜同儔。”此指同行者。

27　之：往，到。《廣雅》：之，適也。《詩・衛風・伯兮》：“自伯之東。”

28　孔：甚，很。《詩・豳風・東山》：“其新孔嘉。”

29　入國問風，入境問俗：語出《禮記・曲禮》：“入境而問禁，入國而問俗。”謂進入一個國家或區域，先問明那裏的習俗，以免觸犯忌諱。

30　豆剖：語出《晉書・地理志序》：“平王東遷，星離豆剖；當塗馭寓，瓜分鼎立。”

像瓜被剖開，豆從莢裏裂出一樣。比喻國土被分割。

31　障百川而東之：語出唐韓愈《勸學解》，又名《進學解》，"障百川而東之，回狂瀾
　　於既倒"。阻止異端邪說，像攔截洪水一樣，向東海排去，把將被狂瀾壓倒的正氣
　　重新挽救回來。

32　拉雜：混雜；雜亂。《樂府詩集‧鼓吹曲辭——有所思》："何用問遺君？雙珠玳瑁
　　簪，用玉紹繚之。聞君有他心，拉雜摧燒之。"清方東樹《昭昧詹言‧蘇黃》："世
　　人皆學東坡，拉雜用事，頃刻可以信手填湊成篇，而不解其運用點化妙切之至於斯
　　也。"況周頤《蕙風詞話》卷一："長言之不足，至乃零亂拉雜，胡天胡帝。"

【點評】

　　本篇文章係周恩來 1916 年寒假生活的記錄。此作文分為兩個部
分。前一部分為序言，言作文意旨。後一部分記錄大約三週的假期生活。

　　序言中，作者追憶離鄉別弟，顛沛旅中，飽嘗況味的辛酸生活；
慨言負笈津門，寄居伯父，稍有生趣之三載日月；特別提及南開中學
生活，將之喻為家庭，有"學校固家庭也。職教員……無異父母。眾同
學……有逾骨肉"之感戚語。同時期史料《第十次畢業生同學錄》"周君
恩來"畢業評語（周恩來同窗常策歐作）中有"六月而孤"，"九歲佐理
家務"，"少遊江淮"，"年十二……趨遼東，入瀋陽"，"十五來津門，
遂入南開"之語。兩相參照，不難看出周君恩來與眾不同之人生經歷。
《第十次畢業生同學錄》畢業評語中亦有"君家貧，處境最艱，學費時不
濟"之語；回觀此文"思親之外，益以思友"，"冷案寒窗，孤燈弱火"，
"唏噓歎息"之語，不禁令人潸然。而下文"二十九日。今日為舊歲除夕。
家家爆竹聲……余也何如父母雙亡，北堂久不聞喚子之聲。回思……尤
令人淚盈枕蓆，竟夜不能寐"更添悲傷。文後教師評語"篇中敘及父母
雙亡，不忍蓼莪卒讀，直令人□心傷。古人云：讀《陳情表》而不動情
者，必非孝子。吾於此文亦云"，是為恰切。然縱觀全文，此唏噓悽愴
並非全旨。序言中作者特明其旨，將寒假新年、闔家團圓之日視作"覺

達觀，擴我心胸，以底於成"的良機。這番樂觀向上正是"（周恩來）獨能於萬苦千難中多才多藝的根本"，所謂天降大任，必先苦其心志，勞其筋骨（參見《第十次畢業生同學錄》畢業評語）。

文章後一部分為日記體。按照時間日期書寫記錄寒假事況。特別要指出的是：周恩來於 1913 年 8 月至 1917 年 6 月在南開中學學習，據筆者考訂，1914 年至 1917 年間的陽曆 1 月 31 日分別對應的陰曆日期為正月初六（1914）、臘月十七（1915）、臘月二十七（1916）、正月初九（1917），且僅有 1916 年臘月二十九日為舊歲除夕。故此文中所記"一月三十一日，陰曆十二月二十六日"當為 1916 年，不過陰曆日期應為臘月（十二月）二十七而非二十六日，或陰曆十二月二十六日當為一月三十日。此處為日期疏漏。

文章後一部分按照時間日期書寫記錄寒假事況，主要談及"新劇"（話劇）。周恩來是參與創建南開新劇團的先驅者之一。他在南開中學求學期間，幾乎參加了劇團全部劇目的演出，且劇本創作、佈景製作、研究評論等更是獨具建樹。他的編演活動和話劇理論建樹對南開乃至我國話劇運動產生較大的影響。此作文中的時間記錄恰可作為研究周恩來"新劇"研究的歷史坐標點，頗有史料價值。如："一月三十一日，陰曆十二月二十六日……編纂《仇大娘》稿本事……蓋新劇團排演新劇時呼余往蒞會……會期自舊曆正月初三至十五，凡十三日，今日之排演，初五正式之預備也。""二十八日。急挾稿詣印刷所。"

——據考，南開中學話劇檔案史料中保存有 1916 年 2 月由周恩來編纂、以周恩來主持的"敬業樂群會"名義，由天津印刷局印製出版的《仇大娘》劇本。"初十日。鳳曆更後，連夕演劇，殊不得閒。""今晨挾行囊，之車站，作京都行。"

——據考，"新劇"《一圓錢》劇組曾赴北京，在米市大街的北京青年會演出。《一圓錢》在京津兩地演出廣獲專家、觀眾好評。且天津《大公報》、《益世報》等十多種報紙在報導評論中稱頌周恩來扮演的女角孫慧娟（男扮女裝），有《〈一圓錢〉演出轟動津門》、《周恩來扮演孫慧娟傾倒全座》、《美哉，周恩來反串妙齡女郎》、《南開學校〈一圓錢〉應邀去北京演出》等等報導。

而談及"新劇"的理論思考，周恩來在此文中也有"蓋新劇在感化社會，若使觀者探驪不得，則興趣且無，又何領悟足云。借鏡鑒己身臨其境者，知所炯戒矣"的理論性概括。1916年周恩來就"新劇"問題撰寫了社論《吾校新劇觀》，特別指出"新劇"的教化功用。可見新文化啟蒙思想之萌芽亦可在此文中找到蹤跡。

而對"新劇"教化功用的理論思考卻不得不歸於周恩來之愛國圖強精神。中華民族此時災難深重，此文中"余入京師，睹社會之腐陋，聞政府之黑暗……夫國事非不可為也，愚民政策，暗民手段，層出不窮"等語，充分體現了青年周恩來對家國命運的深重關懷，更是其改變民族頹勢，燃燒熾熱救國熱情的彰顯。

縱觀此文，與其說是一篇寒假日記，不如說是中學時代的周恩來求學、求新、求變的史料記述。學習本篇周恩來學生時代作文，可以為系統、詳盡、扎實地研究周恩來思想作有力的史料補充。另文章中多處用典，有《詩經》《禮記》《論語》之化用，亦有唐詩、古代散文的直接引用，還有大量的成語使用。中學作文旁徵博引如此，且化用、引用不着生澀，可見作者古文功底之深。

（王蕊）

同學錄上的周恩來

《第十次畢業生同學錄》1917 年 6 月。1917 年 1 月 11 日,周恩來所在班
級議定編寫 28 位同學的詳盡同學錄。推舉周恩來擔當總編輯,1917 年 6
月下旬付梓。同學錄中"周君恩來"一頁,上面是周恩來畢業前所照的照
片,照片下面是周恩來同窗常策歐執筆的畢業評語,記載了周恩來的籍貫和
童年、少年、青年的經歷,特別記錄了他在南開學校的優異表現。參考《以
周恩來為人生楷模教育讀本》(天津南開中學編寫組,天津教育出版社)的
有關內容。

三十三

論強權教育之無益

（一九一六年二月）

　　因才施教[1]，循循善誘[2]，學以明道[3]，問以釋疑[4]，使受業者如坐春風[5]，此吾華教育之大旨也[6]。示學者以端倪[7]，冀[8]其領悟；解思者之請益[9]，助其有成[10]，此泰西[11]教育之大旨也。人分黃白，地限東西，論國勢有強弱之訛[12]，談教育有興衰之判[13]。獨此所持之綱旨[14]，迥無毫釐之謬[15]，豈千載而上，立議者所見皆同。抑大道之存，鮮有輊軒者耶[16]？

　　經曰：大道一也[17]。教育常道，同乎此軌[18]，欲止至善[19]，捨此蔑以加矣[20]。且夫人之有智愚，智者聞一知百，愚者得一及半，相去天壤[21]，固非受同等教育所可收其功效。在昔之世，家有私塾[22]，人各一師，因才設教，法盡美矣[23]。然流弊所及[24]，士者業士，農者業農[25]，各守其成，迥不相侔[26]。智者益智，愚者益愚[27]。無形之階級以分，有識之學子愈寡。國弱民敝[28]，良有由也[29]。逮及今世，學校制興，實行教育普及之策。舉國遑遑[30]，知非是不足以圖功[31]。於是知時之士，恆以之為中流之寄[32]。任重致遠[33]，吾固知其然矣[34]。惜未深思其所以然[35]，以為國家謀久遠之計也[36]。夫泰西之法信善矣[37]。然因時而更[38]，見賢思齊[39]，固未一成不變，作守舊之觀。吾既法之矣[40]，則取長補短，視其所趨為應盡之責。決無故步自封[41]，作得一已足之道[42]。是故強權教育，已不適於二十世紀之新世界。而我則甘之如飴[43]，唯恐或失[44]，視學者以是為優劣之資[45]，辦學者以之作正道之鵠[46]。江河日下[47]，學校之害甚於科舉[48]。吁！可畏哉！障百川而東之[49]，吾固不得不諉過於司教育諸公也[50]。且也人有愚智，聚一室而施以同等教授。其扞格不入[51]，必佔多數。若人一其師[52]，以資訓導[53]，則復蹈舊轍[54]，且礙普及，又非新教育之旨。及今圖補救之方，固非遵東西教育之真旨不為功。是以自動主義[55]，倡之國內[56]，方及三載，採而行者已見大效，事半功倍，豈有他哉？況教育之道，在於啟發，既非如木之受雕於大匠，又絕異乎禽獸之任人指使。不計其成[57]，而唯學是授[58]，鮮有不半途而廢[59]，自絕其求業之心者。杏壇設教，魯論之集也，群為論道之言[60]；齊梁授業，七篇之作也，率多請益之語[61]。孔孟先賢，尤饒斯旨[62]，熱心強權教育之士，準乎外[63]，察乎內[64]，知所返矣[65]！

【周恩來教師評語】

局勢渾成，氣機流宕。

【註釋】

1　因才施教：多作"因材施教"。根據受教育者的不同情況，採用相應的內容和方法施行教育。語本《論語‧為政》"子游問孝"、"子夏問孝"。朱熹集注引宋程頤曰："子游能養而失於敬，子夏能直義而或少溫潤之色，各因其材之高下與其所失而告之，故不同也。"

2　循循善誘：謂善於有步驟地引導、教育人。亦泛指教導有方。語本《論語‧子罕》："夫子循循然善誘人。"

3　明道：闡明治道；闡明道理。《逸周書‧大匡》："勇如害上，則不登於明堂，明堂所以明道，明道唯法。"唐韓愈《爭臣論》："我將以明道也，非以為直而加人也。"

4　釋疑：消除疑問或疑難。宋曾鞏《祭宋龍圖文》："公在朝廷，群公百司，解惑釋疑，公為蓍龜。"

5　如坐春風：宋朱熹《伊洛淵源錄》卷四："朱公掞見明道於汝州，逾月而歸。語人曰：'光庭在春風中坐了一月。'"後用以喻與品德高尚而有學識的人相處並受其薰陶。

6　大旨：亦作"大指"、"大恉"。主要意思；大要。《史記・太史公自序》："齊、楚、秦、趙為日者，各有俗所用。欲循觀其大旨，作《日者列傳》第六十七。"

7　端倪：頭緒；跡象。《莊子・大宗師》："反復終始，不知端倪。"

8　冀：希望。

9　請益：要求老師再講一遍。《禮記・曲禮上》："請業則起，請益則起。"鄭玄注："益，謂受説不了，欲師更明説之。"泛指向人請教。

10　有成：成功；有成效；有成就。《詩・小雅・黍苗》："召伯有成，王心則寧。"《論語・子路》："苟有用我者，期月而已可也，三年有成。"

11　泰西：猶極西。舊泛指西方國家，一般指歐美各國。清昭槤《嘯亭雜錄・善天文演算法》："自明中葉泰西人入中國，而演算法、天文精於中土。"

12　訛：教師改為"殊"字。

13　判：區別。

14　綱旨：綱領宗旨。

15　迥：遠。毫釐之謬：微小的差錯。《禮記・經解》："《易》曰：'君子慎始，差若毫釐，繆以千里。'"

16　抑：抑或，或者。鮮有輊軒：很少有高低優劣的區別。軒輊：比喻高低、優劣、抑揚。車前高後低為"軒"，車前低後高為"輊"，喻指高低輕重。

17　經：經典。一：一致，統一，相通。宋朱熹《孟子精義》卷六："伊川曰：'廣居正位，大道一也。'"按，此語又見於《二程外書》。宋釋契嵩《鐔津集》卷十七《非韓上》："堯舜雖本末小異而大道一也。"

18　同乎此軌：同軌，車轍寬度相同。《禮記・中庸》："今天下車同軌，書同文，行同倫。"引申為同一、一統。清王韜《亞洲半屬歐人》："如圖富強之術，而使東西之同軌合轍者，要不外乎此。"

19　欲止至善：至善，儒家謂人的道德修養所能達到的最高境界。《禮記・大學》："大學之道，在明明德，在親民，在止於至善。"朱熹集注："言明明德，親民，皆當至於至善之地而不遷，蓋必其有以盡夫天理之極，而無一毫人欲之私也。"

20　捨此蔑以加矣：除了這種方式，就沒有其他更好的辦法了。《左傳・襄公二十九年》："雖甚盛德，其蔑以加於此矣！"

21　相去天壤：相距如天地，指差別極大。

22　私塾：指中國舊時家庭、宗族或教師自己設立的教學機構，為私學之一種。

23　盡美：很完美。《論語・八佾》："子謂《韶》'盡美矣，又盡善也'；謂《武》'盡美矣，未盡善也'。"《韶》，舜時樂名；《武》，武王時樂名。後以"盡善盡美"指完美至極。

24　流弊：亦作"流獘"。相沿而成的弊病。《三國志・魏志・杜恕傳》："今之學者，師商韓而上法術，競以儒家為迂闊，不周世用，此最風俗之流弊，創業者之所致慎也。」

25　士者業士，農者業農：士人從事士人的工作，農人從事農人的工作。

26　各守其成，迥不相侔：各自守着自己的成就，（他們之間）相去甚遠，完全不同。相侔，相等；同樣。亦作「相牟」。

27　智者益智，愚者益愚：益，更加。語出唐韓愈《師說》：「是以聖益聖，愚益愚。」

28　敝：破舊，壞。

29　良有由也：確實是有緣由的。

30　舉國：全國。遑遑：驚恐匆忙，心神不定。《列子‧楊朱》：「遑遑爾競一時之虛譽，規死後之餘榮。」這裏指全國都急於着手興辦學校教育。

31　知非是不足以圖功：知道不這樣做的話不能夠謀取功效。

32　恆以之為中流之寄：總把它（教育）作為中流砥柱一樣的寄託。

33　任重致遠：化用「任重道遠」。擔子很重，能到達很遠的地方。比喻責任重大，但是從長遠來看能夠收到很好的功效。《論語‧泰伯》：「士不可以不弘毅，任重而道遠。仁以為己任，不亦重乎？死而後已，不亦遠乎？」

34　吾固知其然矣：我本來就知道它是這樣的。

35　惜未深思其所以然：可惜沒有深入思考它為甚麼會是這樣。

36　以為國家謀久遠之計也：來給國家做長遠的打算。

37　信善：確實很好。

38　因時而更：根據時間的變化而改變。

39　見賢思齊：見到德才兼備的人就想趕上他。語出《論語‧里仁》：「見賢思齊焉，見不賢而內自省也。」

40　法之：效法它。

41　故步自封：故步：舊時行步的方法。遵行舊時的步法而封閉自限。喻墨守成規，不求進步。

42　得一已足：得到一點就滿足了。比喻不思進取。

43　甘之如飴：比喻心甘情願地從事某種辛苦的工作。甘願承受艱難和痛苦。《詩經‧大雅‧綿》：「菫荼如飴。」鄭玄箋：「其所生菜，雖有性苦者，甘如飴也。」

44　唯恐或失：唯恐有哪點沒有做到。

45　視學者：視察教育的人。優劣之資：評價教育好壞的資本。

46　正道之鵠：正鵠：箭靶的中心。《中庸》：「射有似乎君子，失之正鵠，反求諸其身。」鄭玄注：「畫布曰正，棲皮曰鵠。」陸德明釋文：「正、鵠皆鳥名也。一曰：正，正也；鵠，直也。大射則張皮侯而棲鵠，賓射張布侯而設正也。」比喻正確的目標。

47 江河日下：江水日益向下游流去。比喻情況一天天壞下去。清顧炎武《答徐甥公肅書》："昊天不弔，大命忽焉，山嶽崩頹，江河日下，三風不儆，六逆彌臻。"

48 科舉：隋唐以來封建王朝分科目考試選拔文武官吏後備人員的制度。亦指這種考試。

49 障百川而東之：語出唐代韓愈《進學解》："障百川而東之，回狂瀾於既倒。"意思是防堵縱橫奔流的各條河流，引導它們向東流入大海；儘管狂濤已經泛濫，但是還要努力將其挽回。

50 諉過：把過失推給別人。司教育諸公：掌管教育的各位大人。

51 扞格不入：過於堅硬而難於深入。形容彼此意見完全不合。扞，絕。格，堅硬。語出《禮記‧學記》："發然後禁，則扞格而不勝。"鄭玄注："扞，堅不可入之貌。"

52 若人一其師：假如每個人都有一位自己的老師。

53 以資訓導：來為他提供訓教引導。

54 復蹈舊輒：蹈：踏。輒，當作"轍"，車輪輾過的痕跡。重新走上以前車輛走過的老路。比喻不吸取教訓，重犯以前的錯誤。《後漢書‧竇武傳》："今不慮前事之失，復循覆車之軌。"

55 自動主義：是二十世紀初盛行於中國的教育新思潮之一。它強調學生自學、自強、自治，以學生自動為主，教師則加以指導。

56 倡之國內：在國內宣導它。

57 不計其成：不考慮他們的成功。

58 唯學是授：只教授他們學業。

59 鮮：很少。

60 杏壇："杏壇"，是傳說中孔子聚徒講學的地方，也泛指聚眾講學的場所。這幾句是指孔子教育的方式。

61 齊梁：齊國梁國。七篇：指《孟子》七章。這幾句指孟子教育的方式。

62 尤饒斯旨：饒，富於，多。斯旨，這種宗旨。

63 準乎外：以外國（教育理論）為準繩。

64 察乎內：考察國內（教育）實情。

65 知所返矣：知道應該返回到哪裏了。指找到符合中國國情的教育模式。

【點評】

　　這是周恩來的一篇討論教育模式的作文。從作文的題目就可以看出作者鮮明的觀點：強權教育無益。所謂強權，是指憑藉優勢地位或權勢欺壓別人或別國，使用強硬的手段與強勢的權力。作者所提及的"強權教育"，不是指教育的內容，而是指教育的方式。也就是一種不考慮到學生先天差異性的統一的教育。作者首先論述了中西方教育的宗旨，認為中西方教育的終極目標是一致的，簡言之，就是使受教育者接觸疑惑，獲取知識，掌握技能，最終步入社會有以立身，並有益於社會。但這一切都必須建立在教育的內容能被學生消化的基礎上。作者又論述了過去中國私塾教育的利弊。其中私塾教育有利的一方面，就是每個人或幾個人配備一位老師，老師針對學生的不同情況，專門為之答疑解惑。而現代教育，將很多學生集中在一起，由一名老師來講授，勢必不能面面俱到。所以作者認為，教育者應該考察學生的實情與中國的國情，不能簡單地實行"強權教育"。作者提出了"自動主義"，這是當時剛剛出現的教育新思潮，強調學生自學、自強、自治，以學生為主體，教師為引導。這充分説明了作為一名受教育者，周恩來不是盲目被動地接受教育，而是積極關注教育的最新動態，尋求教育的最佳模式。由此可見，南開中學是鼓勵學生思考人生社會等重大問題的，也允許學生充分發表自己的見解。而"一主三自"最終也成為了南開中學教育的主要宗旨之一。這篇文章不只在當時，即便是在今天，依然有著重要的現實意義。

（程濱）

三十四

老子主退讓，赫胥黎主競爭，二說孰是，試言之[1]

（一九一六年三月上旬）

　　浩浩乎大地之上，集無量數生物分子以成人[2]。人者，固萬物之靈也。各具本能，咸擁仁智[3]。其發揮固有之本性，闡揚獨見之學理，宜也。乃上下五千年，縱橫十萬里，求之古今中外，僅得數人焉。若儒之孔，西之耶，印之佛[4]，其或足以示人類之特點，以自異於萬物耶[5]？然吾猶未能為之躊躕滿志也[6]。

　　夫世界一循環場耳，溯有生以來，迄於今數十萬年矣。生生死死，不知其幾千萬兆[7]；色色空空[8]，難測其毀滅存亡。知其生而不知其死，孔氏之說也[9]。不死不生，是謂永生，耶氏之說也[10]。色即是空，空即是色，佛氏之說也。[11]震盪乎五洲，炫耀乎億兆[12]，出於此者入於彼[13]，統世界之學理教說，固莫能外也[14]。三子之言是耶[15]？眾人之思蔽耶[16]？吾弗能知也。吾唯知世界之上，何有乎生，何有乎死[17]。生死無所繫，更何有乎色空，是生死色空皆幻相也[18]，皆三子之誤也。三子之誤，普天下人之公誤也[19]。以世界萬物之最靈而着斯公誤[20]，則是無人也，無世界也。毀滅之可，存亡之可[21]，又何待新陳代謝[22]，物質循環而演成日新月異之物質文明世界哉！曰：是蓋有道存焉[23]。何道也？曰：常道也[24]。寒而衣，飢而食，陋而學，長而行，弱而健，老而壯[25]。

遵生化之軌[26]，循天地之經[27]。不戕其生，不變其本[28]，則死無所見，焉用其生？知其入死，又安弗知其生[29]？是生存常道也。曠觀已往，履斯道者[30]，殆無一人焉。何哉？豈人類之不知耶，抑知而弗克行耶[31]？

然而，吾按諸吾華老氏之言，則有若相符合者[32]，是老子明斯道也[33]。不僅此也，二千餘載後，英人赫胥黎倡為天演競爭之說[34]，蓋亦明斯道者，是持斯說者有人矣。或曰：子之道信善矣，惜老氏主退讓，赫氏主競爭，二氏之說，容有不克一致者[35]。語云：冰炭不同爐，二氏殆無類此耶[36]？曰：非也。二氏固未為冰炭[37]，且所持之道，實一而二，二而一也[38]。吾子殆未之深思也。夫老氏處春秋之際，學戰之時[39]。邪說詖言，震盪人民耳鼓[40]；淫思巧智，佈散億兆衷懷[41]。禮義不能範[42]，孝悌無能為[43]。臣弒其君，子弒其父，同族相殘，兄弟相害。中冓之羞，人君不恥[44]；新台之辱，敵國不譏[45]。馴至君不君，臣不臣，父不父，子不子，兄不兄，弟不弟[46]。夫婦亂而五倫毀[47]，長幼棄而仁義亡[48]。終日皇皇，輒為名利[49]，朝榮夕死，亦所希冀[50]。去常道日益遠，視生死輒無關[51]。於孔、耶、佛三氏之說，彼固已無研究餘地，又何冀其明生死循環之理哉[52]！且孔氏亦值是時，尼山設教[53]，大昌仁義之說，秉先王之法[54]。學者風從，幾移全域[55]。老氏際此，其不入於孔者幾希[56]。然老氏固明哲者，周都授禮之日[57]，未常（嘗）不佳（嘉）孔氏之志[58]。惜所言未盡脫於羈縶[59]，所行又多限於繩規[60]，乃不得不超乎世俗，為忿世嫉邪之言，冀世人醒悟[61]，守真返璞，知死明生[62]，勿逾分作私利之爭[63]，寧退讓保故有之我[64]。棄禮滅義[65]，剖斗折衡[66]，豈無因而發哉？奈世人不察，以老氏之甘主退讓，為失競爭之旨。實則老氏何主乎退讓？世人假禮義以濟私，恃斗衡以犯禁[67]，老氏要不得不有此激耳[68]。不然，老氏既主退讓之旨，又何為道德五千言，發為文章[69]，與孔氏爭學理之長短哉？

若夫赫氏當歐洲大戰之後，民生凋蔽之日，民情趨勇[70]，民智漸增；科學界之進步，有加無已；宗教家之言論，深入人心；急公好義[71]，犧牲生命而不惜；愛國若家，殺敵疆場以為幸。於是全洲之民，咸入於蔑視生命之途[72]，置常道而不顧，流於競好名譽之道。棄生死不為問，潮流所及，教義偕行[73]。赫氏際此，獨能發抒懷抱，倡物競天演之說，開文化之先河，破耶氏之教論，使人民咸知人我以形軀而分，生死以強弱為判[74]。一人之智識無垠，非眾人比較所得而限[75]；公共之權利甚微，乃求之於己，方克有濟[76]。明公私之爭，捨人我之競，則人格以成，斯足以為萬物之靈也[77]。赫氏之說，固如是矣[78]。然而不及百餘年達於今[79]，歐人仍不免入於槍林彈雨之中[80]，相率以生命為榮譽之代價者，何哉[81]？曰：是蓋赫氏之說，未得行於歐土，亦猶老氏之說，垂二千年之久而未得希微散佈於禹域中也[82]。二氏之說未行，非二氏之不幸，世人之不幸也。世人之不幸，亦正孔、耶、佛三氏之幸也。夫三氏之說，非不善也。然其於生死存亡之觀念，未免後於老、赫也[83]。吾故曰：非人類之不知，倡之者有人，若知而行推而廣者，吾未之見也[84]。

　　莽莽大地，其有以倡老、赫二氏退讓競爭主義者，吾雖為之執鞭，亦欣慕焉[85]。

【周恩來教師評語】

蘇子瞻云，凡作文必有一段不可磨滅之識，始能不朽。若拾人牙慧，不越宿而腐矣！是篇能將老赫二氏救世之心，曲曲傳出，識解迥不猶人。至於波瀾壯闊，議論崇閎，尤得昌黎先生《原道》篇之筆仗，洵傑構也。

【註釋】

1　本文是一篇作文。1916 年 3 月 20 日《校風》第 22 期、1916 年 10 月《敬業》學報第 5 期先後發表此文。《敬業》發表時，署名"飛飛"，個別辭句略有修改，題目改為《老聃赫胥黎二氏學説異同辯》。老子：相傳姓李名耳，又稱老聃，楚國苦縣（今河南鹿邑東）人。春秋末期哲學家，道家創始人。現存《老子》一書，相傳是他所作。赫胥黎：（Thomas Henry Huxley，1825—1895），英國博物學家，曾任英國皇家學會會長。主要著作有《人在自然界中的地位》、《進化論與倫理學》等。

2　無量數：不可估量之數，極言其多。成人：形成人類。

3　咸：都。

4　儒之孔：儒教中的孔子。西之耶：西方的耶穌。印之佛：印度的佛陀。

5　其或足以示人類之特點，以自異於萬物耶：他們（的學説）或許足以展示出人類有別於其他生物的獨特之處吧。

6　躊躇滿志：心滿意足，從容自得的樣子。躊躇，多作"躊躇"。《莊子·養生主》："提刀而立，為之四顧，為之躊躇滿志。"這句話的意思是，然而我還不能為他們的學説而感到滿足，指三教學説不足以為作者解除疑惑。

7　幾千萬兆：極言其多。

8　色空：佛教語。"色"與"空"的並稱。謂物質的形相及其虛幻的本性。

9　知其生而不知其死，孔氏之説也：《論語·先進》："季路問事鬼神。子曰：'未能事人，焉能事鬼？''敢問死？'曰：'未知生，焉知死？'"指儒家只探究生存的意義，不探究死亡。

10　不死不生，是謂永生，耶氏之説也：永生是天主教基督教概念。永生有兩重意義。首先，嚴格地説，永生就是永恆的生活的三位一體天主的生命。其次，廣義而言，它也是人類所分享的天主的生命，首先是藉恩寵在現世享有，然後，在末日的滿全，死後，在天上享有。

11　色即是空，空即是色，佛氏之説也：《摩訶般若波羅蜜多心經》："色即是空，空即是色。"人間之物質、身體本係空無實體，而由地、水、火、風四大和合而成，故稱空即是色；四大若離散，則復歸空無，故稱色即是空。

12　震盪乎五洲，炫耀乎億兆：指儒、耶、佛三教學説在五大洲億兆人中有着深遠的影響。炫耀，照耀，也指惑亂。

13　出於此者入於彼：從這個學説中出來，就會進入那個學説。

14　統世界之學理教説，固莫能外也：指人們相信的學説教義，超不出儒、耶、佛三教。

15　三子之言是耶：三子指儒、耶、佛三教創始人。意思是，這三教的學説正確麼？

16　眾人之思蔽耶：大眾的思想被（三教）蒙蔽了嗎？

17　何有：哪裏有，豈有。

18　幻相：虛幻的形象或現象。明王守仁《傳習錄》卷下："釋氏卻要盡絕事物，把心看做幻相。"

19 普天下人之公誤也：全天下人共有的錯誤認識。

20 以世界萬物之最靈而着斯公誤：憑藉世界上萬物中最有靈性的物種（指人類）卻表現出這樣普遍的錯誤。

21 毀滅之可，存亡之可：毀滅他（指人類）也可以，滅亡他也可以。存亡，指衰亡；滅亡。《國語·鄭語》："凡周存亡，不三稔矣！"

22 新陳代謝：伴隨着生命而發生的原生質構成及其分解的總過程，也比喻新事物生長發展，代替舊事物。

23 是蓋有道存焉：這大概是有"道"存在吧。道，指天道，即自然的法則、規律。

24 常道：一定的法則、規律；常有的現象。《荀子·天論》："天有常道矣，地有常數矣。"

25 陋而學，長而行，弱而健，老而壯：見識淺陋就學習，長大成人了就做事，身體虛弱就健身，衰老了就（通過保養鍛煉使自己）強壯。

26 生化之軌：生化，生息化育。軌，軌道，軌跡。

27 循天地之經：循，遵循。經，常理，常道。

28 不戕其生，不變其本：戕，戕害，傷害。生，生機。本，根本，本性。

29 則死無所見，焉用其生？知其入死，又安弗知其生："死無所見，焉用其生"的意思是，至死也沒有參透生命的常理，那麼活着有甚麼意義呢？"知其入死，又安弗知其生"的意思是，了解了死亡，又怎能不了解生存呢？

30 曠觀：縱觀。履斯道者：實踐這一常道的。

31 抑知而弗克行耶：還是了解（常道）但不能實行呢？

32 吾按諸吾華老氏之言，則有若相符合者：按：考查，研求。諸：之於。吾華：我中華。老氏之言：老子的學說。有若相符合：又好像（與常道）相吻合。

33 是老子明斯道也：這就表明老子是懂得這一常道的。

34 天演：謂自然進化。嚴復《譯〈天演論〉自序》："後二百年，有斯賓塞爾者，以天演自然言化，著書造論，貫天地人而一理之。"

35 子之道信善矣，惜老氏主退讓，赫氏主競爭，二氏之説，容有不克一致者：子之道信善矣，你的見解確實很好。主，主張。容有不克一致者：或許有不能統一的地方。

36 語云：常言説。語，一般指古語、諺語、俗語。冰炭不同爐：同"冰炭不同器"，比喻兩種對立的事物不能同處。《韓非子·顯學》："夫冰炭不同器而久，寒暑不兼時而至，雜反之學不兩立而治。"二氏殆無類此耶：二人大概不就是像這樣麼？

37 二氏固未為冰炭：意思是老子和赫胥黎的觀點並不是對立的。

38 且所持之道，實一而二，二而一也：況且（老子與赫胥黎）所持有的學說，實則就是一種道理的兩種表現，看似兩樣其實是統一的。

39 夫老氏處春秋之際，學戰之時：老子處在春秋學術爭鳴的時期。春秋：時代名。孔子《春秋》記事，從周平王四十九年，至周敬王三十九年（前 722—前 481）。計 242 年，史稱春秋時代。今多以周平王東遷至韓、趙、魏三家分晉（前 770—前 476）共 295 年，為春秋時代。

40 邪説：荒謬有害的言論。《孟子·滕文公下》："我亦欲正人心，息邪説，距詖行，放淫辭，以承三聖者。"詖言：偏頗邪僻的言論。耳鼓：耳膜，泛指耳朵。這句的意思是各種邪説深入人心。

41 淫思：沉思，深思。巧智，機巧智謀。佈散，散佈；傳佈。億兆，大眾。衷懷，心中。

42 禮義不能範：禮義不能規範（人們的行為）。

43 孝悌無能為：孝悌也沒有用處。孝悌，也作"孝弟"，孝順父母，敬愛兄長。朱熹集注："善事父母為孝，善事兄長為弟。"

44 中冓之穢，人君不恥：中冓，內室，指閨門以內。《詩·鄘風·牆有茨》："中冓之言，不可道也。"毛傳："中冓，內冓也。"鄭玄箋："內冓之言，謂宮中所冓成，頑與夫人淫昏之語。"《漢書·梁孝王劉武傳》："是故帝王之意，不窺人閨門之私，聽聞中冓之言。"後以"中冓"指閨門穢亂。這句話是指君主不以宮闈淫亂為羞恥。

45 新台：《詩·邶風》篇名。小序謂刺衛宣公。春秋時，衛宣公為兒子伋娶齊女，聞其貌美，欲自娶，遂於河邊築新台，將齊女截留。"國人惡之，而作是詩也。"新台故址在今河南濮陽境。後用以喻不正當的翁媳關係。敵國：地位或勢力相等的國家。《管子·霸言》："合小以攻大，敵國之形也。"

46 馴至：亦作"馴致"。逐漸達到；逐漸招致。君不君：君主的行為不符合君主的身份。後"臣不臣"等句意以此類推。語出《論語·顏淵》："齊景公問政於孔子。孔子對曰：'君君，臣臣，父父，子子。'公曰：'善哉！信如君不君，臣不臣，父不父，子不子，雖有粟，吾得而食諸？'"

47 五倫：舊指君臣、父子、兄弟、夫妻、朋友之間五種倫理關係。也稱五常。

48 長幼：年長與年幼，也指輩份的高低。《論語·微子》："長幼之節，不可廢也；君臣之義，如之何其廢之？"《禮記·大傳》："服術有六：一曰親親，二曰尊尊，三曰名，四曰出入，五曰長幼，六曰從服。"孫希旦集解："長，謂旁親屬尊者之服。幼，謂旁親屬卑者之服也。"

49 皇皇：惶恐貌；彷徨不安貌。皇，通"惶"。輒：總是，就。

50 朝榮夕死，亦所希冀：早晨得到榮耀晚上就死去，也是人們所希望（願意）的。

51 視生死輒無關：看待生死總覺得和自己無關。

52 於孔、耶、佛三氏之説，彼固已無研究餘地，又何冀其明生死循環之理哉：對於三教的學説，他們本來已經沒有研究的時間與心思了，又怎麼能希望他們去了解生死循環的常道呢？

53 尼山設教：指孔子以儒學教化世人。尼山，即尼丘，山名。在山東曲阜縣東南，連泗水、鄒縣界。相傳孔子父叔梁紇、母顏氏禱於此而生孔子。故孔子名丘，字仲尼。後也用尼山、尼丘指孔子。

54 大昌仁義之説，秉先王之法：大力提倡仁義的學説，秉承先王的法則。先王，指上古賢明君王。

55 學者風從，幾移全域：意思是，求學的人都追隨他的學説，（儒學）幾乎風行了全中國。風從，順從，回應。

56 老氏際此，其不入於孔者幾希：老子處在這個時代，沒有接受孔子學説的人太少了。

57 周都：周王室的都城。授禮：傳授禮。《史記・老子韓非列傳》："（老子）周守藏室之史也。孔子適周，將問禮於老子。"

58 常：教師改為"嘗"。佳，教師改為"嘉"。這句話指老子也讚美孔子的志向。

59 惜所言未盡脱於羈縶：指老子惋惜孔子的言論未能完全擺脱世俗的束縛。羈縶，亦作"羈縶"，馬絡頭和馬韁繩，引申為束縛、拘禁。

60 所行又多限於繩規：（孔子）的行為又過多地被世俗的規矩限制。繩規，猶法規。

61 乃不得不超乎世俗，為忿世嫉邪之言，冀世人醒悟：指老子不得已，只能超越世俗觀念，發表忿世嫉俗的言論，希望世人醒悟。

62 守真：保持真元；保持本性。返璞："返璞歸真"的省略，也作"返樸歸真"，謂還其原始的淳樸本真狀態。知死明生：洞悉生死的意義。

63 勿逾分作私利之爭：不要逾越本分，去為私利而爭奪。

64 寧退讓保故有之我：寧可退讓，也要保持原來的自我（指本性）。

65 棄禮滅義：語出《老子》："絕聖棄智，民利百倍；絕仁棄義，民復孝慈；絕巧棄利，盜賊無有。"

66 剖斗折衡：砸爛斗斛，折斷秤尺。語出《莊子・胠篋》："聖人不死，大盜不止。剖斗折衡，而民不爭。"

67 恃斗衡以犯禁：依仗度量衡（借指各種制度、手段）來作違反禁令的事。

68 老氏要不得不有此激耳：老子不能不有這樣過激的言論。

69 又何為道德五千言，發為文章：道德五千言，指《老子》，又名《道德經》，約五千字。發為文章：寫成文章。

70 歐洲大戰：指第一次世界大戰。民情趨勇：人民的情緒變得越來越勇敢。

71 急公好義：熱心公益，見義勇為。

72 咸入於蔑視生命之途：都走上了輕視生命之路。

73 教義偕行：教義，某一宗教所信奉的義理。偕行，共存；並行。這裏指歐洲人民的這種風氣與宗教教義並行。

74 使人民咸知人我以形軀而分，生死以強弱為判：使人民都知道別人和自我是靠形體來區分的，生存與死亡是靠強弱來分別的。

75 一人之智識無垠，非眾人比較所得而限：一個人的智力見識是無窮的，不像眾人通過比較所得出的見解是有限的。指眾人的互相牽制，制約了智慧見識的發展。

76 公共之權利甚微，乃求之於己，方克有濟：公眾所擁有的權利是十分微小的，只有求之於自己才能有所成功。這裏是指赫胥黎的理論極大張揚了人的個性與能力。

77 明公私之爭，捨人我之競，則人格以成，斯足以為萬物之靈也：弄清了公私之間的競爭，放下別人與自己的競爭，那麼人的品格就形成了，這足以使人類成為萬物的靈長。

78 赫氏之説，固如是矣：赫胥黎的學説，原本就是像這樣的。

79 然而不及百餘年達於今：但是（赫胥黎的學説）到現在還不到一百年。

80 歐人仍不免入於槍林彈雨之中：歐洲人仍然不能免於戰爭。

81 相率以生命為榮譽之代價者，何哉：一同把（付出）生命作為（取得）榮譽的代價，這是為甚麼呢？

82 是蓋赫氏之説，未得行於歐土，亦猶老氏之説，垂二千年之久而未得希微散佈於禹域中也：這大概就是因為赫胥黎的學説，未能在歐洲流行開來，就如同老子的學説，將近兩千年之久卻未能在中國傳播開來一樣。希微，《老子》："聽之不聞名曰希，搏之不得名曰微。"河上公注："無聲曰希，無形曰微。"後因以"希微"指空寂玄妙或虛無微茫。這裏指些微，很少。禹域：指中國。古代傳說禹平水土，劃分九州，指定名山、大川為各州疆界，後世因稱中國為禹域。

83 然其於生死存亡之觀念，未免後於老、赫也：但是他們對於生死存亡的觀念，未免比老子、赫胥黎要遜色。

84 非人類之不知，倡之者有人，若知而行推而廣者，吾未之見也：並不是人類不知道（生死存亡的常理），還是有人（如老子、赫胥黎）宣導這種學説的，但是像知道這種常理又能推行它的人，我沒有見到過。

85 吾雖為之執鞭，亦欣慕焉：《論語・述而》："富而可求也，雖執鞭之士，吾亦為之。"《史記・管晏列傳論》："假令晏子而在，余雖為之執鞭，所忻慕焉。"執鞭，持鞭駕車，多藉以表示卑賤的差役，表示景仰追隨。欣慕，欣羨；愛慕。

【點評】

本文係周恩來的一篇作文（據手稿），據考訂寫於1916年3月。文內所論乃屬周恩來關於《老子》的早期文章，對於認識道家哲學，學習中國傳統文化提供了不同視角。

中國近代歷史風雲變幻，西學東漸，中國傳統文化思想受到猛烈衝擊，民主的思想和科學的觀點逐漸傳播。周恩來在1913年進入天津南開中學讀書。這一年裏，宋教仁被暗殺，袁世凱借大筆外債準備鎮壓革命，並通令尊孔讀經。全國各地紛紛宣佈獨立，與袁世凱對抗，不久被鎮壓，袁世凱逼國會議員選他為正式大總統。1914年爆發第一次世界大戰，這年袁世凱解散國會，廢除臨時約法，並舉行祀孔祭天諸典禮。1915年袁世凱陰謀帝制，承認日本"二十一條"，策動"國體投票"，宣佈"中華帝國"成立。1916年反袁運動聲勢浩大，尤以雲南起義，蔡松坡進軍四川的震動為甚。由於倒袁運動興起，此年3月22日，袁世凱被迫宣佈取消帝制。從這幾年的大事記中，可以看到西學東漸的浪潮和中國傳統文化思想所受到的衝擊之巨大。周恩來的這篇文章就是寫於袁世凱取消帝制的前兩天，即1916年3月20日。

本文文思奔放，縱古論今，語言簡練，氣勢磅礴地表達了他對道家學說的讚許，他主張道家哲學觀是演化發展的、積極進步的。他認為"新陳代謝物質循環而演成日新月異之物質文明世界，"老子，赫胥黎深明此"生存常道"，而之所以老子主退讓，赫胥黎主競爭，是因為二氏所處的歷史條件不同，其實他們"所持之道實一而二，二而一也"。"統世界之學理教説"的"儒之禮，西之耶，印之佛"的"三氏之説，非不善也。然其於生死存亡之觀念，未免後於老，赫也"。

這篇文章的獨特價值在於"比較"。類似寫法還見於另一篇習作《項羽拿破崙優劣論》。比較，是一種思維。本文實乃採用了跨界比較的方式，通過中西文化比較，盛讚老子、赫胥黎二人在"生存常道"領域的理智與清醒，且二者殊途同歸。這體現了作者豐富的中外歷史知識和開闊的視野，顯示了少年周恩來對中外文化交融持積極態度。這在崇"儒"貶"道"的國學傳統下，在當時乃至現今中學生的作文中，都不能不算是鮮活靈動之佳作。

高度決定視野，角度誕生觀點。周恩來這篇文章的特質，源於他在南開中學求學期間廣博的閱讀。中國歷史方面，如司馬遷的《史記》、司馬光的《資治通鑒》、班固的《漢書》、陳壽的《三國志》等。還閱讀了清初進步思想家顧炎武，王夫之的著作及譚嗣同的《仁學》等。從中汲取愛國主義思想營養。另外還閱讀了許多十八、十九世紀歐洲資產階級啟蒙思想家的著作，如盧梭的《民約論》、孟德斯鳩的《法意》、亞當·斯密的《原富》、赫胥黎的《天演論》等。他還常看一些原版英文書籍，提高英文閱讀能力。周恩來讀這些書時，常把他們的觀點與中國古代思想家的觀點結合在一起進行比較研究，從中得出有益的啟示。這種融古今中外為一體的比較式的讀書研究方法，對於正確地理解理論，並結合中國的歷史與國情評價其適用性，是十分獨到和有價值的。

值得我們思考的是：中國道家思想受到青年周恩來的特別推崇，他把《老子》的宇宙演化思想，同唯物進化論思想作比較，盛讚兩者為同道，否定了道家思想是虛無消極的看法，並對演化發展的觀點表示，"吾雖為之執鞭，亦欣慕焉"。這樣的認識結果很重要，顯示了青年周恩來不抱偏見，用理性的態度對待中外文化思想。這樣的文化積澱和思維方式，成為他一生中性格的一個重要特點。

（白璐）

三十五

稟家長書[1]

（一九一六年三月二十一日）

伯父大人尊前[2]：

　　敬稟者，前日歸家，得讀手諭[3]，恭悉大人途中順適[4]，安抵瀋陽[5]，私心為慰[6]。西豐之行[7]，有清丈護勇相衛[8]，當不虞[9]寂寞。屈指[10]時日，姪稟至豐日[11]，諒大人已早卸征塵矣[12]。

　　奉省清丈[13]，不知較畿輔何若[14]？以姪揣之，恐亦有名無實，虛耗國家歲費[15]，冀應勵行新政之名耳[16]。至豐郡僻處奉北[17]，政塞俗陋[18]，居上者[19]以其無關全域，恐亦恝然[20]置之。大人雖欲力求真實，曲高寡和[21]，恐不易為力[22]。處茲濁世[23]，唯有直道求己[24]，枉道恕人[25]，方克見容於世[26]。姪為此言，非欲以不入耳之談[27]，弊大人之聰也[28]，實為家計[29]，不得不懇大人屈志相安[30]。然姪自問癡長十八年[31]，大人撫之育之，至今仍一無成就。家中贍養[32]，不能稍分大人勞肩[33]，反使大人隻身走千里外，為子姪謀衣食，姪罪重矣。瀕行時[34]，姪殊不欲至站恭送，以傷大人之心。但憶七載依依[35]，承歡膝下[36]，驟別慈顏[37]，忽覺親我者又少一人，是以縈懷莫去[38]，繞繞不能離異[39]，想大人知姪，於車中又不知作若何繫念也[40]。至伯事頗行忙碌，近日班內又組織同學會。會內學報，亦將付印。終朝執筆，殊無暇晷[41]。唯於課程身體，仍不敢自棄自毀[42]，以勞大人之憂。寄上《校風》[43]一份，請抽暇閱覽，便知詳情。每逢星期必歸省[44]伯母，必將七日中所集之事，盡行料理，

請釋慈念為禱[45]。肅此[46]，敬請

福安！

姪恩來謹稟

三月二十一日

【周恩來教師評語】

發攄至性，娓娓動人。作者篤於家庭，異日將社會主義、國家主義必能擴而充之矣！勉旃！

【註釋】

1　稟家長書：稟，指下對上報告。書，信。

2　伯父大人：周恩來三伯父周濟渠（1871—1936），曾任鐵嶺稅捐局主事，兼管鐵嶺的礦務。尊前：尊長之前。書信中的敬詞。

3　手諭：用為對尊長親筆信的敬稱。清王筠《某友肥説》："三月接到手諭。"

4　恭悉大人途中順適：恭，敬辭。悉，獲悉，得知。順適，順心適意；順遂舒適。明方孝孺《與鄭叔度書》之五："養浩兄在深溪必順適。"

5　安抵：安全抵達。

6　私心為慰：內心感到安慰。

7　西豐：西豐縣，今隸屬遼寧省鐵嶺市。

8　有清丈護勇相衛：清丈，謂詳細地測量土地。明張居正《答山東巡撫何來山書》："清丈事，實百年曠舉，宜及僕在位，務為一了百當，若但草草了事，可惜此時，徒為虛文耳。"護勇，清代負責地方治安、保衛工作的兵勇。清陳康祺《郎潛紀聞》卷十二："哨官有哨長一名，有護勇五名。"相衛，護衛（伯父）。

9　不虞：不憂慮，不擔心。

10　屈指：彎着指頭計算。

11　姪稟至豐日：我的信達到西豐的日子。

12　早卸征塵：指伯父早已安頓下來了。征塵，旅途上的風塵。

13　奉省清丈：奉，奉命。省，省察，檢查。

14　較畿輔何若：和京城附近相比如何。畿輔，京都附近的地方。畿，京畿；輔，三輔。

15 虛耗國家歲費：白白耗費國家每年的財政支出。

16 冀應勵行新政之名耳：希望應一個盡力實行新政的名聲罷了。

17 豐郡敝處奉北：按，周恩來的老師將"敝"改為"僻"。意思是西豐很偏僻，處於奉天北部。奉天，清代東北政區名。

18 政塞俗陋：政治閉塞，風俗鄙陋。

19 居上者：掌握政權的高層領導。

20 怱然：漠不關心貌，冷淡貌。

21 曲高寡和：意謂曲調高雅，能跟着唱的人就少。比喻知音難得。後亦以"曲高和寡"比喻言論或作品不通俗，能理解的人很少。戰國・楚・宋玉《對楚王問》："客有歌於郢中者，其始曰《下里巴人》，國中屬而和者數千人。其為《陽阿》、《薤露》，國中屬而和者數百人。其為《陽春白雪》，國中屬而和者不過數十人。引商刻羽，雜以流徵，國中屬而和者不過數人而已。是其曲彌高，其和彌寡。"

22 恐不易為力：恐怕不容易使得上力來做事。

23 處茲濁世：處在這樣一個混亂的世道。濁世，混亂的時世。《楚辭・九辯》："處濁世而顯榮兮，非余心之所樂。"

24 直道求己：直道，猶正道。指確當的道理、準則。《論語・衛靈公》："斯民也，三代之所以直道而行也。"《禮記・雜記》："其餘則直道而行之是也。"求己，向自身尋求；要求自己。《論語・衛靈公》："君子求諸己，小人求諸人。"《禮記・中庸》："在上位，不陵下；在下位，不援上；正己而不求於人則無怨。上不怨天，下不尤人。"

25 枉道恕人：枉道，違背正道。《管子・形勢解》："小人者，枉道而取容，適主意而偷說，備利而偷得，如此者，其得之雖速，禍患之至亦急。"漢應劭《風俗通・十反・安定太守汝南胡伊》："柳下惠不枉道以事人，故三黜而不去。"恕人，寬恕別人。

26 方克見容於世：才能被世俗所包容。

27 不入耳：猶言不中聽；不堪聽取。舊題漢・李陵《答蘇武書》："左右之人，見陵如此，以為不入耳之歡，來相勸勉。"

28 弊大人之聰也：弊，周恩來的老師改為"蔽"。蒙蔽您的聽覺。這裏指讓伯父聽到這樣的意見。

29 實為家計：實在是為了家庭打算。

30 屈志相安：屈志，謂曲意遷就，抑制意願。《楚辭・九章・思美人》："欲變節以從俗兮，媿易初而屈志。"相安，謂相處平安，沒有矛盾。《楚辭・離騷》："何方圜之能周兮，夫孰異道而相安。"

31　癡：自謙之辭。

32　贍養：供給生活所需。宋司馬光《乞不添屯軍馬奏章》：「今來關中饑饉，倉庫空虛，贍養舊兵，猶恐不足，更添新者，何以枝梧？」

33　不能稍分大人之勞肩：不能為伯父略微分擔一些擔子。

34　瀕行：臨行。

35　依依：依戀不捨的樣子。也形容思慕懷念的心情。

36　承歡：迎合人意，求取歡心。指侍奉父母。唐駱賓王《上廉使啟》：「冀鹿跡丘中，絕漢機於俗網；承歡膝下，馭潘輿於家園。」

37　驟別慈顏：驟別，忽然和……分別。慈顏，慈祥的面容，借指伯父。

38　是以縈懷莫去：是以，因此。縈懷，牽掛在心。莫去，不能離去。

39　繞繞不能離異：繞繞，糾纏貌。離異，分離、分隔。

40　想大人知姪，於車中又不知作若何繫念也：我推想伯父了解我的心情，在車中又不知會有怎樣的掛念了。

41　殊無暇晷：實在沒有空閒的時日。

42　自棄：自甘落後，不求上進。《孟子·離婁上》：「吾身不能居仁由義，謂之自棄也。」自毀：自我毀滅。

43　《校風》：南開中學刊物。《校風》的前身是《南開星期報》。1915 年 8 月 30 日《南開星期報》更名為《校風》。每週出一期，公開發行。《校風》開設：言論、紀事、課藝選錄等欄。該刊的編輯既有教師（大都兼職）也有學生，共有四五十人，學生編輯分佈在各個年級，每年選舉一次，編輯部有 6 名學生編輯代表，周恩來是 1916 年和 1917 年的編輯代表。《校風》自 1915 年 8 月 30 日創刊到 1920 年底，歷時五年，共出版近 145 期。

44　星期歸省：星期，星期日。歸省，回家看望。

45　請釋慈念：請伯父放心。

46　肅此：敬此。對尊長書札用語，表示恭敬地修此書信，放在頌祝語的前面。

【點評】

　　這是一封周恩來寫給三伯父周濟渠的書信，也是一篇作文。周恩來的三伯父周濟渠被稱為影響周恩來一生的人。周恩來 12 歲那年（1910 年春）隨同周濟渠離開淮安，先後在奉天省銀州（今遼寧鐵嶺市）銀岡書院和奉天（今瀋陽市）東關模範學校讀書。1913 年春，周恩來到天津，同年 8 月考入天津南開中學。1946 年 9 月周恩來在南京會見美國《紐約時報》記者李勃曼時曾提到 1910 年那次離家的事："十二歲那年,我離家去東北,這是我生活和思想轉變的關鍵,沒有這一次的離家,我的一生一定也是無所成就,和留在家裏的弟兄輩一樣,走向悲劇的下場。"所以説,正是周濟渠 1910 年將周恩來帶出淮安這一舉動,成為周恩來一生的轉捩點。這封信是周濟渠坐車赴鐵嶺西豐任職,周恩來給三伯父寫的家書。從這封信中我們可以看出周恩來與三伯父的深摯感情,以及作為子姪對長輩的關心與勸慰。文後有教師評語:"發攄至性,娓娓動人。作者篤於家庭,異日將社會主義、國家主義必能擴而充之矣!"便是説周恩來這種對家人的深情,日後必能擴充到對社會國家上來。而周恩來一生對國家對人民的深厚情感,也印證了老師當年的這一評語。此外,周恩來還在信中提到自己擔任《校風》雜誌的編輯,這也成為周恩來早期關於南開中學經歷的重要史料。

(程濱)

三十六

以自治自愛勵友啟[1]
（一九一六年春）

　　君屏居多暇[2]，差得肆意典墳[3]，吟詠性情，樂何如之[4]！比復稀數古人以相委約，僕誠纏綿能不拔癢[5]。唯思吾人處世，當準[6]國情。足下懷才不遇，良足喪時[7]。而風雨飄搖，安忍坐視陸沉[8]，不加援手[9]。武侯處廬中[10]，謝安清談[11]，出處皎然，誠為後法[11]。至今之隱退者，皆以與聞朝事為嫌，僕竊所不取。[12]古之君子，以道相與[13]，出處語默[14]，曾何間焉[15]。況大臣雖在畎畝[16]，猶懷廊廟[17]之慮。年來正人君子，摧折殆盡[18]，但有三老[19]長年支持，於泊天風浪[20]中，事寧有濟[21]。而當時使金甌無缺[22]之舟至此極[23]者，又各已安坐旁觀，日幸吾舟之覆[24]。此時幹濟傾危[25]，以成民主偉業，又未必止以文章意氣武力政治一流勝也[26]。須有大學問者，超絕流俗[27]，建根本之計劃，乃克有大經濟[28]。且滇池鼙鼓[29]，聲非不壯，破壞建設之交，是可懼也[30]。環顧域中，捨足下其誰？[31]蓋能於己所不及收檢者，力有葆含；能於人所不能措手者，妙有提挈。[32]閣下固已念年涵養有餘地矣！[33]若醇酒婦人[34]，又豈唯僕之所不料。即足下亦回鴻一顧，當年氣盛，亦應啞然。[35]矧甘旨美色，人之所好，誰不如我？[36]借鑒觀人[37]，髑髏禍水[38]，亡國殺身，以足下之明，寧不恫此[39]。毋亦蔽諸一時之聰乎！[40]桃源[41]何處？烏足棲棲[42]。有事還童，不亦皎潔當年，幸無忸前修也。[43]

【周恩來教師評語】

筆詞古雅，特稍嫌寬泛耳。

【註釋】

1 本文是一篇以"自治自愛"為主題勉勵友人的書信，所寄予的對象已難考證。

2 屏居多暇：閉門閒居多空暇時間。

3 差得肆意典墳：差得，還可以。典墳，亦作"典賁"。三墳五典的省稱。指各種古代文籍。《淮南子・齊俗訓》："衣足以覆形，從典墳，虛循撓便身體，適行步。"《隸續・漢郎中王政碑》："研典賁。"洪适釋："碑以'賁'為'墳'。"全句意思是，還可以盡情地閱讀各種古代典籍。

4 吟詠性情，樂何如之：順着自己的性情去吟詠，是何等的快樂啊。

5 比復稀數古人以相委約，僕誠纏綿能不拔癢：原稿中本句被圈劃掉，不能確定是作者所為還是老師所為。去掉本句文意似更為流暢。委約，疲病窮困。纏綿，固結不解，縈繞糾纏。本句意思大概是，再列數那些古人疲病窮困的例子，我也實在縈繞糾結怎能不想解脫。

6 準：依照，依據。

7 良足喪時：實在是喪失了時機。

8 陸沉：陸地無水而沉。比喻隱居。《莊子・則陽》："方且與世違而心不屑與之俱，是陸沉者也。"郭象注："人中隱者，譬無水而沉也。"

9 援手：伸手拉人一把以解救其困厄，泛指援助。語出《孟子・離婁上》："天下溺，援之以道，嫂溺，援之以手。"宋蘇軾《洗玉池銘》："援手之勞，終睨莫拾。"

10 武侯處廬中：諸葛亮（死後謚武侯）隱居草廬的故事。

11 謝安清談：謝安（320—385），字安石，東晉名士、宰相。少以清談知名，初次做官僅月餘便辭職，之後隱居在會稽郡山陰縣東山的別墅裏（今紹興）。期間常與王羲之、孫綽等遊山玩水並且承擔着教育謝家子弟的重任。四十餘歲謝氏家族朝中人物盡數逝去，乃東山再起，後官至宰相，成功挫敗桓溫篡位，並且作為東晉一方的總指揮面對前秦的侵略在淝水之戰以八萬兵力打敗了號稱百萬的前秦軍隊，致使前秦一蹶不振，為東晉贏得幾十年的安靜和平。

11 出處皎然，誠為後法：出處，出仕和隱退。漢蔡邕《薦皇甫規表》："修身力行，忠亮闡著，出處抱義，瞭然不污。"本句意為，他們（諸葛亮、謝安）的出仕和隱退都光明磊落，實在可以成為後世人效法的對象。

12 至今之隱退者，皆以與聞朝事為嫌，僕竊所不取：至於現在的隱退者，都拿聽聞參與國家事務為嫌，我認為這是不應該的。

13　以道相與：相與，相處，相交往。《易‧大過》：「象曰：老夫女妻，過以相與也。」《史記‧淮陰侯列傳》：「此二人相與，天下至驩也，然而卒相禽者，何也？患生於多欲而人心難測也。」以道相與：按照做人的原則相交往。

14　出處語默：出仕和隱退，發言和沉默。語本《易‧繫辭上》：「君子之道，或出或處，或默或語。」漢王符《潛夫論‧實貢》：「一能之士，各貢所長，出處語默，勿彊相兼。」

15　曾何間焉：何曾有過中斷呢。

16　畎畝：田地，田野。《國語‧周語下》：「天所崇之子孫，或在畎畝，由欲亂民也。」韋昭注：「下曰畎，高曰畝。畝，壟也。」宋王安石《上五事書》：「釋天下之農，歸於畎畝。」

17　廊廟：殿下屋和太廟。指朝廷。《國語‧越語下》：「謀之廊廟，失之中原，其可乎？王姑勿許也。」《後漢書‧申屠剛傳》：「廊廟之計，既不豫定，動軍發眾，又不深料。」李賢注：「廊，殿下屋也；廟，太廟也。國事必先謀於廊廟之所也。」

18　摧折殆盡：幾乎都毀壞，折斷。《漢書‧賈山傳》：「雷霆之所擊，無不摧折者；萬鈞之所壓，無不糜滅者。」南朝梁劉勰《文心雕龍‧檄移》：「使百尺之衝，摧折於咫書，萬雉之城，顛墜於一檄者也。」

19　三老：三位長輩（師長），具體姓名無從考證。

20　泊天風浪：濤天巨浪，比喻無比艱難的時世形勢。

21　事寧有濟：得到幫助，事情最終有所好轉。

22　金甌無缺：盛酒之金甌完好沒有缺口。比喻一國的領土和主權完整。明徐弘祖《徐霞客遊記‧黔遊日記一》：「但各州之地，俱半錯衛屯，半淪苗孽，似非當時金甌無缺矣。」蔡東藩、許廑父《民國通俗演義》第五五回：「以一省之治安，砥柱中流，故雖首都淪陷，海內騷然，卒得轉危為安，金甌無缺。」

23　至此極：到達這種極端危險的境地。

24　日幸吾舟之覆：每天在為我們的船傾覆而幸災樂禍。

25　幹濟傾危：幹濟，謂辦事幹練而有成效。《梁書‧劉坦傳》：「為南郡王國常侍……遷南中郎錄事參軍，所居以幹濟稱。」《儒林外史》第八回：「南昌知府員缺，此乃沿江重地，須才能幹濟之員。」

26　又未必止以文章意氣武力政治一流勝也：也不一定只是用文章、氣概、武力、政治活動這一類的東西取勝（取得成功）。

27　超絕流俗：遠遠超出一般人。

28　乃克有大經濟：克，能夠。經濟，經世濟民。《晉書‧殷浩傳》：「足下沉識淹長，思綜通練，起而明之，足以經濟。"唐袁郊《甘澤謠‧陶峴》："峴之文學，可以經濟；自謂疏脫，不謀宦遊。"乃克有大經濟，對國家社會才能有大的作用。

29　滇池鼙鼓：滇池，又稱昆明湖、昆明池、滇南澤。在雲南省昆明市西南。鼙鼓，小鼓和大鼓。古代軍隊所用，古代樂隊也用。唐白居易《長恨歌》："漁陽鼙鼓動地來，驚破《霓裳羽衣曲》。"此處比喻戰爭。滇池鼙鼓，似指當時從雲南興起的護國戰爭。

30　破壞建設之交，是可懼也：破壞了國家建設的大好形勢，這才是可怕的。

31　環顧域中，捨足下其誰：放眼天下，除了您還有誰能做到呢？

32　蓋能於己所不及收檢者，力有葆含；能於人所不能措手者，妙有提挈：收檢，收拾，整理。葆含，保留，含有。措手，處理，應付。提挈，照顧，提拔。大概在那些自己所不能收拾的事情上還保留些力量，在那些無法處理的情況上好在有人說明。

33　閣下固已念年涵養有餘地矣：閣下您確實已經年齡修養都很高了。

34　醇酒婦人：《史記‧魏公子列傳》："公子自知再以毀廢，乃謝病不朝，與賓客為長夜飲，飲醇酒，多近婦女。日夜為樂飲者四歲，竟病酒而卒。"後以"醇酒婦人"指酒色。清全祖望《陽曲傅先生事略》："今世之醇酒婦人以求必死者，有幾人哉！"魯迅《書信集‧致許壽裳》："薈集古逸書數種，此非求學，以代醇酒婦人者也。"

35　即足下亦回鴻一顧，當年氣盛，亦應啞然：即使您自己回顧一下年輕氣盛時的光景，也會驚異地說不出話來。

36　矧甘旨美色，人之所好，誰不如我：況且美味美色是人所共好的，誰不像我一樣啊。矧，況且。甘旨，美味。

37　借鑒觀人：借用銅鏡來看人（人生）。

38　髑髏禍水：髑髏，頭骨。多指死人的頭骨。《莊子‧至樂》："莊子之楚，見空髑髏。"宋蘇軾《髑髏讚》："黃沙枯髑髏，本是桃李面。"禍水，比喻引起禍患的人或勢力，舊指得寵而使國家喪亂的女人。

39　以足下之明，寧不恫此：憑您的明智，難道不害怕這種情況嗎？寧，豈，難道。恫，恐懼。

40　毋亦蔽諸一時之聰乎：不要也蒙蔽於一時的小聰明吧。

41　桃源："桃花源"的省稱。南朝陳徐陵《山齋詩》："桃源驚往客，鶴嶠斷來賓。"唐杜甫《北征》詩："緬思桃源內，益歎身世拙。"明張煌言《贈盧牧舟大司馬》詩："并州正有來蘇望，忍說桃源可避秦。"

42　烏足棲棲：正是烏鴉落足之處。

43　有事還童，不亦皎潔當年，幸無忸前修也：語出南朝陶弘景《答虞中書書》(《藝文類聚》三十七）。還童，恢復青春。《魏書‧蕭衍傳》："反肉還童，不待羊陸。"皎潔，清白，光明磊落。忸，慚愧。前修，道德美好的先賢。全句的意思是，猶如能返老還童恢復青春，不仍是當年清白磊落的樣子嗎？希望不要愧對那些道德美好的先賢。

【點評】

本文是周恩來在南開中學讀書期間寫給友人的一封書信，據考證寫於 1916 年春天。這封書信的主題，是勸勉友人不要遇挫不起，一味沉酒安處，而喪失了幹濟傾危、拯救天下的鬥志，應當奮起有為，才能不愧對人生和前賢。

這封書信最大的特點就是"筆詞古雅"（周恩來老師當時寫在文後的批語），文中大量使用駢偶句式，顯示出作者深厚的古文功底；而且大量運用典故成語，更顯示了年僅 18 歲的作者豐富的學識和廣博的涉獵。文中引用的諸葛亮（武侯）高臥隆中、謝安清談、陶淵明桃源、陶弘景歸隱等事例，既能較好地體現出作者的主張，又能以古代名人為例增強說服力。

書信的開篇，作者先表達了對友人閒居多暇能夠讀書吟詠的羨慕之情，為下文的勸說創造良好的對話氣氛。接着筆鋒一轉，談到當今處世應該根據天下形勢選擇自己的生活方式。即使曾經懷才不遇，也不應該過度沉酒。然後舉出諸葛亮、謝安等人的事例，說明應該依時而動，有所作為。作者反對那些為了隱退而隔絕紅塵、不聞世事的作法，認為應當遵循自己的人生原則（"以道相與"），順意而為，而不必過於拘泥於隱居的形式。放眼天下，風浪漩渦密佈，戰亂頻仍，亂象叢生，正是需要一流人才大展身手拯救天下的時刻，怎能"坐視陸沉，不加援手"？作者這樣勸說友人，正因為作者知道友人所受的教育和思想主張不能容忍這樣的做法。然後作者再次表達了對友人能力、精神的讚揚，以激勵友人奮起勃發。書信的結尾引用了桃源的典故和陶弘景《答虞中書書》中的名句，婉轉地告訴友人，如果不奮發有為將有愧於人生的理想和前賢的感召。

　　統而觀之，本封書信先後運用了鼓勵、勸說、引導、比較、告誡等剛柔相濟的辦法對友人進行勸勉，這樣做想來必能達到勸勉友人的效果。本文的一點遺憾，是運用的事實分析和事例論證仍嫌不足，以致文章的內容稍顯空洞乏味，影響了說服力。所以，當初他的老師在文後也批了"特稍嫌寬泛耳"一語。

（孫超）

三十七

讀孟祿[1]教育宗旨注重人格感言

（一九一六年八月下旬）

　　有大物焉，其生也不知其幾千萬年；其覆也不知其幾千萬里。渴，吸太空之氣；飢，飽四海之光。皎若明星，清超流水。張而廣之[2]，天地莫能容。範而羈之[3]，方寸斯足息。現則世界承平，家國齊治，社會安良，億兆之幸也；隱則奸宄[4]立朝，盜賊蜂起，強凌弱，眾暴寡，兵革不息，水旱頻仍，群黎之禍也。昔者，孔[5]、耶[6]、釋[7]、回[8]以□□□□□[9]、湯[10]、文、武[11]以之鳴於政綱；伊尹[12]、周公[13]、孟軻[14]、諸葛亮[15]、王□□[16]、之徒以之鳴其聖；許由[17]、伯夷[18]、屈原[19]、張良[20]、賈誼[21]、岳飛[22]、文天祥[23]、史可法[24]、瑪志尼[25]、路德[26]、蘇格拉底[27]之徒以之鳴其賢。是物也，遂發其本性，普照萬物。揮其戈矛，驅逐異類。戰無不勝，攻無不取，浸浸乎有席捲天下之勢。乃信義未堅，中道被阻，魔類工讒[28]，致招反噬。光輝之耀僅百年，大物之退已三舍[29]。鄉愚蠻貃，拜火[30]禮物之教興。桀、紂[31]、幽、厲[32]、秦皇、漢武[33]、拿破崙[34]、路易[35]之君出，於是宗教厄[36]矣！政綱隳[37]矣！不僅此也，王莽稱新[38]，曹丕篡漢[39]，司馬法之立晉[40]，趙宋詐以陳橋[41]，元清入關[42]，歐洲中世[43]，各以其奸詐之術，欺壓之力，蒙蔽上下，黑暗黎元[44]，賢聖之人，於焉俱斬。而大物遂亦不得不忍辱含垢，屈伏自處於霾雲瘴霧之下，以待時而動，乘機以興。又百餘年，義聲起於新陸，一線光明，大物乃憑之以起。蟠[45]為根據，昂首東鳴，冀故鄉之士，聞言興起[46]，其聲哀，其志壯。西歐之民，感而應之，大物遂得張其勢於東，全力以驅異類。未及百年，神州古族，躍躍欲試。大物以其可力取也，不計利害，驟與搏戰。孰意攻之者急，失之者速，求其極也。惡魔之勢益盛，大物且因之頓喪西歐之憑藉，退處一隅，以衛其朝不保夕之軀。茫茫舊陸，遂為異類旁礴[47]之所。復日張其爪牙，鼓其餘勇，激挑奄奄之大物，冀與背城一戰，據其穴而戕其命，浩浩乎統一四海，遂其所為，危乎殆哉！蓋今日之大物也，噫！是何物歟？其生死存亡，關係於人類若是其重哉！曰：是常道也。張而廣之，孔之忠恕，耶之性靈，釋之博愛，回之十誡，宗教之所謂上帝也，聖賢之所謂仁、義、禮、信、忠、孝、廉、恥也。範而羈之，亦即一生之人格耳。

夫“人格”之字義，固漫無限制，推以演繹，浩蕩無垠。何者合於人格，謂廣義所言數事即足以限之耶？則數事代名詞耳，何足以言全部。是求之於文義事功[48]，輒[49]未能得精確之解釋。然則吾以歸納法[50]論之，人之一生，集無量數生物分子所成者，肉軀也。集少數之肉軀以成家，多數之肉軀以成國，億兆之肉軀以成世界。是肉軀也，其成於最微分子；其極也，足以結合最大之世界。俾[51]大地之上，不虞[52]岑寂[53]；眾生之中，賴以扶持。然設[54]以是屬[55]諸肉軀，吾行見其尸居餘氣，蠢如鹿豕[56]，禽獸之不若，又安冀超然作萬物之主人翁哉！曰：是豈別有屬耶？蓋即宗教家之所謂靈也、仁也、德也，統言之人格耳。

夫人格之造就，端賴良心。人同此心，心同此理。大道所在，正理趨之。處世接物，苟[57]不背乎正理，則良心斯安。良心安，人格立矣。大禹下車泣盜[58]，商湯禱雨桑林[59]，是聖人以背於正道而引以為良心未安。放太甲於南巢[60]，避成王於東都[61]，是伊尹、周公未安於良心也[62]。王道衰微，孟子求用於齊[63]。漢室凌夷，諸葛竭智攻曹。王守仁履虎尾而不驚，華盛頓伸大義於天壤。帝王之尊，許由、伯夷鄙之如敝屣。莫安之策，屈原、賈誼卒以自沉[64]。博浪之椎[65]，張良義擊。黃龍痛飲[66]，武穆忠懷。文天祥、史可法國仇未復，飲恨九泉[67]。瑪志尼壯志已伸，光榮祖國[68]。路德以宗教之黑暗，創為新派[69]。蘇格拉底以愚民混沌，揭以哲學。其他若漢之朋黨[70]，明之東林[71]，美之花旗之戰[72]，要皆能發以正義，補其良心之所未安。嗚呼！茫茫天壤，莽莽大地，所以得立於今，而日向全盛之境、大同之世，以共趨者，豈非恃此一線之人格耶？

然而是固往矣，今也何若？歐戰方酣，群相為敵，喪數千萬之人民，耗無量數之資財，以供彼一二帝王之快慾。炮彈一聲，人煙寂矣！魚雷一炸，巨艦渺矣！以世界之中心，頓化為槍林彈雨之場。工停其業，商止其賈，士投其筆，農罷其耕，犧牲其寶貴之生命，從事於殺人殺敵。按之於宗教之義、聖賢□□[73]，大道之在，果足合耶？問其良心，足以安耶？是人格之已失，尚何大道之可求。乃各國獨夫[74]，猶日祈其上帝，誠[75]不知上帝果將誰助。嗚呼！大道淪喪，人失其格，固無品斷之價值也。然此猶異族之背於良心也，而同類則如何？辛亥光復，於今四載，擁共和之名，行專制之實，民主可以無議院，政治可以攬獨權[76]。然專制設果有俾於國是也，則為之何傷？無如良心已失，人格已喪，靦顏為無廉恥之行[77]，使舉國盡由妾婦之道。民意可造也，私法可定也。反手為雲，覆手為雨，暮四朝三，愚鼓黔首[78]。忽而帝制，忽而共和，騰笑萬邦，貽[79]羞後世。使居世界四之一之人民，蒙不潔之恥。佔四萬萬方里之禹域[80]，載無恥之民，吾為國恥，吾為民愧，吾益為世界之人種辱，世界之土地冤也！

然追原禍始，罪安歸乎？是不得不歸過於教育也。蓋無識者非創議之士，亦非執事之人。歐戰由來，神州陸沉，其遠因咸出於學者之號招（召）；全洲全國風從，亦一般學者之作用[81]，非統數萬萬人咸趨於無良心、失人格之境也。是以歐土學者眾多，響應之勢亦巨；神州黑暗，遂演成二三子[82]欺瞞之結果。但究其極，均學者之過。學者之過，教育之失旨也。然[83]是歐洲人士，訓養教練百數十年，仍未入乎正軌也。吾國興學數十年，固茫茫如五里霧也。然而追溯百數十年，人格之尊又如彼，豈前之教育宗旨異於今耶？抑[84]治國別有其道耶？痛定思痛[85]，是不得不痛恨於清末之委頹不振，俾斯麥[86]之鐵血主義[87]，有以致今日之歐洲大戰，神州陸沉也。

此吾之所以讀孟祿總統教育宗旨注重人格之論，而服其先見之明，知美人[88]之方興未艾[89]，興無窮之感也！

【周恩來教師評語】

哲學之方法有二：曰歸納法，曰演繹法。歸納法者，由果而求因；演繹法者，由因而及果。斯二者，以歸納法為適於探究，演繹法則適於證論者也。此文前用演繹法，後用歸納法。抉宇宙之原理，探太極之精微，本本也，存存也，是謂真理。

【註釋】

1 孟祿：（Paul Monroe，1869—1947），美國教育家。生於印第安那州，1897 年獲芝加哥大學哲學博士學位。1902 年任哥倫比亞大學師範學院教授；1915—1923 年任該院院長。他曾先後訪問中國、菲律賓、日本、土耳其，以及南美許多國家。1921 年 9 月他首次來華，與中國教育界人士共同組織了中華教育改進社，被推選為名譽董事。在由美籍和華籍人員組成的中華教育文化基金董事會，他曾連續 3 年擔任副董事長。回美國後，在紐約創設中國研究所，任首任所長。孟祿主要從事教育史研究，教育著作有《教育史課本》(1905)、《中等教育原理》(1914)、《在演變進程中的中國》(1920)，並主編《教育百科全書》(1910—1913)。在《教育史課本》中，專以一章論述中國古代教育，闡述古代中國教育思想、制度和方法，是教育"心理起源論"的代表人物。

2 張而廣之：張、廣，用作動詞，擴張推廣。

3　範而羈之：範、羈，規範束縛。

4　宄：壞人。

5　孔：孔子，這裏代指儒教。

6　耶：耶穌，這裏指西方基督教。

7　釋：釋迦摩尼，這裏指佛教。

8　回：現稱"伊斯蘭教"。伊斯蘭教是世界性的宗教之一，與佛教、基督教並稱為世界三大宗教。

9　此處因紙頁殘損脫漏 6 字。

10　湯：商湯。後視為賢明君主的典範。商湯，子姓，名履，河南商丘人，廟號太祖，為商太祖。他是商朝的創建者，前 1617 年至前 1588 年在位，在位 30 年，其中17 年為夏朝商國諸侯，13 年為商朝國王。今人多稱商湯，又稱武湯、天乙、成湯、成唐。

11　文、武：周文王與周武王。《詩・大雅・江漢》："文武受命，召公維翰。"鄭玄箋："昔文王、武王受命，召康公為之楨幹之臣以正天下。"《禮記・中庸》："仲尼祖述堯舜，憲章文武。"宋蘇軾《石鼓》詩："勳勞至大不矜伐，文武未遠猶忠厚。"

12　伊尹：商湯大臣，名伊，一名摯。尹是官名。相傳生於伊水，故名。是湯妻陪嫁的奴隸，後助湯伐夏桀，被尊為阿衡。相傳商湯曾三聘伊尹輔佐治國。

13　周公：西周初期政治家。姓姬名旦，也稱叔旦。文王子，武王弟，成王叔。輔武王滅商。武王崩，成王幼，周公攝政。東平武庚、管叔、蔡叔之叛。繼而釐定典章、制度，復營洛邑為東都，作為統治中原的中心，天下臻於大治。後多作聖賢的典範。參閱《史記・魯周公世家》。

14　孟軻：孟子（前 372—前 289），名軻，字子輿（待考，一説字子車或子居）（按：車，古文；輿，今字。車又音居，是故，子輿、子車、子居，皆孟子之字也）。戰國時期鄒國人，魯國慶父後裔。中國古代著名思想家、教育家，戰國時期儒家代表人物。著有《孟子》一書。孟子繼承並發揚了孔子的思想，成為僅次於孔子的一代儒家宗師，有"亞聖"之稱，與孔子合稱為"孔孟"。

15　諸葛亮：字孔明，號臥龍（也作伏龍），琅琊陽都（今山東臨沂市沂南縣）人，三國時期蜀漢丞相，傑出的政治家、軍事家、發明家、文學家。在世時被封為武鄉侯，死後追謚忠武侯。後來東晉政權推崇諸葛亮軍事才能，特追封他為武興王。諸葛亮為匡扶蜀漢政權，嘔心瀝血、鞠躬盡瘁、死而後已。其代表作有《前出師表》、《後出師表》、《誡子書》等；曾發明木牛流馬等，並改造連弩，可一弩十矢俱發。諸葛亮在後世受到極大的尊崇，成為後世忠臣楷模，智慧化身。成都有武侯祠，杜甫作千古名篇《蜀相》讚揚諸葛亮。

16 此處因紙頁殘損脫漏字。

17 許由：亦作 "許繇"。傳說中的隱士。相傳堯讓以天下，不受，遁居於潁水之陽箕山之下。堯又召為九州長，由不願聞，洗耳於潁水之濱。事見《莊子‧逍遙遊》、《史記‧伯夷列傳》。

18 伯夷：商朝末年孤竹國君的長子。他和弟弟叔齊，在周武王滅商以後，不願吃周朝的糧食，一同餓死在首陽山（現山西省永濟縣南）。後人稱頌他們能忠於故國。《孟子‧公孫丑上》："非其君不事，非其民不使；治則進，亂則退，伯夷也。"

19 屈原：（約前 340—前 278）中國古代偉大的愛國詩人。名平，字原。楚國貴族出身，任左徒，兼管內政外交大事。他主張對內舉賢能，修明法度，對外力主聯齊抗秦。後因遭貴族排擠，被流放沅、湘流域。公元前 278 年 5 月秦軍一舉攻破楚都郢。他懷着亡國的悲痛，在長沙附近汨羅江懷石自殺。他一生寫下許多感人肺腑、彪炳千秋的不朽詩篇，成為我國古代浪漫主義詩歌的奠基者。他在詩中抒發了熾熱的愛國主義思想感情，表達了對昏庸王室和腐敗貴族的無比憎恨和對楚國人民苦難的深切同情，體現了他對美好理想的不懈追求和為此九死不悔的獻身精神。他的作品語言優美，想像豐富，感情奔放。因而，千古傳誦，對後世影響極大，他的詩篇是中華民族對人類文化寶庫的偉大貢獻。

20 張良：（?—前 186），字子房。西漢初年的重要謀臣。先世為戰國時韓國人。祖父開地、父平，曾五世相韓。秦滅韓時，張良尚有家僮三百人。他傾全部家財尋求刺客，企圖暗殺秦始皇，為韓報仇。後乘始皇東遊之機，與客在博浪沙（今河南原陽東南）狙擊未遂。於是變更姓名，亡匿下邳（今江蘇睢寧西北），曾從圯上老人學《太公兵法》。

21 賈誼：（前 200—前 168），洛陽（今河南省洛陽市東）人。西漢初年著名的政論家、文學家。18 歲即有才名，年輕時由河南郡守吳公推薦，20 餘歲被文帝召為博士。不到一年被破格提為太中大夫。但是在 23 歲時，因遭群臣忌恨，被貶為長沙王的太傅。後被召回長安，為梁懷王太傅。梁懷王墜馬而死後，賈誼深自歉疚，直至 33 歲憂傷而死。其著作主要有散文和辭賦兩類。散文如《過秦論》、《論積貯疏》、《陳政事疏》等都很有名；辭賦以《弔屈原賦》、《鵬鳥賦》最著名。

22 岳飛：（1103—1142）字鵬舉。北宋相州湯陰縣永和鄉孝悌里（今河南省安陽市湯陰縣菜園鎮程崗村）人。中國歷史上著名的戰略家、軍事家、民族英雄、抗金名將。岳飛在軍事方面的才能使其被譽為宋、遼、金、西夏時期最為傑出的軍事統帥、連結河朔之謀的締造者。同時又是兩宋以來最年輕的建節封侯者。南宋中興四將（岳飛、韓世忠、張俊、劉光世）之首。

23 文天祥：（1236—1283），吉州廬陵（今江西吉安）人，南宋民族英雄，初名雲孫，字履善，又字宋瑞，自號文山、浮休道人。選中貢士後，換以天祥為名，改字履善。寶佑四年（1256）中狀元後再改字宋瑞，後因住過文山，而號文山，又有號浮休道人。文天祥以忠烈名傳後世，受俘期間，元世祖以高官厚祿勸降，他寧死不屈，從容赴義，生平事跡被後世稱許，與陸秀夫、張世傑被稱為"宋末三傑"。

24 史可法：（1601—1645），明末政治家，軍事統帥。字憲之，又字道鄰，祥符（今河南開封人），祖籍順天府大興縣（今北京），東漢溧陽侯史崇第四十九世裔孫，其師為左光斗。明南京兵部尚書東閣大學士，因抗清被俘，不屈而死，是中國著名的民族英雄。南明朝廷諡之忠靖。清高宗追諡忠正。其後人收其著作，編為《史忠正公集》。

25 瑪志尼：（1805—1872），意大利愛國者。羅馬帝國滅亡後，意大利受奧地利帝國奴役，瑪志尼創立"少年意大利黨"，創辦《少年意大利報》，發動和組織資產階級革命，完成意大利的獨立統一事業。他與同時的加里波的、喀富爾並稱"意大利三傑"。

26 路德：（1483—1546），馬丁・路德堅決抗議羅馬天主教會，發動了一場宗教改革運動。1483 年他出生在德國的艾森斯萊市。他受過良好的高等教育，曾一度攻讀法律（顯然是根據他父親的建議），但是中途輟學，成為一名奧古斯丁教團教士。1512 年他從維騰貝格大學獲得神學博士學位，此後不久就在該校任教。

27 蘇格拉底：（前 469—前 399），著名的古希臘思想家、哲學家，教育家。他和他的學生柏拉圖，以及柏拉圖的學生亞里士多德被並稱為"古希臘三賢"，更被後人廣泛認為是西方哲學的奠基者。身為雅典的公民，據記載蘇格拉底最後被雅典法庭以引進新的神和腐蝕雅典青年思想之罪名判處死刑。儘管他曾獲得逃亡雅典的機會，但蘇格拉底仍選擇飲下毒堇汁而死，因為他認為逃亡只會進一步破壞雅典法律的權威，同時也是因為擔心他逃亡後雅典將再沒有好的導師可以教育人們了。

28 魔類工讒：善進讒言。

29 三舍：古代一舍三十里，三舍為九十里。《國語・晉語四》："若以君之靈，得復晉國，晉、楚治兵，會於中原，其避君三舍。"這裏泛指距離遠。

30 拜火：拜火教又稱"瑣羅亞斯德教"，是流行於古代波斯（今伊朗）及中亞等地的宗教，中國史稱祆教、火祆教、拜火教。瑣羅亞斯德教是基督教誕生之前中東最有影響的宗教，是古代波斯帝國的國教。瑣羅亞斯德教的教義一般認為是神學上的一神論和哲學上的二元論。瑣羅亞斯德教的經典主要是《阿維斯陀》，意為知識、諭令，或經典，通稱《波斯古經》。

31 桀、紂：夏桀和商紂，末代殘暴君主的並稱。桀是夏朝末代君王，名履癸，暴虐荒淫。湯起兵伐桀，敗之於鳴條，流死於南巢。參閱《史記・夏本紀》。

32　幽、厲：周代昏亂之君幽王與厲王的並稱。《禮記・禮運》："我觀周道，幽厲傷之。"南朝宋謝靈運《擬魏太子鄴中集詩・王粲》："幽厲昔崩亂，桓靈今板蕩。"南朝陳徐陵《與楊僕射書》："凡自洪荒，終乎幽厲，如吾今日，寧有其人。"

33　秦皇、漢武：秦皇，指秦始皇。漢班彪《王命論》："秦皇東遊以厭其氣，呂后望雲而知所處。"南朝梁劉勰《文心雕龍・明詩》："秦皇滅典，亦造仙詩。"漢武，漢武帝劉徹的省稱。晉郭璞《遊仙》詩之六："燕昭無靈氣，漢武非仙才。"唐李白《大獵賦》："雖秦皇與漢武今，復何足以爭雄？"

34　拿破崙：（1769—1821），原名拿破崙・布宛納，法國近代資產階級軍事家、政治家、數學家。法蘭西共和國第一執政（1799—1804），法蘭西第一帝國皇帝（1804—1814），意大利國王，萊茵聯邦保護人，瑞士聯邦仲裁者。曾經征服和佔領過西歐和中歐的廣大領土。

35　路易：法國國王，路易十五之孫，法蘭西波旁王朝復辟前最後一任國王，也是法國歷史中唯一一個被處死的國王。路易十六製鎖的技術很高，且極富創意。法國大革命爆發後，路易十六被迫組織立憲派擁立資產階級掌握實權。1792 年法國被迫對奧地利宣戰。1792 年法國民眾組成的義勇軍打退了他國的侵略者，成立法蘭西第一共和國。人民迫切要求處死路易十六。1793 年路易十六被國民公會以叛國罪判處死刑。在巴黎革命廣場被推上斷頭台。

36　厄：阻塞。

37　隳：毀壞；崩毀。

38　王莽稱新：西漢王朝最後一任皇帝劉嬰即位時只有兩歲，當他 5 歲時，西漢實際掌權者王莽精心佈置，發動了宮廷政變，命其下詔禪位，西漢王朝滅亡。王莽把他的政權命名為"新"，並以儒家思想為指導，開始一系列的政治、經濟、社會變革，史稱王莽新政。

39　曹丕篡漢：東漢末年，皇權衰落，群雄割據。曹操挾持漢獻帝，歷經數十年征戰，統一北方，封為魏王，掌握漢末實權。曹操死後，曹丕繼位魏王和丞相，掌管大權，逼迫漢獻帝禪讓帝位。公元 220 年，曹丕受禪稱帝，為魏文帝，國號魏，定都洛陽。

40　司馬法之立晉：司馬法，是中國古代重要兵書之一。大約成書於戰國初期。據《史記・司馬穰苴列傳》記載："齊威王（前 356—前 320）使大夫追論古者司馬兵法而附穰苴於其中，因號曰《司馬穰苴兵法》。"此處代指三國時期司馬家族。晉武帝司馬炎於 265 年取代曹魏政權而立國，國號晉，定都洛陽，史稱"西晉"。

41　趙宋詐以陳橋：後周顯德七年（960），北漢勾結契丹入寇，趙匡胤出於師禦之，兵次陳橋驛，在趙普、石守信等策劃下，發動兵變，擁立趙匡胤即帝位，改國號為宋。史稱"陳橋兵變"。《龍圖耳錄》第一回："且說宋朝，自陳橋兵變，眾將立太祖為君，江山一統，累代相傳，至太宗、真宗，四海升平，八方安靜，真是君正臣良，國泰民安。"參閱《宋史・太祖紀一》。

42 元清入關：1206 年成吉思汗建立的蒙古汗國，本活動於山海關之外，後進入中原，1271 年忽必烈改國號為"大元"，成為中國歷史上第一個由少數民族（蒙古族）建立並統治全國的封建王朝。元朝自忽必烈定國號起，歷十一帝 98 年。清軍入關是指 1644 年（明崇禎十七年，清順治元年，大順永昌元年）中國東北以滿族為主體的少數民族政權清朝的軍隊在明朝將領吳三桂的帶引下大舉進入山海關內，攻佔京師（今中國北京），開始成為統治全中國的中央政府的歷史事件。它標誌著少數民族王朝在中國統治的開始。尤其清軍入關使中國社會發生一連串重大變化，是中國歷史的重要轉捩點之一。

43 歐洲中世：中世紀（Middle Ages）（約 476—1453），是歐洲歷史上的一個時代（主要是西歐），自西羅馬帝國滅亡（476）後起，在世界範圍內，封建制度佔統治地位的時期，直到文藝復興（1453）之後，資本主義抬頭的時期為止。"中世紀"一詞是 15 世紀後期的人文主義者開始使用的。這個時期的歐洲沒有一個強有力的政權來統治。封建割據帶來頻繁的戰爭，造成科技和生產力發展停滯，人民生活在毫無希望的痛苦中，所以中世紀或者中世紀早期在歐美普遍被稱作"黑暗時代"，傳統上認為這是歐洲文明史上發展比較緩慢的時期。

44 黎元：亦作"黎玄"。即黎民。漢董仲舒《春秋繁露・五行變救》："救之者，省宮室，去雕文，舉孝弟，恤黎元。"晉潘岳《關中詩》："哀此黎元，無罪無辜。"南朝梁江淹《為建平王慶江皇后正位章》："黎玄湊仁，雲祇宅慶。"清顧炎武《日知錄・部刺史》："煩擾刻暴，剝削黎元，為百姓所疾。"

45 蟠：屈曲，環繞，盤伏。

46 聞言興起：原文"聞言"二字因紙殘損看不甚清。

47 旁礡：應為"磅礡"。

48 文義事功：文義，文章的義理；文章的內容。《漢書・揚雄傳下》："今揚子之書文義至深，而論不詭於聖人。"《晉書・后妃傳上・左貴嬪》："言及文義，辭對清華，左右侍聽，莫不稱美。"事功，功績；功業；功勞。《三國志・魏志・牽招傳》："漁陽傅容在雁門有名績，繼招後，在遼東又有事功。"

49 輒：總是，就。

50 歸納法：歸納論證是一種由個別到一般的論證方法。它通過許多個別的事例或分論點，然後歸納出它們所共有的特性，從而得出一個一般性的結論。

51 俾：使。

52 虞：憂慮。

53 岑寂：寂寞，孤獨冷清。唐唐彥謙《樊登見寄》詩之三：“良夜最岑寂，旅況何蕭條。”明劉基《別紹興諸公》詩：“況有良友朋，時來慰岑寂。”

54 設：假設。

55 屬：類別。

56 鹿豕：比喻愚蠢的人。清紀昀《閱微草堂筆記·如是我聞三》：“惜此女蠢若鹿豕，唯知飽食酣眠。”巴金《雪》第六章：“他們一個個都是蠢如鹿豕的東西。”

57 苟：如果。

58 大禹下車泣盜：漢劉向《説苑·君道》：“禹出見罪人，下車問而泣之。左右曰：‘夫罪人不順道，故使然焉，君王何為痛之至於此也？’禹曰：‘堯舜之人皆以堯舜之心為心，今寡人為君也，百姓各自以其心為心，是以痛之也。’”後以喻為政寬仁。《梁書·王僧孺傳》：“幸聖主留善貸德，紆好生之施，解網祝禽，下車泣罪。”

59 商湯禱雨桑林：《呂氏春秋·季秋紀·順民篇》：“昔者，湯克夏而正天下，天大旱，五年不收。湯乃以身禱於桑林曰：‘余一人有罪無及萬夫；萬夫有罪在余一人。無以一人之不敏，使上帝鬼神傷民之命。’於是剪其髮，以身為犧牲，用祈福於上帝。民乃甚説，雨乃大至。”後多用“湯禱桑林”喻仁德愛民。

60 放太甲於南巢：太甲，商湯之孫。商湯逝世後，宰相伊尹輔佐他的後代，直太甲為商王。因太甲暴虐亂德，伊尹將太甲放逐到南巢桐宮，親自攝政，接受諸侯的朝拜。帝太甲在桐宮住了三年後，悔過自責，改惡從善，於是伊尹把太甲接出來，還政給他，自己告老還鄉，隱居在今灌雲縣城東部的伊蘆山。太甲返位後，發揚商湯的德政，勤儉愛民，使諸侯歸附，社會安寧。

61 避成王於東都：武王死，成王年幼，周公攝政。成王的另兩個叔父管叔、蔡叔等誹謗周公篡位，引起成王懷疑。於是周公避居東都（今河南洛陽市）。後來成王啟櫃發現禱詞，知其忠貞，大為感動，親自迎回了周公。

62 周公未安於良心也：原文不清，也可能是“周公未安於心也”。

63 孟子求用於齊：指孟子在齊國向齊宣王宣揚“仁政愛民”的儒家思想。

64 屈原、賈誼卒以自沉：屈原雖忠事楚懷王，但卻屢遭排擠，懷王死後又因頃襄王聽信讒言而被流放，最終投汨羅江而死。賈誼在 23 歲時，因遭群臣忌恨，被貶為長沙王的太傅。後被召回長安，為梁懷王太傅。梁懷王墜馬而死後，賈誼深自歉疚，直至 33 歲憂傷而死。

65 博浪之椎：指漢張良同刺客在博浪沙以鐵椎狙擊秦始皇之事。見《史記·留侯世家》。清黃景仁《荊軻故里》詩：“市筑憐同伴，沙椎付後生。”

66 黃龍痛飲：黃龍，府名。金國的都城，在今吉林省農安縣。《宋史·岳飛傳》：“金將軍韓常欲以五萬眾內附。飛大喜，語其下曰：‘直抵黃龍府，與諸君痛飲爾！’”

《説岳全傳》第七七回："痛飲黃龍雪舊恥，平吞鴨綠報新君。"意謂攻克敵京，置酒高會以祝捷。後泛指為打垮敵人而開懷暢飲。

67 文天祥、史可法國仇未復，飲恨九泉：此處指文天祥受俘期間，元世祖以高官厚祿勸降，其寧死不屈，從容赴義；史可法因抗清被俘，不屈而死之事。

68 瑪志尼壯志已伸，光榮祖國：《少年中國説》："(瑪志尼) 以國事被罪，逃竄異邦。乃創立一會，名曰'少年意大利'。舉國志士，雲湧霧集以應之。卒乃光復舊物，使意大利為歐洲之一雄邦。"

69 路德以宗教之黑暗，創為新派：指馬丁・路德堅決抗議羅馬天主教會，發動了一場宗教改革運動。

70 漢之朋黨：指東漢時期外戚、宦官專權之事。

71 明之東林：明萬曆間，吏部郎中顧憲成革職還鄉，倡議重修無錫東林書院，並與高攀龍等人在書院講學，對朝政多所評議，而名流回應，聲名大著，因被目為"東林黨"。天啟中，宦官魏忠賢專權。東林諸人堅決與之相抗，並遭到嚴酷迫害。直至崇禎即位，魏忠賢失勢自盡，黨禁始解。參閱《明史・顧憲成傳》、《明史紀事本末・東林黨議》。

72 美之花旗之戰：指美國獨立戰爭。

73 聖賢 ："聖賢"後有兩字，原文殘損，不知是何字。

74 獨夫：指殘暴無道、眾叛親離的統治者。《書・泰誓》："獨夫受，洪唯作威，乃汝世讎。"孔傳："言獨夫，失君道也。"蔡沉集傳："獨夫，言天命已絕，人心已去，但一獨夫耳。"唐杜牧《過驪山作》詩："黔首不愚爾益愚，千里函關囚獨夫。"

75 誠：的確，確實。

76 辛亥光復，於今四載……政治可以攬獨權：指 1911 年辛亥革命成功推翻清朝的專制統治後，1915 年 12 月袁世凱卻恢復了君主制，年號洪憲，行君主立憲政體，國號中華帝國，直至 1916 年 3 月袁世凱被迫宣佈退位，才恢復"中華民國"年號。本文大約寫於 1916 年 8 月，是作者對於此事的感慨。

77 而見顏為無廉恥之行：原文"而見"是一字，此行上面有眉批"覥"字，疑為"覥"字。

78 愚鼓黔首：愚弄百姓。黔首，古代稱平民，老百姓。《禮記・祭義》："明命鬼神，以為黔首則。"鄭玄注："黔首，謂民也。"

79 貽：遺留，留下。

80 禹域：疆域，指中國。古代傳説禹平水土，劃分九州，指定名山、大川為各州疆界，後世因稱中國為禹域。

81 亦一般學者之作用：原文"之作"二字不清。

82 二三子：猶言諸君；幾個人。《論語・八佾》："二三子何患於喪乎？天下之無道

也久矣，天將以夫子為木鐸。"宋梅堯臣《春日遊龍門山寺》詩："還邀二三子，共
到鑿龍遊。"

83 然是歐洲人士：此句"然"字，疑被刪去。

84 抑：或者，抑或。

85 痛定思痛：創痛平復或悲痛的心情平靜之後，回想當時所遭的痛苦。含有吸取教訓，
警惕未來的意思。語本唐韓愈《與李翱書》："僕在京城八九年，無所取資，日求於
人，以度時月，當時行之不覺也。今而思之，如痛定之人，思當痛之時，不知何能
自處也。"宋文天祥《〈指南錄〉後序》："嗚呼！死生，晝夜事也，死而死矣，而境
界危惡，層見錯出，非人世所堪。痛定思痛，痛何如哉！"

86 俾斯麥：（1815—1898），普魯士宰相兼外交大臣，是德國近代史上傑出的政治家
和外交家，被稱為"鐵血首相"。俾斯麥作為普魯士德國容克資產階級的最著名的
政治家和外交家，是自上而下統一德國（不包括奧地利）的代表人物。

87 鐵血主義：是指普魯士首相俾斯麥通過王朝戰爭實現德國統一的政策。俾斯麥代表
容克地主貴族和大資產階級利益，竭力主張以強權和武力統一國。俾斯麥針對阻
礙德國統一的強大的國內外勢力而採取的武力統一德國的"鐵血政策"，是實現德
國統一的強有力的手段。他依靠其"鐵血政策"，先後發動了對丹麥的戰爭、普奧
戰爭和普法戰爭，自上而下地統一了德國。

88 美人：品德美好的人。《詩·邶風·簡兮》："云誰之思，西方美人。"鄭玄箋："思
周室之賢者。"《孟子·盡心下》："充實之謂美。"漢趙岐注："充實善信，使之
不虛，是為美人。"

89 方興未艾：謂正在興起而未到止境。艾，停止。宋周輝《清波雜誌》卷一："鴻恩錫
類，方興未艾，在位者其思有以革之。"

【點評】

本文是周恩來的一篇作文（據手稿）。作者全篇運用大量史料論述
了"人格"於國於民的巨大影響，寫出了對當時教育體制的疑問和對教
育成果的反思。

文章開頭，化虛為實，將"人格"比擬成有知有感可生可死的"大
物"——"渴，吸太空之氣；飢，飽四海之光"。之後將世事沉浮、國家
興亡於"大物"的顯隱聯想起來——"現則世界承平，家國齊治，社會安

良，億兆之幸也；隱則奸宄立朝，盜賊蜂起，強凌弱，眾暴寡，兵革不息，水旱頻仍，群黎之禍也。"接着排舉事例，從正反兩面深入論證這一點。作者的確是博覽群書，如此旁徵博引、縱談古今，需要厚積才能薄發。文章中的事例不但幾乎貫穿了中國封建統治歷史的千年興衰，而且將國外的時事政局、世界的風雲變化也隱含在內了。比如："義聲起於新陸"說的是1775—1783年的美國反對英國殖民統治的獨立戰爭。"西歐之民，感而應之，大物遂得張其勢於東，全力以驅異類"是暗指18世紀末至19世紀初以法國大革命為核心的，英國激進運動、西歐革命運動和海地革命等等。而"未及百年，神州古族，躍躍欲試。大物以其可力取也，不計利害，驟與搏戰。孰意攻之者急，失之者速，求其極也"，也將中國近代歷史的，"標誌着中國開始淪為半殖民地半封建社會的第一次鴉片戰爭"和"以康有為為首的資產階級政治改革勵精圖強的百日維新"中的抗爭與失敗都融入到字裏行間去了。

同樣，文章在點出"大物"即"人格"之後，又以下車泣罪、湯祈桑林、瑪志尼、蘇格拉底和第一次世界大戰、辛亥革命等等中外典故通過正反對比論證，深入闡釋了人格對於國家興亡、個人成敗的巨大影響。尤其是本篇文章寫作時間大約在1916年8月下旬，而文中作者對一戰的評論——"歐戰方酣……喪數千萬之人民，耗無量數之資財，以供彼一二帝王之快慾……以世界之中心，頓化為槍林彈雨之場"，以及對於辛亥革命後，袁世凱恢復帝制又倒台，軍閥混戰民不聊生的國內形勢的闡述——"辛亥光復，於今四載……政治可以攬獨權……忽而帝制，忽而共和，騰笑萬邦，貽羞後世"，可謂針砭時弊，一針見血。

最後，作者並不是僅僅將"人格"提到一個重要的位置，而是直接指出當時教育的弊端對於國民人格培養的無力——"是不得不歸過於教育也"，並進行反思——"豈前之教育宗旨異於今耶？抑治國別有其道耶？"

　　1916 年前後，中國工商業界利用列強忙於第一次世界大戰之時，大力發展實業。紡織、麵粉、煙草、工礦業都有很大發展，實業救國盛極一時。也許 18 歲的作者尚未有能力參與實業救國的運動。然而作者所提出的對於"人格"的培養和重視，對當時教育制度的憂思，便亦是作為中國愛國青年希望能夠尋求出救國強國的道路的一種展現。

（趙鳴方）

三十八

致同學餞友啟[1]

（一九一六年九月十九日）

尹山弟愛鑒[2]：

金風[3]乍起，寒氣襲人。回首溽夏[4]，冰簾卻暑[5]，冷館招涼[6]之境，固不勝其滄桑[7]之感。弟我同調[8]，何以排遣此鬱鬱[9]也。比來[10]兄以足疾，不良於行[11]，困於牀蓐[12]者，幾及一旬[13]。課業荒疏，間[14]一翻閱，已懶若秸生[15]，不似昔日欣欣向榮[16]者矣！病後劫餘[17]，類難免此[18]，稍事修養，當能返舊，祈[19]勿為念。頃[20]兄於柏榮大哥處，得悉輪飛兄考入留東官費[21]，不日即將東渡。從此同學少年多不賤[22]，眼看飽學異才歸[23]。屈指計之，朵山遊美，韶華北上，竹淇南歸，滌愆東渡，來白、伯矗分歸文實（？），儷楓投入工業，合輪飛計已八人[24]。他年各成所業，歸聚敍別後情懷，叩其建樹[25]，八元[26]耶？八愷[27]耶？是故兄之無限祝矣。茲者輪飛倚裝待發[28]，班中同人，群思有以紀念之，謀商諸兄[29]。竊以為人之相知，貴相知心。三載同窗，把卷問字，感情瀰篤[30]，陽關話別[31]，既不能無所依依[32]；而兒女情長[33]，要非大丈夫所宜有。欲取計全，莫若集同人於一室，略陳[34]瓜果，聊誌清心[35]，群起致歡送之辭，奏送別之章。則大笑鼓掌三十人，毫（教師改“豪”）興遄飛結同心[36]，今日團聚，又安知非他年再晤[37]之預兆。且藉斯盛會[38]，勵綸（按，當作“輪”）飛[39]前進之心，豈不愈於黯然魂消者耶[40]？爰不揣思之怪僻[41]，質之弟前[42]，乞為代達同班。如蒙許

諾，則步履維艱[43]如兄，或亦克鼓興從諸君子後矣[44]！匆此即頌

刻安！

兄周恩來啟

九月十九日

【周恩來教師評語】

情者文之經，辭者理之緯，情辭富有，經緯兼賅，投無不利。

【註釋】

1 餞：設酒食送行。啟：書信。

2 愛鑒：鑒，舊時書信套語，表示請對方看信。如某先生台鑒，惠鑒，鈞鑒。

3 金風：秋風。《文選・張協》："金風扇素節，丹霞啟陰期。"李善注："西方為秋而主金，故秋風曰金風也。"

4 溽夏：濕熱的夏天。

5 冰簾卻暑：冰簾，水晶玉石串起的簾子。

6 招涼：招致涼氣；避暑。

7 滄桑："滄海桑田"的略語。大海變成農田，農田變成大海。語本晉葛洪《神仙傳・王遠》："麻姑自說云：'接侍以來，已見東海三為桑田。'"後以"滄海桑田"比喻世事變化巨大。

8 同調：音調相同，比喻有相同的志趣或主張。《文選》謝靈運《七里瀨》："誰謂古今殊，異世可同調。"

9 鬱鬱：憂傷、沉悶貌。《楚辭・九章・哀郢》："慘鬱鬱而不通兮，蹇侘傺而含戚。"王逸注："中心憂滿慮閉塞也。"

10 比來：近來；近時。

11 不良於行：行走不便。

12 牀蓐：蓐，陳草復生，引申為草墊子，草蓆。牀蓐即牀褥。晉李密《陳情表》："而劉夙嬰疾病，常在牀蓐。"

13 一旬：十日為一旬。

14 間：間或，偶爾。

15 已懶若嵇生：嵇康在《與山巨源絕交書》中稱自己：“性復疏懶，筋駑肉緩，頭面常一月十五日不洗，不大悶癢，不能沐也。每常小便而忍不起，令胞中略轉乃起耳。又縱逸來久，情意傲散，簡與禮相背，懶與慢相成，而為儕類見寬，不攻其過。”

16 欣欣向榮：草木生長茂盛貌。晉陶潛《歸去來辭》：“木欣欣以向榮，泉涓涓而始流。”今多用以比喻人生積極的態度或事業的蓬勃發展。

17 劫餘：謂災難之後。

18 類難免此：大都不免這樣。類，大抵，大都。

19 祈：請求，希望。

20 頃：近來，剛才。表示動作、行為在不久以前發生，用於書面語。

21 得悉：獲知。輪飛：周恩來的同學。留東官費：指公費赴日本留學。

22 同學少年多不賤：唐杜甫《秋興八首》其三：“同學少年多不賤，五陵衣馬自輕肥。”

23 飽學：學問廣博，也指學問廣博的人。異才：特出的才能，也指有特出才能的人。

24 朵山：朵山、韶華、竹淇、滌愆、來白、伯蓉（róng）、儷楓，皆周恩來同學。

25 叩：詢問。建樹：謂建立的功績。這裏指人生的成就。

26 八元：古代傳說中的八個才子。《左傳·文公十八年》：“高辛氏有才子八人：伯奮、仲堪、叔獻、季仲、伯虎、仲熊、叔豹、季貍，忠肅共懿，宣慈惠和，天下之民，謂之‘八元’。”孔穎達疏：“元，善也，言其善於事也。”後用以稱頌有才德的人。

27 八愷：亦作“八凱”。相傳古代高陽氏的八個才子。《左傳·文公十八年》：“昔高陽氏有才子八人：蒼舒、隤敳、檮戭、大臨、尨降、庭堅、仲容、叔達，齊聖廣淵，明允篤誠，天下之民謂之‘八愷’。”孔穎達疏：“愷，和也，言其和於物也。”《漢書·古今人表》庭堅作咎繇。

28 茲：現在。倚裝待發：靠在行裝上，等待出發。多用於告別信柬中。

29 謀商諸兄：和我商量。諸，之於。兄，指周恩來。

30 瀰篤：瀰，即“彌”，更加。篤，深厚。

31 陽關話別：陽關，古曲《陽關三疊》的省稱，古曲名，又稱《渭城曲》。因唐王維《送元二使安西》詩“渭城朝雨浥輕塵，客舍青青柳色新。勸君更盡一杯酒，西出陽關無故人”而得名。後入樂府，以為送別之曲，反復誦唱，遂謂之《陽關三疊》。亦泛指離別時唱的歌曲。

32 依依：輕柔披拂貌。《詩·小雅·采薇》：“昔我往矣，楊柳依依；今我來思，雨雪霏霏。”也形容依戀不捨的樣子。

33 而兒女情長：男女戀情綿綿不斷，常謂過多的青年男女之情。這裏指同學間的感情。清王韜《淞濱瑣話·金玉蟾》：“生欷歔曰：‘兒女情長，英雄氣短。’”

34 陳：陳設，準備。

35 聊誌清心：聊，姑且，權且。誌，記。清心：純正之心。

36 毫興遄飛結同心：周恩來的老師將"毫"改為"豪"。豪興，指豪放的興致。明謝榛《四溟詩話》卷四："或有時不拘形勝，面西言東，但假山川以發豪興爾。"遄飛，勃發；疾速揚。唐王勃《滕王閣序》："逸興遄飛。"同心，志同道合；情投意合。《古詩十九首‧涉江采芙蓉》："同心而離居，憂傷以終老。"引申為知己。唐王維《送別》詩："置酒臨長道，同心與我違。"也指同心結。唐長孫佐輔《答邊信》詩："揮刀就燭裁紅綺，結作同心答千里。"

37 晤：遇，見面。

38 藉斯盛會：借着這個盛大的集會。藉，即"借"。

39 勵：勤勉。綸飛：當作"輪飛"，係作者筆誤。

40 豈不愈：難道不勝過。黯然魂消：指悲傷地離別。南朝梁江淹《別賦》："黯然銷魂者，唯別而已矣。"

41 爰：於是。不揣：不考慮，不估量。《孟子‧告子下》："不揣其本而齊其末。"猶言不自量。多用作謙詞。思之怪僻：奇怪而罕見，古怪孤僻。

42 質：問。

43 步履維艱：指行走困難行動不方便。

44 或亦克：或許也能。鼓興：鼓起興致。從諸君子後矣：跟在你們之後（辦成這件事），這裏是謙虛的説法。化自《論語‧先進》孔子説的"以吾從大夫之後"。

【點評】

　　本文係周恩來給同學寫的一封書信。此信的緣起是，周恩來的同學輪飛考取了公費旅日留學，不日將東渡日本。周恩來得知這個消息後，打算將同學們聚集起來，為輪飛開一個餞別會。由此可見，這件事的發起者正是周恩來。而信的結尾處卻説如果大家同意，我也願意跟着大家辦這件事。這固然是舊時書信的自謙客套，但也看出了周恩來功成不居的性格特點。這封信中含有很大的信息量。我們可知周恩來在求學期間一度患了足疾，為此臥牀約十天，學業也因此荒廢了一些，但是他也激勵自己病癒後要趕快恢復良好的求學狀態。再有，我們可以從信中得知，當時南開中學畢業生的一些去向。在這封信中，周恩來提到自己的八位同學，有的北上南下，有的旅美赴日，有的從事工業，這些人都

214

成為了國家建設不可缺少的人才。這封信繼承了古代書信尺牘注重文采的風格:"金風"數句,詞藻華美;"嵇生"之典,用事妥帖。可見周恩來除了注重思想之外,對文學也是頗為喜愛的,在文字上也下過不小的功夫。然而古人與朋友之間的書信,其抒情多流於低回感傷,而周恩來信中卻說"陽關話別,既不能無所依依;而兒女情長,要非大丈夫所宜有",可見其既有細膩之情感,又有開闊之胸襟。原評語有"經緯兼賅,投無不利"八字,可見教師對此文非常欣賞。也正是這樣的情感與胸襟,使周恩來成為了一位既胸懷天下,又對他人關懷入微的共和國總理。

(程濱)

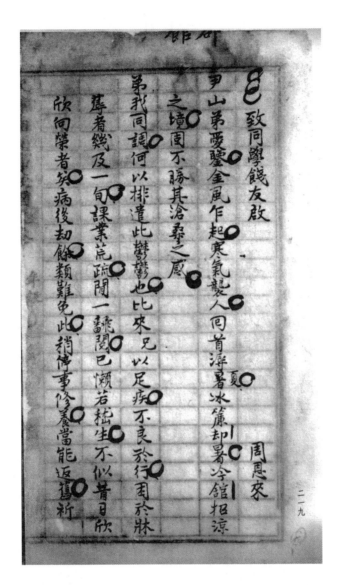

周恩來南開中學校中作文第 **38** 篇《致同學餞友啟》首頁書跡

三十九

本校開演説大會説

（一九一六年十月）

　　大凡物不得其平則鳴[1]。月暈而風，礎潤而雨[2]，宇宙之鳴也以時變。淒淒切切，呼號奮發，晚秋之鳴，以氣凜冽意蕭條也。忽奔騰而砰（澎）[3]湃，若怒吼而湧翻委蛇，源於一發而不可止，江海之鳴也。風撓草木之鳴，水盪峽崖之響，或擊[4]之，或梗[5]之，要皆激之使鳴耳。

　　人之於言也亦然，有不得已者而後言。言為心之聲，或歌或哭，凡出乎口而為聲者，必其中有鬱而弗克泄者乎！執筆蘭臺[6]，太史公[7]之鳴也以文。痛哭流涕，賈長沙[8]之鳴也以淚。至常山之舌[9]，正學之口，其鳴也以言，言為鳴之善者也。故傳曰：天將以夫子為木鐸[10]，信乎言之益也。宣尼[11]設教，列言語於四科[12]。其所謂言語者，非克[13]應對敏速，巧言如簧而已。實藉以鳴不平也。

　　共和肇造[14]，作不平鳴者實繁有徒，其得聞而在吾校者，厥[15]唯是期之演說大會焉。時、馬二先生[16]以其演說鳴，伉、尹二先生[17]以其滑稽鳴，其鳴之高出世俗，浸淫[18]乎長沙、曼倩[19]之流與否？吾不敢知也。但知四先生之鳴善矣。且其鳴之之道雖異，而歸於言語則一也。是以時先生之言出，涕淚滂沱，悲哀一室；聞馬先生之言，則發奮為雄，咸思自勵；逮尹、伉二先生至，愁雲慘澹之會，轉撥開為鼓掌歡呼之所矣。

　　嗚呼！諸生之善變乎？眾先生之善鳴乎？退而思之，悵悵若有所失。及讀曾滌生[20]風俗之厚薄奚自乎？自乎一二人心之所向而已語，不禁躍起曰：噫！在是矣。

夫風俗之厚薄繫乎人心，人心之轉移繫乎教育，教育得當，則一國之風俗與其厚，反之則薄。

今學校之教育，非僅以高頭講章[21]所能畢乃事也，於是有科外之智識輸灌青年，演說其一也。聆演說而感動之士，則或因是達善鳴善為之才，矯其昔日之弊，洞明今日之國家，抱樂觀於斯世，引拯危為己責。風俗之穨，人心之險，其亦或因是而返敦厚醇質也，則斯鳴為不虛矣。而諸先生其滌生之所謂一二人乎？則視乎與會者之若何領悟耳。

然則教育之責，善鳴之士不綦[22]重哉！至若諸先生之辭也，或以悲，或以莊，或以諧，要皆合乎今日之所急。悲者極其哀，吾懼其流入悲觀，非吾之所謂悲。樂者極其樂，吾慮其樂其所樂，非吾之所謂樂。吾之悲樂，乃集其旨而合於莊者之言。然則莊者其尤也，四先生之鳴信善矣，不知聆者和其聲，而使之鳴國家之盛耶？抑將如秋風捲落葉，了無跡於胸中，而使之自鳴其不幸耶？吾將於與斯會者卜[23]之。

【周恩來教師評語】

制局從昌黎送孟東野序脫胎。筆致古雅，議論明通，前後章法尤為完善。

【註釋】

1　大凡物不得其平則鳴：此句出自唐韓愈《送孟東野序》。

2　月暈：月亮周圍出現的光環。月亮出現光環，就是要颳風的徵候。礎潤：柱下石濕潤，預示天將下雨。月暈而風，礎潤而雨：比喻從小地方可觀察出大道理，或從事物的變化跡象可以預測到事物的發展。語出宋代邵伯溫偽託蘇洵所作《辨奸論》："事有必至，理有固然。唯天下之靜者，乃能見微而知著。月暈而風，礎潤而雨，人人知之。"參閱清代李紱《穆堂初稿》卷四五《書〈辨奸論〉後二則》。

3　砰：原文為"砰"字，應為"澎"。

4　擊：原文為"激"，被圈改為"擊"字。

5　梗：阻塞，妨礙。

6　蘭台：漢代宮內收藏典籍之處。亦指御史台，漢代的御史中丞掌管蘭台，故稱。又東漢時班固為蘭台令史，受詔撰《光武本紀》，故史官亦稱"蘭台"。

7　太史公：漢代司馬談為太史令，其子遷繼之，《史記》中皆稱"太史公"。後世多以"太史公"稱司馬遷。

8　賈長沙：即賈誼。西漢初年著名政論家、文學家。年少成名，在 23 歲時，因遭群臣忌恨，被貶為長沙王的太傅，故文中稱"賈長沙"。

9　常山之舌：唐代安祿山叛亂，常山太守顏杲卿因城陷被俘，罵不絕口，祿山割其舌，問：'復能罵否？"杲卿乃不屈而死。（見《新唐書・顏杲卿傳》）後以"常山舌"指其事，為寧死不屈之典。宋文天祥《正氣歌》："為張睢陽齒，為顏常山舌。"

10　天將以夫子為木鐸：語出《論語・八佾》。木鐸，木舌的鈴。古代發佈政策教令時，先搖木鐸以引起人們注意。後遂以木鐸比喻宣揚教化的人。

11　宣尼：漢平帝元始元年追謚孔子為褒成宣尼公，後因稱孔子為宣尼。

12　四科：孔門四種科目。指德行、言語、政事、文學。《後漢書・鄭玄傳》："仲尼之門，考以四科。"

13　克：能夠。

14　肇造：謂始建。

15　厥：乃、於是。

16　時、馬二先生：指南開中學教師時子周、馬千里。二人都是南開新劇團和演說會的發起者和骨幹，時子周曾任新劇團團長，馬千里曾任演作部部長。

17　伉、尹二先生：指南開中學教師伉乃如、尹劭詢。二人也都是南開新劇團和演說會的發起者和骨幹，伉乃如曾任演作部部長，尹劭詢曾任編纂部部長。

18　浸淫：浸染，濡染

19　長沙：即賈誼，見註釋 8。曼倩，即東方朔，西漢文學家，字曼倩，平原厭次（今山東惠民）人，武帝時為太中大夫，性格詼諧滑稽，善辭賦，名篇有《答客難》。

20　曾滌生：即曾國藩。曾國藩，初名子城，字伯涵，號滌生，謚文正，出生於湖南長沙府湘鄉縣楊樹坪（現屬湖南省婁底市雙峰縣荷葉鎮）。晚清重臣，湘軍的創立者和統帥者。清朝軍事家、理學家、政治家、書法家、文學家，晚清散文"湘鄉派"創立人。晚清"中興四大名臣"之一，官至兩江總督、直隸總督、武英殿大學士，封一等毅勇侯，謚曰文正。

21　高頭講章：經書正文上端留有較寬空白，刊印講解文字，這些文字稱為"高頭講章"。

22　綦：極，很。

23　卜：預料、估計、猜測。

【點評】

　　說是古文中常見的一種文體，通過發表議論或記述事物來說明某個道理。1916 年 10 月 4 日，南開中學舉行演說大會，青年周恩來於會後不久寫作此文，就演說的意義發表自己的見解。

　　正如當時教師評語中所言，"制局從昌黎送孟東野序脫胎"。作者在文章的前兩段，模仿了唐代文壇泰斗韓愈《送孟東野序》開篇，以比興的手法，先說"物不得其平則鳴"，再談"人之於言也亦然"。列舉司馬遷、賈誼等人為例，強調"其所謂言語者，非克應對敏速，巧言如簧而已。實藉以鳴不平也"的道理，為下文進一步闡發演說的意義做鋪墊。第三段中，作者用細膩生動的語言描寫了南開中學演說大會的盛況，尤其濃墨重彩地刻畫了時子周、馬千里、伉乃如、尹劭詢等四位先生的非凡談吐，所謂"時先生之言出，涕淚滂沱，悲哀一室；聞馬先生之言，則發奮為雄，咸思自勵；逮尹、伉二先生至，愁雲慘澹之會，轉撥開為鼓掌歡呼之所矣"。讀其文，遙想其情其景，不禁令人心嚮往之。

　　作者在文章後半部分集中筆墨議論演說的意義。他借用曾國藩"風俗之厚薄奚自乎！自乎一二人心之所向"的言論，強調社會風俗的淳厚或暴戾，通常和領導者的價值觀緊密相關，社會進步的力量，通常也來自於少數先驅者對新思維模式、價值觀的塑造和擴散。作者將演說與"人心之所向"及"風俗之厚薄"緊密聯繫起來，把演說可以影響人心轉移，進而影響風俗厚薄的積極意義十分清晰地表達出來。

　　作者在文章中還提到學校教育，要有"科外之智識灌輸青年"，令人不禁想到陸放翁"汝果欲學詩，功夫在詩外"的作文為學箴言。再看周恩來在以後國內國際政治舞台上高談雄辯，揮灑談吐，縱橫捭闔，這

些功夫的形成一定和他接受南開中學演說大會的影響並從小就有意培養
自己的演說能力密不可分。

（謝明）

四十

觀本校新劇《一念差》[1]感言

（一九一六年十月）

　　嗚呼！世俗澆漓[2]，民風不古；舉目河山，國將不國。此何時耶？風雨飄搖，一髮千鈞，四萬萬人群起為救亡之舉，日以繼夜，猶虞[3]不及。而乃在上者昏頑如故，泄遝[4]依然；在下者自甘暴棄，沉淪樂籍[5]。驅四千年之華胄[6]，咸入於萬劫不復之途。嗚呼噫嘻！是誠大可痛也！

　　然此現象之已然也，其隱匿者，險象環生，禍機四伏。一旦猝發，有迅雷不及掩[7]之勢矣，滅種必矣，又何陸沉[8]之足言哉！曰：是果何道也[9]？其禍國之機有如此者[10]。曰：是常道耳。親之則近，遠之則藏，無貴賤智愚，咸具此性[11]。分析言之，個人之道德；統言之，一國之國性耳。國之所得立於天地而聯合億兆者[12]，要恃[13]此為歸宿。苟一旦國性已失，則國之不國也，亦久矣！放眼崑崙，神州一片土，果尚有絲毫國性之存耶？設[14]其存也，而則大陸擾擾[15]，國會有無識之議員，政府有違法之總長，各省督軍竟有同盟之要脅。凡百事業，咸多現停滯之象。總全國人民其不入於放僻邪淫[16]者，便流於混沌濁俗，自私自利，寧犧牲全國，以濟一人。夫以如是之人民，治如是之弱國，其不亡者幾希[17]！殆亦絕無真理也。

　　雖然國性之失基[18]於人，人性之差起於一念。語云：“失之毫釐，謬以千里。”果國民於一事之始也[19]，慎其念，謹其行，俾事之既作[20]，無利己害人之慮，則其事舉而利溥[21]，眾人蒙其賜矣。一人如是，十人效之。萬事行之，而後人性復，國性定矣。是國性之挽救在於人，人性之存留由於一念。一念之始，繫乎國之安危。吾昧昧[22]以思之，誠有所莫解於國民之忽於一念也[23]。而吾校紀念新劇竟以《一念差》名[24]矣。劇中情節，吾揣之者屢矣。茲有感於衷，證之於吾國性之說，益相符合。遂不嫌詞費，言之於觀吾校新劇者之前，藉廁於晨鐘暮鼓之列[25]，以期樂無忘憂云耳，非敢自標異議也。

夫葉中誠者，非大奸慝[26]之徒，只以[27]一念之差，貽終身莫贖之愆[28]。一朝失足，恨成千古。雖後悔有期，而事後之償，亡羊補牢，卒無救於事之萬一。彈丸喪命，飲恨九泉。臨終良心之語，其追悔為何如哉！雖然葉之過誠不容諉[29]矣，但事後知悔，猶不失為有人性者。若王守義唆人為非，假公濟私，為社會蠹[30]者，至死而不知悔者，雖死猶有餘辜。葉斃之，誠屬快事[31]。是葉之一死，於一己之人格立，於社會除一害[32]。非然者，社會間昧於是非之辨[33]，振醒之責又將誰屬[34]？況葉之以身作則，其感人處較之言行漠不相關者[35]，又勝倍矣。至李氏，因葉之誣害，融融家庭，頓化為淒涼之舍；正齋入獄，經年困死[36]；母子三人，相依為命。聆正齋臨別"天下冤死者，不知有幾多人也"之語，不禁為之放聲一哭，歎真是非之不易明也！而葉子放浪邪僻[37]，卒致夭亡[38]，足可以為富有金錢者戒。葉女淑婉，竟干父蠱[39]，成二家之好，蒼蒼者[40]於葉氏誠得其平矣！然使[41]葉中誠非一念之差，則為禍為福，又何由判？而吾校之新劇又何由[42]演？析津[43]人士又何由享此眼福，受此感動哉？

曾侯[44]有言曰："風俗之厚薄奚自乎？自乎一二人心之所向而已。"今舞台優孟[45]，數將百人，其收效愈於一二人心與否？非吾之所敢知。吾但[46]知每當演時，喜笑怒罵，悲歡離合，觀者竟以演者之聲色為轉移。其感人之深有如此者，然則新劇乎？《一念差》乎？人性之立，國性之救，風俗之挽回，其將賴諸斯乎？其將賴諸斯乎？

【周恩來教師評語】

滿紙雲煙筆下生，就國性立論，大處落墨，是有關於世道人心之作。

【註釋】

1 《一念差》：1916 年由張彭春指導並參與增訂了時子周主創的《葉中誠》一劇，後經嚴范孫先生等定名為《一念差》。故事講述了清末候補道葉中誠，為爭得粵海關監督一職，不惜偏信幕友蠱惑而將同道李正齋誣陷致死。葉中誠良心未泯，竟先殺了幕友，然後自殺，並遺書悔"一念之差"，以贖前愆。全劇共六幕。

2 澆漓：浮薄不厚。多用於指社會風氣浮薄。

3 虞：憂慮。

4 泄遝：弛緩；懈怠。

5 樂籍：樂戶的名籍。古時官妓屬樂部，故稱。亦指樂戶或官妓。

6 華胄：華夏族的後裔，指漢族。

7 迅雷不及掩：原文中漏寫"耳"字。

8 陸沉：比喻國土淪陷。

9 是果何道也：這個結果是甚麼道理呢？

10 其禍國之機有如此者：使國家遭受災禍的關鍵有這樣的。

11 親之則近，遠之則藏，無貴賤智愚，咸具此性：親近它就會離得近，離得遠就隱藏起來，無論富貴貧賤智慧愚笨，都具備這個特性。

12 國之所得立於天地而聯合億兆者：國家之所以屹立於天地之間而聯合億兆之人。

13 恃：依靠。

14 設：假設。

15 大陸擾擾：形容紛亂的樣子。

16 放僻邪淫：放縱，不正派，指肆無忌憚、邪惡不正。

17 其不亡者幾希：那不滅亡的太少了。

18 基：根基，基礎。

19 果國民於一事之始也：如果國民在每件事情的開始。

20 俾事之既作：使事情做過之後。

21 其事舉而利溥：事情做好而且有廣泛的利益。

22 昧昧：糊塗無知。用作謙辭。

23 誠有所莫解於國民之忽於一念也：的確對於國民忽然之間的想法有不能理解之處。

24 名：命名。

25 藉廁於晨鐘暮鼓之列：借參與到令人警悟的作品中。

26 奸慝：奸惡的人。

27 以：因。

28 貽終身莫贖之愆：遺留下終身不能贖回的罪過。

29 逭：逃避。

30 蠹：蛀蟲。

31 葉斃之，誠屬快事：葉殺死了他，實在是令人感到痛快的事。

32 是葉之一死，於一己之人格立，於社會除一害：這樣葉一死，對他自己而言人格得到確立，對社會而言除去了一個壞人。

33 社會間昧於是非之辨：社會上對於是非的辨別還是不清楚的。

34 振醒之責又將誰屬：振發使人們清醒的責任又將屬於誰。

35 其感人處較之言行漠不相關者：他感人的地方與那些言行上漠不相關的人相比。

36 經年困死：一年便困頓而死。

37 放浪邪僻：放蕩，品行不端。

38 卒致夭亡：最終導致年紀輕輕就死去了。

39 竟干父蠱：竟然去求取父親毒害的人。

40 蒼蒼者：蒼天。

41 使：假使。

42 何由：由甚麼。

43 析津：地名，這裏泛指京津一帶。

44 曾侯：指曾國藩。

45 舞台優孟：這裏指戲劇演員。

46 但：只。

【點評】

　　根據手稿，本文是一篇作文，據考訂作於 1916 年 10 月。這是一篇關於話劇《一念差》的觀後感。《一念差》是當時南開新劇團在校慶期間排演的六幕話劇，在演出中周恩來做佈景部的佈景和第二幕的管幕工作。在 1916 年為了慶祝南開校慶，南開新劇團計劃上演張彭春的獨幕劇《醒》和新劇團團長時子周的五幕話劇《葉中誠》，後來經過大家幾次商議，到九月下旬方商榷決定選用《葉中誠》一劇，並將此劇擴充改編為六幕，重定名為《一念差》。本文正是周恩來在參與並觀看了該劇後的有感而發。

《一念差》的主要內容是：清末候補道葉中誠，為爭粵海關監督一職，受王守義蠱惑而將同道李正齋誣陷致死。葉中誠良心未泯，殺王守義後自殺，並寫遺書說後悔自己的"一念之差"。全劇通過這個故事意在揭露封建官僚的腐敗和社會中爾虞我詐、相互傾軋的風氣，該劇上演後受到全校師生和社會各界的嘉許，形成"索券者爭先恐後，唯以限於位址，致遺向隅之憾"的場面。

周恩來寫這篇觀後感的不同之處正如文後教師評語所言："滿紙雲煙筆下生，就國性立論，大處落墨，是有關於世道人心之作。"文章起筆先寫國家危亡之時芸芸眾生之態：群起救亡者有之，昏頑泄遝者有之，自甘暴棄者亦有之。由此可見國家之混亂。而這番描摹正應和當時的社會現狀：紛繁複雜，人人自危，雖有致力拯救國家危亡的人，但很多掌握權力的人只為了個人的私利而採取各種為人不齒的手段，社會的資源在他們的眼裏不過就是個人爭名奪利的目標。作為學生的周恩來在寫觀後感的時候不是孤立地談論劇作的內容，而是先把國內的蕪雜之態展現了出來。由此可見，學生時代的周恩來，其視野已經不再局限於校園中，而是放眼於社會，甚至是社會現象背後的深層原因。也正是由於他獨特的視野和深入的思考，在渲染了當時社會的局勢之後，文章順勢寫出個人道德與國性的關聯，繼而由國性立論，針對現實中人們混亂參差的表現，強調人性是國性的基礎，而人性的存留在於個人的一念之間。由此匹夫與社會的關聯便由這寥寥數語引導了出來，並從大處落筆，引出對《一念差》的理解。文章看似是對《一念差》一劇的感想，實際是針對當時社會部分人人性已失的一種批判，但更多地蘊含着對人們重新審視自己，拯救國性的期盼和呼籲。

（楊倩）

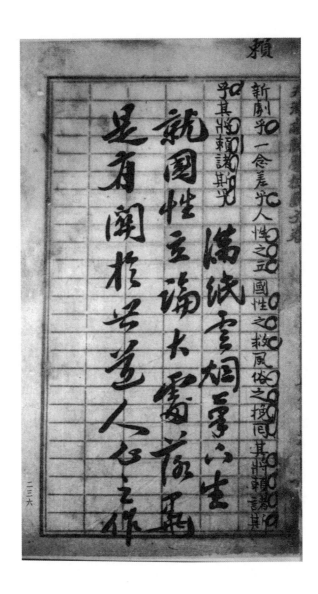

周恩來南開中學校中作文第 40 篇《觀本校新劇〈一念差〉感言》教師批語
書跡："滿紙雲煙筆下生，就國性立論，大處落墨，是有關於世道人心之作。"

四十一

避暑記

（一九一六年秋）

　　期考畢，暑假放，校中寂，學子歸。人人提囊攜篋，或赴江干，扁舟返里；或循故道，由陸旋鄉。行色忽忽[1]，心無他繫，唯家是戀。一旦抵鄉，欣遇家人，話桑麻[2]舊狀，訴別後情思，問故老無恙[3]。堂前彩舞，欣雙親俱健；案上分梨[4]，慶塤篪再逢[5]。父子兄弟，團聚一室，豆棚瓜架[6]，舊語如絲。既長夏之已消，亦家庭之樂事。

　　余也遊子，浪跡在外，每值假期，心焉愁抑[7]。南望鄉關，欲歸不得。陽關送友[8]，益觸愁思。而暑假期綿[9]，伏處析津[10]，西山[11]之行既未列，芝罘之遊亦無緣[12]。以校為家[13]，蝸居斗室[14]，幾同老衲[15]。而溽暑[16]侵人，尤困余悶悶[17]。所幸留校人眾，有樂群會[18]之組織，終朝[19]聚首，足解愁[20]思。余以釋憂[21]鮮方，遂插足其間，藉破岑寂。繼復因事北上[22]，春明居[23]，凡一休沐[24]，都門[25]盛地，略涉一二。逮歸，復遊高莊[26]，往返二次。及旅行事竣，乃裁箋[27]答故人書，書凡百數十函，均假前積壓者。

　　投報[28]既畢，而余弟適以是時自南至[29]。同胞兄弟，七載形離[30]，一朝把晤[31]，不禁淚下。然斯聚也，雖悲實喜，孰[32]知令余愁者悲者，乃瞰其後。余叔幼以疾廢，輾轉牀蓐，幾三十年。此次余弟來後，家鄉忽以疾危聞，大從父[33]急電往詢，報以稍佳。再函發問，迄無回音。今余已受課多日，而仍無一字之復。擲筆思之，猶[34]使余懸繫不已。余因之有所感焉。夫假期之設，原為學子休息遄里[35]之需，修身定省，法至善也。但一事之行，難期普及，假期便人，又豈無因之轉增憂慮[36]，若余者[37]，殆是類耳[38]。

然余固非悲觀絕對，嘗亦自作解脫。余幼失怙恃[39]，依於從父，津遼七載，所繫夢寐者，亦僅思瞻[40]我鄉土，樂我兄弟，省我伯叔而已。乃境遇困人，卒難遂願。余遂事從父母如昔日之事椿萱[41]，以校為家，以同學為兄弟。是北京之行也，余不啻已造西山[42]，登萬牲園之暢觀樓[43]，無異呼嘯碧雲寺[44]中。而趨高莊之輪[45]，據李氏之校舍[46]，馳驅[47]於深林，泳[48]於河渠。余視乘長風破萬里浪[49]，往芝罘避暑之樂亦若是也。

知足自持[50]，性勿以境變，余非不知也。乃蒼蒼者天，處余既若是矣，何以弱弟之來僅一而從[51]，使余心有兩地之懸！而從父病篤[52]，杳無音信。淮皖大水[53]，家遭波及。既廬墓之未瞻[54]，復悲愁之來隙[55]。記畢思之，是不能無所憾耳！

【周恩來教師評語】

劉舍人著《文心雕龍》，第三十一曰《情采》，所謂因情以專采也。斯文有焉。

【註釋】

1 忽忽：倉卒，急急忙忙。《三國志‧魏志‧華佗傳》："適值佗見收，忽忽不忍從求。"

2 話桑麻：談論農作物或農事，泛指談論家長里短。孟浩然《過故人莊》："開軒面場圃，把酒話桑麻。待到重陽日，還來就菊花。"

3 "無恙"老師改為"之安"。

4 用孔融讓梨的典故。《後漢書‧孔融列傳》："融幼有異才。"注引《融家傳》曰："兄弟七人，融第六，幼有自然之性。年四歲時，每與諸兄共食梨，融輒引小者。大人問其故，答曰：'我小兒，法當取小者。'由是宗族奇之。"

5 塤箎："箎"周恩來的老師改為"篪"。塤、篪皆古代樂器，二者合奏時聲音相應和。因常以"塤篪"比喻兄弟親密和睦，或借指兄弟。《詩・小雅・何人斯》："伯氏吹塤，仲氏吹篪。"毛傳："土曰塤，竹曰篪。"鄭玄箋："伯仲，喻兄弟也。我與女恩如兄弟，其相應和如塤篪，以言俱為王臣，宜相親愛。"孔穎達疏："其恩亦當如伯仲之為兄弟，其情志亦當如塤篪之相應和。"

6 豆棚瓜架：為清代習語，泛指百姓日常的閒居生活。如清初文學家王士禎對蒲松齡的《聊齋誌異》十分欣賞，助其出版，並贈詩曰："姑妄言之妄聽之，豆棚瓜架雨如絲。料應厭作人間語，愛聽秋墳鬼唱詩。"

7 心焉愁抑：老師改為"怒焉如搗"。《詩・小雅・小弁》："我心憂傷，怒焉如搗。"怒，憂思、憂傷。搗，捶擊、舂搗。

8 陽關：古關名。在今甘肅省敦煌市西南古董灘附近，因位於玉門關以南，故稱。《漢書・地理志》："敦煌郡……有陽關、玉門關，皆都尉治。"陽關送友用唐代王維《渭城曲》"勸君更盡一杯酒，西出陽關無故人"的典故，表達同學之間離別的情誼。

9 綿：延續；連續。《文選・張衡〈思玄賦〉》："潛服膺以永靖兮，綿日月而不衰。"舊注："綿，連也。"

10 伏處：本指隱居，後指安處，不出外活動。《莊子・在宥》："賢者伏處大山嵁岩之下，而萬乘之君憂慄乎廟堂之上。"析津，府名，遼開泰元年（1012）改幽都府置，建為燕京。轄境相當今河北南拒馬河、大清河、海河以北，遵化、豐南、天津寧河以西，紫荊關以東，內長城以南地。此處代指天津。老師加"愈增惆悵"。

11 西山：北京西部山地的總稱，屬太行山脈。北以南口附近的關溝為界，南抵房山區拒馬河谷，西至市界，東臨北京小平原。面積約 3000 多平方公里，約佔全市面積的 17%。走向北東，長約 90 公里，寬約 60 公里。

12 芝罘：現在是山東省煙台市的一個區，地處黃海之濱，山東半島北端，面積 169 平方公里。自然條件優越，物產富庶。1916 年暑假南開中學曾組織學生赴北京西山及山東芝罘的實踐活動，周恩來因故未能參加。

13 下文亦有"以校為家"語，故此處老師刪。

14 老師改為"斗室蝸居"。斗室，狹小的房間。宋王明清《玉照新志》卷一："因揭寓舍之斗室，屏跡杜門，思索舊聞，凡數十則，綴緝之，名曰《玉照新志》。"蝸居，伏處，潛居。明王錂《尋親記・遇恩》："應知，數載蝸居，相看淡薄，斯文彼此相會，契合情投。"

15 老衲：年老的僧人。唐戴叔倫《題橫山寺》詩："老衲供茶盌，斜陽送客舟。"

16 溽暑：指盛夏氣候潮濕悶熱。《禮記・月令》："（季夏之月）土潤溽暑，大雨時行。"

17　困：老師改為"令"字。悶悶：鬱悶不樂。唐趙璘《因話錄‧羽》："（進士鄭滂）一夕忽夢及第，而與韋周方同年。當時韋氏先期舉人，無周方之名者，益悶悶。"

18　1914 年 3 月，周恩來等在南開中學組織並成立了敬業樂群會。其宗旨是"以智育為主體，而歸宿於道德，聯同學之感情，補教科之不足"。該會章程細密，組織嚴謹，下設研究類四部：稽古部、演説部、智育部、俱樂部。部下各設二團，執行類二部：會務部、編輯部。暑假留校者還有暑假樂群會，周恩來曾任總幹事。

19　終朝：整天。陸機《答張悛》詩："終朝理文案，薄暮不遑瞑。"

20　愁：老師改為"憂"。

21　釋憂：老師改為"消遣"。

22　1916 年 5 月下旬，周恩來率敬業樂群會同學參觀北京農業實驗場、工業實驗廠和農事講習所。

23　春明：春光明媚。元陳世隆《北軒筆記》："當春明之際，卉木繁秀。"

24　休沐：休息洗沐，猶休假。《漢書‧霍光傳》："光時休沐出，桀輒入，代光決事。"

25　都門：京都城門，借指都城（北京）。元揭傒斯《送宋少府之官長洲》詩："白髮長洲尉，都門萬里船。"

26　高莊：即今天津津南區高莊子村。該村紳士李德清於 1907 年創建"李氏私立小學堂"，為今高莊子小學的前身。校舍建築考究，據説設計時參照了南開中學。當時宣導新式教育的袁世凱書贈"敬教勸學"鎦金大匾，書法家華世奎題寫"師資永賴"匾額。該校與南開中學多有聯繫，尤其到 1916 年更加密切。李氏小學邀南開中學學生到高莊舉行籃球和足球賽，他們還參加南開學校運動會附設的小學部賽事。張伯苓親率南開中學新劇團的骨幹時子周、周恩來等到該校進行編劇活動，周恩來還在暑假兩度到該校野遊。

27　箋：本指狹條形小竹片，古代書寫用簡冊，有所表識，削竹為小箋，繫之於簡。後指供題詩、寫信等用的小幅紙張。南朝陳徐陵《〈玉台新詠〉序》："五色花箋，河北膠東之紙。"

28　投報：指報答。語本《詩‧衛風‧木瓜》："投我以木桃，報之以瓊瑤。"此處指回信。

29　"余弟"指周恩來的三弟周恩壽（1904—1985）。他於 1916 年夏從江蘇淮安來到天津，亦居於四伯父周貽賡家，求學讀書，並於 1918 年過繼給周貽賡為子，1921年亦考入南開中學。

30　形：老師改為"暌"。暌：違背，分離。劉勰《文心雕龍‧雜文》："或文麗而義暌，或理粹而辭駁。"1910 年春，四伯父周貽賡託回鄉探親的周恩來的堂伯父周貽謙，把周恩來帶出淮安，到東北奉天（瀋陽）去生活、求學。從那時起至 1916 年暑假周恩來與周恩壽重逢時已將近七年。

31 把晤：握手晤面。袁枚《隨園詩話》卷十三："後余官白下，而燭亭亦就幕江南，常得把晤。"

32 熟：老師改為"孰"。

33 大從父：指周恩來的四伯父周貽賡。

34 猶："猶"老師改為"尤"。

35 遄：遄，迅速。疑當作"返"。返里，返回家鄉。清邵廷采《明遺民所知傳》："（方以智）返里止高京高座寺為僧。"本文首段有"扁舟返里"，另外 1916 年春周恩來的同學張蓬仙準備回鄉後赴日本留學前夕，周恩來作《送蓬仙兄返里有感》組詩相贈。

36 又豈無因之轉增憂慮：天頭處有老師批語："'豈無'以上宜加'者'字，文法始通。"

37 若余者：老師改為"此若余"。

38 耳：老師改為"也"。

39 怙恃：父母的合稱。語本《詩·小雅·蓼莪》："無父何怙，無母何恃。"唐韓愈《乳母墓銘》："愈生未再周孤，失怙恃。"

40 瞻：看，望。《詩·魏風·伐檀》："不狩不獵，胡瞻爾庭有縣狟兮？"

41 椿萱：《莊子·逍遙遊》謂大椿長壽，後世因以椿稱父。《詩·衛風·伯兮》："焉得諼草，言樹之背。"諼草即萱草。後世因以萱稱母。椿、萱連用，代稱父母。唐牟融《送徐浩》詩："知君此去情偏切，堂上椿萱雪滿頭。"

42 不啻：無異於，如同。元稹《敘詩寄樂天書》："視一境如一室，刑殺其下不啻僕畜。"造，到，去。《周禮·地官·司門》："凡四方之賓客造焉，則以告。"鄭玄注："造，猶至也。"上文稱周恩來未能參加西山之行，但西山離北京西郊農事實驗場很近，既赴北京，就相當於已到西山。

43 萬牲園：北京農事實驗場附設的動物園，是中國歷史上最早的近代公共動物園。1907 年 7 月，萬牲園對外開放，最初的展品是南洋大臣兼兩江總督端方自德國購回的部分動物及全國各地撫督送獻清朝政府的動物。暢觀樓，建成於 1908 年初，是清末皇室郊外的行宮。位於農事試驗場西北部，1911 年對民眾開放。

44 碧雲寺：位於今北京海淀區香山公園北側，西山餘脈聚寶山東麓，是一組佈局緊湊、保存完好的園林式寺廟。創建於元至順二年（1331），後經明、清擴建，始具今日規模。寺院坐西朝東，依山勢而建造。鍾敬文散文《碧雲寺的秋色》中有"晚上風來時，樹木的呼嘯，自然不是近來才有的，可是，最近這種聲響更加來得頻繁了，而且聲勢是那麼浩大，活像沖近堤岸的錢塘江的夜潮一樣"。可見該寺晚風呼嘯是出名的。

45 輪：車輪，代指車。宋孫光憲《臨江仙》詞："杳杳征輪何處去，離愁別恨，千般不堪。"

46　李氏之校舍：即高莊子李德清創建的"李氏私立小學堂"。

47　馳驅：本指策馬疾馳。《孟子・滕文公下》："吾為之範我馳驅，終日不獲一，為之詭遇，一朝而獲十。"這裏指奔跑。

48　泳：老師改為"遊"。

49　乘風：順着風。《宋書・宗愨傳》："愨少時，炳問其志。愨答曰：'願乘長風，破萬里浪。'"

50　自持：自我克制。《史記・儒林列傳》："(倪)寬為人溫良，有廉智，自持，而善著書。"

51　老師刪掉"僅一而從"。

52　病篤：病勢沉重。《史記・范雎蔡澤列傳》："昭王強起應侯，應侯遂稱病篤。"

53　淮皖大水：據《中國水災年表》，1916 年淮河發生大洪水，其中下游、太湖流域、江蘇沿江地區水災較重。

54　老師此處刪掉"既"和"之"。廬墓，古人於父母死後，服喪期間在墓旁搭蓋小屋居住，守護墳墓，謂之廬墓。後指祖墓。《清史稿・循吏傳四・牛樹梅》："有父母兄弟妻子之仇，有田園廬墓之戀。"

55　隙：空子，可乘之機。曾鞏《本朝政要策・契丹》："虜乘其隙也，連破州邑。"此句指悲愁的心情乘機襲來。老師刪掉"復"，並把"之來隙"改為"交集"。

【點評】

本文是周恩來的一篇作文。文中記"北京之行"、"登萬牲園之暢觀樓"等事，與中共中央文獻研究室《周恩來年譜》所載 1916 年 5 月下旬周恩來率敬業樂群會同學參觀北京農業實驗場等事相合，故可知本文作於 1916 年暑假後。

1916 年的暑假，作者經歷了很多事情，可以說是喜憂參半。作者在將這些事串聯起來時，故意設置了跌宕起伏的總體基調，使讀者的心情亦隨之而動，如臨其境，感同身受。文章首段總論放假後學生返鄉與家人團聚的一般情境，使人讀來喜悅。繼而談到自己無法返鄉，又沒能參加同學赴西山、芝罘的旅行，只能"蝸居斗室"，使人讀來惋惜。所幸參加了暑假樂群會，並赴北京農業實驗場等地參觀，去天津南郊高莊參加劇本編寫活動等，生活也算豐富，使人讀來欣慰。其後述其離別七年的胞弟來津，敍手足深情，並提及叔父病情，為之擔憂，愈發思鄉，使人讀來同情。在敍事基礎上，作者又感慨假期的設置本是好事，但卻使自己產生不同的心境。由於自幼喪母，父親在外謀生，所以周恩來多年寄人籬下、自理生活，這使得他愈重感情，且心思細膩，這在本文中發揮得淋漓盡致。他雖然為"從父病篤"、家遭大水、廬墓未瞻而遺憾，卻又"以校為家，以同學為兄弟"，將深厚的感情傾注於公事。其日後為國家和人民鞠躬盡瘁的精神已現端倪。

　　作為一篇記敍文，本文綜合運用了記敍、描寫、議論、抒情等多種表達方式，寓情、寓理於事，真切感人。句子駢散結合，典故古今並用。為了增加敍事的曲折感，故意將 5 月下旬赴北京參觀之事放在假期中記述，雖與事實稍異，但達到了表達效果。體現出文學藝術源於生活，又高於生活的表現原則。原稿多處被周恩來老師圈點，並在評語中用劉勰"情采"的理論來評價本文，意指其"為情而造文"的風格，這是對周恩來作文高度的肯定。

（劉樹紅）

1917 年周恩來畢業留影

四十二

今之憂時者，僉[1]謂國匱民貧由於世風奢靡，
然泰西[2]學者研究奢靡問題界說[3]不一，
波利比阿[4]謂奢靡由於習慣，紀夏井[5]謂奢靡由於性質，
二說然否，試探本言之

（一九一六年十一月）

　　世恆言曰，一國文明之進退，視其國民生活程度之高低以為衡。英霸全球，工藝、商業執大地之牛耳[6]。其國民之生活，亦較他國為高。德、美文化居於後起，勇往直追，其國民生活遂亦亞於英。至若扶桑[7]，則其維新不及半紀，文明新機，方在萌芽時期，故其國民生活遠遜於西邦。其他亡國之民，若埃及、若印度、若安南[8]、若朝鮮，其生活程度之低，非可與英、美相較而語。而其國之文明，亦黯淡無光，永無發軔[9]之望。是國民生活之高低，與其國文明之進退，實處於相維繫[10]之境也。返觀我國，開放門戶四十餘年，而所謂國魂所憑，國性所寄之文化，非僅無進步可言，且模效無着，憑依失所。大多數之國民生活，幾與埃及、印度、安南、朝鮮同其高低。嗚呼！興邦之道耶？覆國之象耶？是固不待智者測也。然吾又聞諸今之憂時者言曰：國匱民貧，由於世風奢靡。誠若是也，英、美、德、日國民生活程度之高於我者，國宜匱矣，民宜貧矣，而蒸蒸日上，林於強國者[11]，何哉？埃及、印度、安南、朝鮮國民生活程度之低於我者，國宜強矣，

民宜富矣。而日就式微[12]，寖至國亡種弱者又何哉？由是觀之，世風奢靡，由於人種習性，生活程度之高低，與之固無關也。蓋世界文化，有進無退，人工之時代，進而為役物[13]之時代。十指所勤，畢生所經，本能所具有也。以物互市[14]，以信交易，資本之無營，利息之無着也，故其時無所謂生活之程度也。逮[15]人類漸繁，人力乏效，於是駕車有馬，耕地有牛，司晨[16]有雞，守戶有犬，富而貴者役物之力偉，貧而賤者役物之力微，而生活之問題斯起矣。及於今，役物之時代，進而為汽力之時代。蓋世界無窮，人願無盡。動物以有窮有盡之本能，供役其間，行見有左支右絀[17]之象，故汽力興以代物力。一物之微，經若干手續始成尋常之品，務極其巧思，以求合用，無所謂敷衍，無所謂勉強也；生活程度遂亦因之以增高。人工束手，但盡巧思，此現代之文化也。按諸英、德，有倡電力、光力以代興汽力者，艱而未見實行。至在吾國，則汽力之興，僅見諸二三工廠，他何有焉。此英、德、美、日所以趨於強盛，而吾國所以日就於衰弱也。英、德、美、日之奢靡所以出於正，而吾國之奢靡所以出於劣也。夫奢靡，習性之惡者。然而施之於文化進步之國，則其因生活程度之高，雖奢靡不得謂之奢靡也。至若吾國，文化黑暗，生活低微，舉國癡頑，如入昏夢，雖欲與世界諸強同其步趨，亦將謂之為奢靡。矧[18]財隱於地，貨棄於途，流離顛沛，滿目荒涼，而國民耗費金錢，又遠超於文化進步之邦。此而不為奢靡，天下寧復有奢靡之事乎？且奢靡之中於吾人習性，非自今日始也。桀、紂、幽、厲[19]，三代之主也。德不足以服人，功不足以驚世，而其服御之華，宮室之美，姬妾之眾，狗馬之嗜，直超歷代帝王而上之，當世未聞有起而抗者。逮忠退良隱，賢死諫醢[20]，暴聲大着於天下。湯武[21]犬戎[22]，始得弔民代罪[23]。設桀、紂、幽、厲有知機之明[24]也，龍逢[25]不死，比干[26]不殺，烽火[27]不興，則湯武犬戎無征討之名，桀、紂、幽、厲雖肆其奢靡不為害也。是故一代之興，宮室車馬姬妾服御之增，亦因其勢為轉移。宋祖之遵母訓，明祖之愛惜民物，蓋僅見也。富貴之家，入不逾黃金百鎰，而出支已浮[28]原額；貧賤者力本不足，猶搖尾[29]以廁富貴之列，好高鶩遠，從事奢靡，非生活程度之有以使之，實國人之習性然也。按之於波立比阿奢靡由於習慣，紀夏井奢靡由於性質之説，益恍然[30]於國人之奢靡由來矣。或曰：二氏之説容有異乎？噫，是豈知言[31]也哉！夫人性本善，習於善則善，習於惡則惡。世風澆漓[32]，習俗日偷[33]，故今之習惡者易於古之習惡者。習久成性，惡風遂被於社會，而世人亦不以為怪。是以唐虞[34]之世盛行者，今人轉以為非。其所惡者，今人方盛行之矣。孰謂天下之習慣不易改，而性質難掩也[35]。且波利比阿，馬其頓之士也，是時希臘方亡，文化新產，人性猶真，故希臘末季奢靡之風，波氏懼染之馬其頓，遂不惜大聲疾呼，明奢靡為習慣，冀國民知返本捨華。奢靡為身外之虛假，故歐人及今，猶不失為儉樸之民於生活高尚之中也。至紀夏井，則日本之士也，去今未逾半紀，距上古醇俗厚風之世，已將望塵不及。故其發為言也，則曰奢靡出於性質。蓋習久成性，奢靡本屬習慣，及今則無所謂習矣，性焉而已。矧日本地狹民稠，設奢風普於三島，則圖強非易行，且流於貧弊之邦矣。故紀氏慮日人之不求文化，步武[36]歐美，而唯生活高尚是務也。於是揭性質之幟，以冀日人聆斯言有所動於中，知性質之非易革，而遂致力於儉樸以力矯之也。矚目東瀛，其國民勤儉樸實之風，未始非紀氏之力也。夫二氏之居心既若是，其所見諸言論者乃有所判。實則習久成性，習慣也，性質也，固一而二、二而一[37]也。況奢靡用之於文化日進之國，則其奢靡且足以助文化之進步，非徒無害已也。若盛行於吾文化蔽塞之邦，則吾行見其促國於亡，以應夫憂時者之言而已。嗚呼！習慣也，性質也，奢靡也，炎黃苗裔[38]，將恃[39]之以增進文化，與英、美、德、日同列於富強之境[40]、生活高優之所耶？抑[41]採之為匱國貧民，與埃及、印度、安南、朝鮮同廁於亡國之列、生活低微之邦耶？從波，從紀，是故在吾人之自擇也，非二氏所得而過問矣。

【周恩來教師評語】

前後大照應，中間大關鍵，中外史事熟於胸中，是謂真經濟，是謂大文章。

【註釋】

1　僉：都，皆。

2　泰西：舊時指西洋（主要指歐洲）。

3　界說：定義的舊稱。

4　波利比阿（約前 205—約前 125）：古希臘歷史學家，曾任亞加亞聯盟外交官和騎兵指揮官，後周遊地中海兩岸各地，收集史料，著《通史》40 卷。今僅有前 5 卷及其他部分殘篇。

5　紀夏井：日本平安時代官吏，生卒年不詳。850 年，任少內記，後升至贊歧守。865 年轉肥後守。他為官清正，翌年因應天門事變連坐，發配土佐國，瀕行，沿途百姓悲哭。

6　執大地之牛耳：古代諸侯訂立盟約，要每人嚐一點牲血，主盟的人親手割牛耳取血，故用 "執牛耳" 指盟主，後來泛指在某一方面居領導地位。

7　扶桑：傳說中東方海中的古國名，舊時指日本。

8　安南：本唐安南都護府地，五代晉時獨立，建國號為瞿越、大越等。北宋開寶八年（975）封其王為交趾郡王，南宋隆興二年（1164）改封安南國王，此後即稱其國為安南。明永樂五年（1407）以其地置交趾省，宣德二年（1427）復獨立建國，我國仍稱之為安南。十五世紀以後，其南部疆土不斷擴展，佔有占城國全部和真臘國的一半，瀕臨暹羅灣。1802 年（清嘉慶七年）改國號為越南，清政府對其亦改稱為越南，但在新中國成立以前，中國民間仍沿稱其為安南。

9　發軔：拿掉支住車輪的木頭，使車前進。比喻新事物或某種局面開始。

10　維繫：維持並聯繫，使不渙散。

11　廁於強國者：周恩來的老師將其中的 "林" 字改為 "廁" 字，因 "林" 鮮為動詞用，故改後用字更準確。廁：置身於。

12　日就式微：國家一天天趨向衰微。就，趨向。式：句首語氣詞。式微，指國家或氏族的衰落。《詩經・邶風・式微》："式微式微，胡不歸？"

13　役物：役使外物，使物為我用。

14　互市：往來交易。

15　逮：及。

16　司晨：公雞報曉。

17　左支右絀：應付了左邊，便應付不了右邊。形容財力或能力不足，應付不了困難的局面。支，支持。絀，屈曲，不足。

18　矧：況且。

19　桀、紂、幽、厲：桀，夏代最後一個君主名，為古時暴君之典型，與商紂並稱。紂，商代最末的君主名，帝乙之子，名受，號帝辛，史稱紂王。曾平定東夷，使中原文化逐漸傳播到淮河長江流域。紂才力過人，知足以拒諫，言足以飾非，暴斂重刑，百姓怨望。周武王東伐至盟津，諸侯叛商者八百。戰於牧野，紂軍倒戈，紂兵敗自焚於鹿台。幽，即周幽王，宣王子，名宮涅。寵愛褒姒，生伯服，廢申后及太子宜臼，立褒姒，以伯服為太子。申侯怒，聯合犬戎攻幽王，殺之於驪山下。西周亡。厲，即周厲王，穆王四世孫，名胡。用榮夷公搜刮財富，行暴政，民不堪命。國人怨恨非議，又派衛巫監殺謗者，國人敢怒而不敢言，道路以目。三年，國人放逐之於彘。

20　醢：將人剁成肉醬的暴刑。

21　湯武：商湯和周武王。商湯，商王朝的建立者。契的後代，子姓，名履，亦稱天乙、成湯。夏桀無道，湯伐之，遂有天下，國號商，都於亳（今河南商丘縣一帶）。傳十七代，三十一王，至紂為周所滅。周武王，文王子，名發。起兵伐紂，聯合庸蜀羌髳微盧彭濮等族，與紂戰於牧野，滅殷。建立周王朝，分封諸侯，都鎬（今陝西西安西南）。

22　犬戎：古戎族的一支，在殷周時居於我國西部。周幽王十一年，申侯引犬戎入宗周攻殺幽王，平王立遷於洛邑，是為東周。

23　弔民代罪：此處為成語"弔民伐罪"之誤寫。弔民伐罪：慰問受苦的人民，討伐有罪的統治者。

24　知機之明：由"知人之明"仿擬而來。明，指眼光，眼力。

25　龍逄：即關龍逄，古史傳說夏之賢臣。夏桀無道，為酒池糟丘。關龍逄極諫，桀囚而殺之。

26　比干：殷末紂王叔伯父（一說，紂庶兄）。傳說紂淫亂，比干犯顏強諫，紂怒，剖其心而死。與箕子、微子稱殷之三仁。

27　烽火：指周幽王烽火戲諸侯。周幽王為取悅褒姒，數舉驪山烽火，失信於諸侯。申侯聯合犬戎攻幽王，幽王雖然烽火報警，但各國諸侯害怕再次被戲弄，都沒有發兵前來勤王。結果，鎬京被攻下，幽王帶褒姒逃到驪山山麓，被犬戎兵殺死，西周滅亡。

28　浮：超過，多餘。

29　搖尾：舉止自得貌。

30　恍然：猛然明白。

31　知言：有遠見之言。

32　澆漓：（風俗等）不樸素敦厚。

33　偷：刻薄，不厚道。

34　唐虞：古史言陶唐氏（堯）與有虞氏（舜），皆以揖讓有天下，以唐虞時為太平盛世。《論語・泰伯》："唐虞之際，於斯為盛。"

35　孰謂天下之習慣不易改，而性質難掩也：原文起初為"孰謂天下之習慣易改，而性質難掩也"，後在"習慣"後加"不"字，在句末加"哉"字。此二字為周恩來的老師所加，加後文句更好，語氣更強烈。

36　步武：跟着別人的腳步走，比喻效法。

37　一而二、二而一：指兩者有同一性，實際上是一回事。

38　苗裔：後代。

39　恃：依靠，依賴。《詩經・小雅・蓼莪》："無父何怙，無母何恃。"

40　同列於富強之境：原文起初為"同林於富強之境"，後將"林"字圈去，改為"列"字。是周恩來的老師所改。因"林"鮮為動詞用，故改為"列"字更準確。列，排列。

41　抑：連詞。表示選擇，相當於現代漢語的"還是"、"或者"。

【點評】

　　本文係周恩來的一篇課業命題作文，全文刊登在 1916 年 11 月 29 日《校風》第 48 期《課藝》欄目中。文後有教師評語："前後大照應，中間大關鍵，中外史事熟於胸中，是謂真經濟，是謂大文章。"

　　文章首先對比英、德、美、日和埃及、印度、安南、朝鮮等國的文明和國民生活程度，得出"世風奢靡，由於人種習性，生活程度之高低，與之固無關也"。接着文章具體分析了"英、德、美、日所以趨於強盛，而吾國所以日就於衰弱"，是因為英德等國已經發展到汽力之時代，並且"有倡電力、光力以代興汽力者"，相比之下"在吾國，則汽力之興，僅見諸二三工廠"。當時中國雖然生產力落後，"而國民耗費金錢，又遠超於文化進步之邦。此而不為奢靡，天下寧復有奢靡之事乎"？於是文章列舉桀、紂、幽、厲之史事，印證"奢靡之中於吾人習性，非自今日始也"。由此可見，"奢靡用之於文化日進之國，則其奢靡且足以助文化之進步，非徒無害已也。若盛行於吾文化蔽塞之邦，則吾行見其促國於亡"。文章最後指出，中國應"增進文化，與英、美、德、日同列於富強之境、生活高優之所"。統觀全文，此時的周恩來已經能夠運用唯物主義觀點分析社會歷史現象，接近了唯物史觀的基本觀點。

作為一篇鑒史明志的文章，本文做到了觀點鮮明、論據充分、論證有力。這與周恩來平時注重廣泛閱讀和深入思考不無關係。在這篇作文中，周恩來不僅表現出能將"中外史事熟於胸中"的特點，更難能可貴的是，他對於古今中外之政治、經濟、文化等領域的現象能做出自己的分析和判斷，並在此基礎上，準確運用中外史事來印證自己的觀點，這就使整篇文章做到了"前後大照應，中間大關鍵"。在文章中，周恩來並沒有簡單地評判"奢靡"的優劣，而是從社會生產力不斷發展的角度，對一個國家文明之進退、國民生活程度之高低與科技生產力之強弱的關係作了深層次的經濟分析，對"奢靡"問題進行了歷史分析，力圖探討中國長期貧窮落後的原因，找出強國富民的道路。如此精闢入理的分析，如此字字珠璣的文章，於一篇中學生作文而言，"是謂真經濟，是謂大文章"的評價一點不為過。

（劉敬華）

四十三

組織冬夜學術研究會啟
（一九一六年冬）

某兄偉鑒：

　　菊落籬東，知隆冬之將至。梅開嶺上，報小陽之重來。相別數月，便覺已三秋矣！竊思閣下[1]既以才高獲選，得入專科，日夕與蓬、醒諸兄促膝談心，其樂可知。而弟則仍舊貫[2]，知己無復一存。蕭齋[3]瑟瑟，子夜螢螢[4]，欲芯之孤燈，增人離索，疑冰之冷案，把卷無儔[5]。此情此景，益復難堪[6]。回首前塵，不覺聲淚為之俱下也。悲之不已，忽得一聚會之法焉。夫交友之道，貴相知心；而切磋琢磨，尤賴吾朋。是以友也，不止[7]為通聲氣而已，學術之輔助，德業之引誘，均藉友朋以提攜[8]之，而後日方足有為於社會，收臂使指之效也[9]。弟之才之德，全賴閣下之扶持指導，始克臻[10]斯境。今一旦分居兩校，未免孤陋寡聞。不獲時聆大教，然猶幸未出津門，聚會有緣，況星期六之晚，正吾人晤面大好之時光也。又恐群居終日，言不及義，未免誤此良辰。弟擬組織一會，名之學術研究，聯絡舊日同窗，專以各抒己見，互換學識為主腦，錯雜一室，且藉以破吾人冬夜之岑寂[11]，免發生不良之結果，非獨使智識之增加已也。鄙見[12]如是，還以質之高明以為何如？並祈[13]轉達蓬、醒二兄，如蒙俯納[14]，則來日之幸福方長，吾知

望兄其玉成之[15]。臨池擱筆，不盡所懷。順頌

時祉[16]

冬夜學術研究會慶

弟　某　鞠躬

【註釋】

1　閣下：古代多用於對尊顯的人的敬稱。後泛用作對人的敬稱。

2　舊貫：原來的樣子。

3　蕭齋：唐張懷瓘《書斷》："武帝造寺，令蕭子雲飛白大書'蕭'字，至今一字存焉。李約竭產自江南買歸東洛，建一小亭以玩，號曰'蕭齋'。"後人稱寺廟、書齋為"蕭齋"。清蒲松齡《聊齋誌異‧聊齋自誌》："蕭齋瑟瑟，案冷疑冰。"

4　螢螢：指微弱的燈光。

5　儔：同輩，伴侶。

6　難堪：難以忍受。

7　止：僅，只。

8　提攜：合作。

9　此句不通，應為"收指臂之力也"。

10　克臻：能達到。

11　岑寂：寂寞，孤獨冷清。

12　鄙見：謙辭，稱自己的見解粗俗淺薄。

13　祈：請求。

14　俯納：敬語，採納。

15　此句周恩來的老師改為"望兄其玉成之"，更好。玉成：敬辭，促成，成全。意謂助之使成，後為成全之意。

16　時祉：四時幸福。舊時常為書信結尾的祝頌語。

【點評】

　　本文是一篇作文（據手稿），編者考訂作於1916年冬。文後教師評語已經佚失。

　　在這封短信中，作者因"某兄"入專科學校學習，與之"相別數月"，

深感"知己無復一存",故為了能與朋友們相聚,"擬組織一會,名之學術研究",藉此來"聯絡舊日同窗,專以各抒己見,互換學識為主腦"。

周恩來1913年8月到天津南開中學讀書,遠離家鄉,不能像別的孩子那樣繞依父母膝下。因此,他特別重視同學之間的友情,以校為家,以同學為兄弟,常常"約二三友圍爐共話,達我幽情,傾吾素志"。

周恩來既重視廣交朋友,又重視對德才出眾者處以深交。他說:"余年非長,天真未變,素結交小友,樂我性靈,因是識者孔多。"這是講的廣交。然而,對德才出眾者則"相勉以道德,相交以天真,相待如兄弟"。這是講的深交。當時,李福景、吳國楨是周恩來深交的兩位朋友。周恩來在《〈峙之日記節錄〉志》中,不僅介紹了李福景、吳國楨的人品才學,而且傾吐了自己對他們誠摯的感情:"吾每睹新慧,輒令余化愁作喜,推心置腹,有願作竟日談,何可一日無此君之慨。及晤峙之,則促膝論道,抵掌論文,歡愉快樂中寓莊嚴之氣象,心神為之清朗。"同好朋友交往是一大快事,周恩來說:"有友為勵,益奮吾志。"

周恩來在南開中學畢業時,《同學錄》中對他作了這樣一段評語:"君性溫和誠實,最富於感情,摯於友誼,凡朋友及公益事,無不盡力。"這是周恩來在學生時代就具有的突出的優點,這也是周恩來朋友多的原因。從這篇作文中,這一點更能得到充分證明。

(單巨兵)

四十四

書曾滌生[1]《送謝吉人[2]之官江左序》後

（一九一六年冬）

　　鄒忌[3]之諫[4]齊王曰：“宮婦左右[5]莫不私[6]王，朝廷之臣莫不畏王，四境之內莫不有求於王。”[7]甚[8]矣，求王、畏王、私王之眾也。然齊特[9]千里諸侯耳，土地廣於齊，爵位尊於齊，若歷朝之帝王如桀[10]、紂[11]、幽[12]、厲[13]者，其私之、畏之、有求之者，又奚[14]居[15]齊王下乎？是知位愈尊而爵愈崇[16]者，雖暴[17]弗彰[18]，雖惡彌[19]隱[20]，驕奢放浪，予聖自雄之念，遂因[21]之而愈著[22]。嗚呼！世風澆漓[23]，人習為假[24]，驕滿深中[25]於人心，譽揚時聞於人口。民俗日[26]偷[27]，國事益頹，是亦不可以已[28]矣！

　　今夫縣令亦百里之宰[29]也。四封之內，尊無與二。其私之畏之有求之者，固[30]與齊王罔或異也。且移風易俗[31]，領袖群黎[32]，端[33]賴斯人。清而謙者，一縣因之而醇厚；驕而暗者，一縣隨之以狡詐。是一縣令也，國家之安危，蒼生之禍福，咸[34]與之受莫大影響。然則國家之擇官，與夫官之自處，不綦[35]難哉？此吾讀曾滌生《送謝吉人序》，尤不禁掩卷長思，深歎夫賢哲贈人以言之慎也[36]。

　　今也哲人往矣！世事日非，私之畏之有求之者，又不僅百里宰令，千里萬戶帝王已也。舉國如狂，唯[37]利是務[38]；鑽營[39]狗苟[40]，甚於滿清。朝為牧奴，夕為朝貴。唯賄賂之是行，無勳望[41]之足重。視吉人也，又弗逮[42]遠甚。夫[43]以如是之時，扶[44]而撐者，又皆是類是擇。國家安危，蒼生禍福，吾誠[45]不得而知矣！吾唯痛[46]夫曾侯以一代奇才，德望所繫，百年後，曾不得以其語繫世人之思，警世人之念，而唯剩殘音諍[47]語於贈序之中，豈[48]不哀哉！則今之蔡將軍[49]遺電，總統所佈告[50]於內外官吏者，殆[51]亦將與曾侯嘉言[52]同一感慨，又何期有吉人之資[53]耶！吾故曰：私之畏之有求之者，四境之內，比比皆是[54]。讀賀[55]副總統[56]之文，尤不禁令吾感慨無涯[57]，思曾侯而未央[58]也！

【周恩來教師評語】

章法謹嚴，神味雋永。

【註釋】

1　曾滌生（1811—1872），即曾國藩，湖南湘鄉人，清道光進士，歷任吏部侍郎、兩江總督等職，是鎮壓太平天國革命的湘軍首領。

2　謝吉人：清乾隆末年御史謝薌泉之孫。

3　鄒忌：一作騶忌。戰國時人。以諷喻善諫見稱。曾以鼓琴遊説齊威王，被任為相國。後封於下邳（今江蘇睢寧西北），稱成侯。勸説威王獎勵群臣吏民進諫，主張修訂法律，監督官吏，並選薦得力大臣堅守四境。後與田忌不和，迫使奔楚。

4　諫：用言語規勸君主或尊長改正錯誤。

5　左右：身邊侍候的人，近臣。

6　私：偏愛。《楚辭·離騷》："皇天無私阿兮，覽民德焉錯輔。"

7　此句引自《戰國策·齊策一》。

8　甚：厲害，嚴重。

9　特：僅、只、不過。《史記·魏其武安侯列傳》："丞相特前戲許灌夫，殊無意往。"《漢書·高帝紀下》："今天下賢者智慧豈特古之人乎？"

10　桀：夏代國君。名履癸。暴虐荒淫。在有仍（今山東濟寧東南）會合諸侯，攻滅有緡氏（今山東金鄉）。後被商湯所敗，出奔南巢（今安徽巢湖市西南）死。夏朝滅亡。

11　紂：一作"受"，亦稱帝辛。商代最後的國君。曾征服東夷，損耗大量人力物力。又殺九侯（一作鬼侯）、鄂侯、比干、梅伯等，囚周文王、箕子。重徵賦税、統治暴虐。後周武王會合西南各族向商進攻，牧野（今河南淇縣南）之戰，他因"前徒倒戈"，兵敗自焚。商亡。

12 幽：周幽王（？—前 771），西周國君。姬姓，宣王子。前 781—前 771 年在位。任用虢石父，為政嚴酷，加以地震旱災，人民流離失所。曾進攻六濟之戎，大敗。後寵愛褒姒，立褒姒之子伯服（一作伯盤）為太子，廢申后和太子宜臼。申侯聯合繒、犬戎等進攻，他被殺於驪山下，西周滅亡。

13 厲：周厲王（？—前 828），西周國君。姬姓，名胡。任用榮夷公執政，實行"專利"（壟斷山澤的物產），並命令衛巫監視"國人"，殺死議論他的人，引起反抗。前 841 年"國人"發難，他逃奔到彘（今山西霍州），十四年後死於此。

14 奚：為何，怎麼。《論語・為政》："子奚不為政。"《韓非子・和氏》："子奚哭之悲也。"

15 居：處於。《國語・周語中》："居大國之間，而無此四者，其能久乎？"

16 崇：高。

17 暴：兇惡，殘暴。

18 彰：明顯，顯著。

19 彌：更加。

20 隱：隱匿，隱蔽。

21 因：因襲，沿襲。

22 著：明顯，突出。

23 澆漓：（風俗）等不樸素敦厚。

24 為假：教師此處有批改，將其改為"作偽"，改句更好。

25 中：落到，陷於。《史記・蘇秦列傳》："秦無韓、魏之規，則禍必中於趙矣。"《後漢書・單超傳》："圖之不難，但恐陛下復中狐疑。"

26 日：每天，一天天。

27 偷：苟且，怠惰。《國語・齊語》："政不旅舊，則民不偷。"《管子・幼官》："執務明本，則士不偷。"《管子・中匡》："臣聞壯者無怠，老者無偷，順天之道，必以善終者也。"

28 已：停止。

29 宰：主宰。《呂氏春秋・精通》："德也者，萬民之宰也。"

30 固：本來。

31 移風易俗：轉移風氣，改變習俗。《荀子・樂論》："故樂行而志清，禮修而行成，耳目聰明，血氣和平，移風易俗，天下皆寧，美善相樂。"

32 群黎：眾庶，黎民。

33 端：終究。

34 咸：都。

35 綦：極，很。

36 深歎夫賢哲贈人以言之慎也：原文在"深歎"右下處有"夫"字，是周恩來老師添補的。有"夫"字句更好。

37 唯：只。

38 務：追求，謀求。《國語・周語上》："使務利而避害，懷德而畏威。"《戰國策・魏策二》："且楚王之為人也，好用兵而甚務名。"

39 鑽營：設法巴結有權勢的人以謀求私利。

40 狗苟：如狗一樣的苟且偷生，不講節操。

41 勳望：功勞和聲望。

42 逮：及，達到。

43 夫：語氣詞。用於句首，以提示下文或表示對某事進行判斷。

44 扶：治理。

45 誠：確實，的確。

46 痛：悲痛，傷心。

47 諍：直言規勸。

48 豈：難道。

49 蔡將軍：指蔡鍔將軍。蔡鍔（1882—1916），軍事家。原名艮寅，字松坡，湖南邵陽人。1898 年（清光緒二十四年）入長沙時務學堂，從梁啟超學習。1900 年參加自立軍起兵，失敗後留學日本士官學校。1904 年回國，先後在江西、湖南、廣西、雲南等地訓練新軍。1911 年（宣統三年）擢雲南三十七協協統。武昌起義爆發，與雲南講武堂總辦李根源在昆明舉兵回應，建立軍政府，任雲南都督。派唐繼堯進軍貴州，由唐繼堯接任貴州都督。1913 年被袁世凱調至北京，暗加監視。1915 年 11 月潛出北京，12 月在雲南組織護國軍起兵討袁，與袁軍激戰於四川瀘州、納溪。袁世凱死後任四川督軍兼省長，因病赴日本就醫，不治逝世。有《蔡鍔集》、《蔡松坡集》。

50 佈告：宣告，公告。《史記・呂太后本紀》："事已佈告諸侯，諸侯皆以為宜。"《漢書・高帝紀下》："佈告天下，使明知朕意。"

51 殆：大概，恐怕。

52 嘉言：善言。

53 資：財物，錢財。

54 比比皆是：到處都是。形容多。宋・包拯《請救濟江淮饑民疏》："連年亢旱，民食艱阻，流亡者比比皆是。"

55 賀：慶祝，慶賀。

56　副總統：指馮國璋。

57　涯：邊際。

58　未央：未盡。《詩經・小雅・庭燎》：“夜如何其？夜未央。”《楚辭・離騷》：“及
　　年歲之未晏兮，時亦猶其未央。”央：盡。

【點評】

　　本文是一篇作文（據手稿），編者考訂作於 1916 年冬。寫作背景於
文章結尾有所交代。周恩來非常贊同曾滌生文章《送謝吉人之官江左序》
中表達的廣開言路、改革弊政之觀點，他無時無刻不在苦苦求索中華民
族的救亡圖存之路。他關心國計民生，閱讀時文報刊和大量進步書籍，
所以英年早逝的蔡鍔將軍“遺電”“願我人民、政府協力一心，採有希望
之積極政策”、“願為民望者以道德愛國”的振聾發聵之聲與周恩來的
愛國熱忱產生強烈共鳴。因此在得知“總統所佈告於內外官吏者”及讀
過“賀副總統之文”後，不禁“感慨無涯，思曾侯而未央也”。

　　因此，本文是一篇有感而發的說理性隨筆。

　　文章第一段由《戰國策》鄒忌諷齊王納諫的故事引入，接着又以“歷
朝之帝王如桀、紂、幽、厲”從反面進行類比，這四位帝王皆是因寵信
妃嬪或佞臣荒淫殘暴而走向亡國之路。通過正反對比，強有力地證明一
國之君欲清明於天下，應善於除弊納諫。

　　第二段中，作者繼續舉例，縣令官職雖卑微，但亦是“百里之宰”，
其人品、作風在管轄區域內“移風易俗，領袖群黎”方面有極其重要的
作用。作者列舉了縣令中“清而謙”和“驕而暗”兩種截然相反的態度與
結果，意在告訴讀者：七品縣令的作為會影響到“國家之安危，蒼生之
禍福”。論據以小見大，由小官推論到所有官員，得出“官之自處綦難”
的結論。

　　第三段由前兩段的“追昔”談古回到當前現實，雖然袁世凱已於
1916 年 6 月 6 日病故，黎元洪繼任大總統，但軍閥割據的混亂時局依

舊未變。正如作者在文中所講：“舉國如狂，唯利是務；鑽營狗苟，甚於滿清。朝為牧奴，夕為朝貴。唯賄賂之是行，無勳望之足重。”現實的黑暗令作者不由得發出“國家安危，蒼生禍福，吾誠不得而知矣”的感歎，這種憂國憂民之情懷在年少的周恩來身上略見一斑。然後，作者借對曾侯百年後“唯剩殘音諍語於贈序之中”而不能“繫世人之思”、“警世人之念”的悲哀，委婉地表達了對當時中國執政者的不滿與規勸。

　　作者在前兩段引用史實分別側重於君、臣兩個不同角度來論述治理國家、管理地方都要廣開言路的道理；第三段結合現實委婉規勸執政者，借古喻今。文中大量以古人事例說理，使論證深刻含蓄，因此教師評價“章法謹嚴，神味雋永”。

　　此外，作者於理性地闡述中不時融入抒情色彩強烈的語句，如“掩卷長思，深歎夫賢哲贈人以言之慎也”、“豈不哀哉”等，令文章情理並重，感人至深。

（李萱）

四十五

孫陽[1]識馬駁義[2]

（一九一六年）

　　世有孫陽，然後始識騏驥[3]。騏驥常有，而孫陽不常有。騏驥固可貴，而孫陽識之豈不尤[4]可尊耶？然馬之生也，居則齕[5]草飲水，呼嘯馳騁於山林，任性所之，隨遇而止；怒則分道相馳，奮踶[6]而鬥，此馬之真性也。及遇於奴隸人之手，衡扼[7]以加之，月題[8]以齊之，困死於槽櫪[9]之間。食不飽，駕不時，真性不外見[10]，久欲脫羈而逸，安求其能受縶[11]哉。此車下之騏驥，所以見孫陽之泣，而昂首長鳴也。[12]乃陽之治馬也，或燒[13]、或刻[14]、或飢、或渴，橛飾[15]其而鞭，馳驟[16]以臨其身，去馬之性日益遠，馬之鬱鬱以死者泰半[17]矣！雖有騏驥出其間，亦銜轡[18]之所繫，使不得天放之軀，烏[19]得謂之識馬哉。嗚呼！舉世茫茫，何處覓一知己？孫陽尚馬之不識，自噲以下者又何如耶？是以璧遇卞和[20]始顯，而守璞[21]不真；劍逢張華[22]益著，而藏匣不終。夫璧劍之性，豈欲炫世炫俗哉！然世之論者，且曰孫陽識馬，而卞、張善識璧劍，此非悖[23]於理，逆於性乎？故善治國者順民性以求之，可措天下於泰山之安[24]。不然如商君[25]、王安石[26]者，豈得謂之善治國耶？毋亦類於孫陽之識馬歟！

【周恩來教師評語】

發抒感慨，操縱自如。

【註釋】

1　孫陽：又名伯樂，春秋秦穆公時人，以善相馬著稱。《莊子·馬蹄》"及至伯樂"《釋文》："伯樂，姓孫名陽，善馭馬。"《晉書·天文志》上："南河中五星曰造父，御官也。一曰司馬，或曰伯樂。"《莊子·馬蹄·釋文》引石氏《星經》："伯樂，天星名，主典天馬。孫陽善馭，故以為名。"

2　駁義：即駁議，論列是非，提出異議。漢制，臣屬對朝廷決策有異議而上書，稱駁議。漢蔡邕《獨斷》："凡群臣上書於天子者有四名：一曰章，二曰奏，三曰表，四曰駁議。"

3　騏驥：良馬。

4　尤：副詞，格外，更加。《世説新語·仇隙》："王右軍（羲之）素輕藍田（王述），藍田晚節論譽轉重，右軍尤不平。"

5　齕：咬。

6　踶：踢，踢。《莊子·馬蹄》："夫馬陸居則食草飲水，喜則交頸相靡，怒則分背相踶。"

7　橫扼：《釋文》："衡，轅前橫木，縛軛者也。扼，義馬頸者也。"衡：車轅前端的橫木。扼：通"軛"，駕於牛馬頸項之木。《莊子·馬蹄》："夫加之以衡扼，齊之以月題。"

8　月題：《釋文》："司馬崔雲：馬額上當顱（馬頭上的鏤金飾物）如月形者也。"《莊子·馬蹄》："夫加之以衡扼，齊之以月題。"

9　槽櫪：馬槽，養馬之所。唐韓愈《昌黎集》十一《雜説》之四："千里馬常有，而伯樂不常有。故雖有名馬，祇辱於奴隸人之手，駢死於槽櫪之間，不以千里稱也。"

10　見："現"的本字，顯露，出現。《論語·泰伯》："天下有道則見，無道則隱。"《戰國策·燕策》："圖窮而匕首見。"

11　縶：拴縛馬足。

12　而昂首長鳴也：《戰國策·楚策·汗明見春申君》："汗明曰：'君亦聞驥乎？夫驥之齒至矣，服鹽車而上太行。蹄申膝折，尾湛胕潰，漉汁灑地，白汗交流，中阪遷延，負轅不能上。伯樂遭之。下車攀而哭之，解紵衣以冪之。驥於是俛（同俯）而噴，仰而鳴，聲達於天，若出金石聲者，何也？彼見伯樂之知己也。'"

13　燒：《莊子集釋》卷四中，疏："燒，鐵炙之也。"

14　刻：《莊子集釋》卷四中，疏："刻，謂削其蹄。"

15　橛：馬口所啣的橫木。橛飾，加以裝飾的馬銜（馬嚼子）。《莊子·馬蹄》："前有橛飾之患，而後有鞭之威，而馬之死者已過半矣！"

16　馳驟：疾奔。

17　泰半：過半數，大多數。

18　銜：馬嚼子。轡：馬韁。銜轡：馭馬的啣鐵和轡頭。《荀子·性惡》："驊騮（赤色的駿馬）、騹、驥、纖離、綠耳，此皆古之良馬也。然而前必有銜轡之制，後有鞭策之威，加之以造父之馭，然後一日而致千里也。"後用以比喻以法令為治。

19　烏：疑問代詞。何：哪裏。

20　卞和：春秋時楚人。相傳他發現了一塊玉璞，先後獻給楚厲王、楚武王，都被認為欺詐，被截去雙腳。等到楚文王即位，卞和又抱璞哭於荊山下，楚王使人剖璞加工，果得寶玉，稱為和氏璧。

21　璞：未經雕琢加工的玉；真實，古樸。守璞，保持自然本性。

22　張華：（232—300），晉範陽方城人。字茂先。官至司空。張華強記默識，博學多聞，當時推為第一。《晉書·張華傳》記載："初，吳之未滅也，斗牛之間常有紫氣……及吳平之後，紫氣愈明。華聞豫章人雷煥妙達緯象，乃要煥宿……因登樓仰觀，煥曰：'僕察之久矣，唯斗牛之間頗有異氣。'華曰：'是何祥也？'煥曰：'寶劍之精，上徹於天耳。'……因問曰：'在何郡？'煥曰：'在豫章豐城。'……即補煥為豐城令。煥到縣，掘獄屋基，入地四丈餘，得一石函，光氣非常，中有雙劍，並刻題，一曰龍泉，一曰太阿。其夕，斗牛間氣不復見焉……遣使送一劍並土與華，留一自佩。"王勃《滕王閣序》有"龍光射牛斗之墟"的句子。

23　悖：違反。

24　可措天下於泰山之安：意為把天下國家置放得如泰山般安穩。語出宋歐陽修《相州晝錦堂記》："垂紳正笏，不動聲色，而措天下於泰山之安。"

25　商君：即商鞅，（約前390—前338），戰國衛人。姓公孫名鞅。以封於商，也稱商鞅、商君。相秦十九年，輔助秦孝公變法。廢井田，開阡陌，獎勵耕戰，使秦國富強。孝公死，公子虔等誣陷鞅謀反，車裂死。

26　王安石：（1021—1086），北宋撫州臨川人。慶曆二年進士。仁宗嘉祐中上萬言書，主張變法。神宗熙寧二年參知政事，實行新法。熙寧九年罷相，神宗死後，盡罷新法。晚年退居江寧，閉門不言政。

【點評】

　　作者的這篇作文深受《莊子·外篇·馬蹄》的影響。莊子在《馬蹄》中以馬喻人，以伯樂喻治天下者，以"伯樂善治馬"卻對馬造成摧殘為例，提出“此亦治天下者之過也”和“伯樂之罪也”。這一過一罪反映了莊子反對束縛和羈絆，提倡一切返歸自然的政治主張。周恩來在作文中摒棄了莊子追慕上古社會的原始狀態的消極態度，借鑒了莊子珍視人的“織而衣，耕而食”自然本性的進步政治主張，提出“故善治國者順民性以求之，可措天下於泰山之安”的論點，有匡正時弊的意義。

作者認為馬的真性情表現在“居則齕草飲水，呼嘯馳騁於山林，任性所之，隨遇而止；怒則分道相馳，奮踶而鬥”。馬能夠自由自在地表達自己的性情，是一種快樂，一種自由。而文中伯樂對馬匹“或燒、或刻、或飢、或渴，橛飾其而鞭，馳驟以臨其身”，採取種種極端的措施，馬的境遇越來越淒慘，“去馬之性日益遠，馬之鬱鬱以死者泰半矣”。前後形成強烈對比，突出人將自己的主觀意志強加於生物對生物帶來的不利。這與治國者不顧“織而衣，耕而食”這人類共有的德行和本能，人為強加干涉，損害了民之真性的行為形成類比。最終水到渠成地得出結論，就在情理之中了。應該說，此時的周恩來已深得說理散文寫作之三昧！

作文用典豐富，信手拈來，卓爾不群，毫無矯揉雕飾之跡，顯示了駕馭語言運化、翻新的能力，也表現出作者深厚的文學修養。例見註釋。文後教師評語“發抒感慨，操縱自如”，甚為公允。

（高宇鵬）

四十六

駁友人論時事書

（一九一六年）

某兄偉鑒：

握別[1]經年[2]，停雲正切。忽一紙書飛來天外，剖[3]而誦之，具見閣下[4]祖國關懷，溢於言表[5]。淋漓滿紙，慨乎其言，字字從血性中來，語語自熱誠道出，想當時蘸墨而書，不知是血是淚。天下興亡，匹夫有責[6]。大丈夫手無寸柄[7]，身處異邦[8]，以言報國人，不當如是[9]耶？然弟竊[10]有為兄進[11]者：羽毛不豐滿，不可以高飛；不鳴則已，一鳴驚人[12]。吾儕[13]學子，丁[14]斯大難，自顧[15]羽毛豐滿乎？鳴足以驚人，飛足以致遠[16]乎？弟以中學生之資格，固[17]敢屬望[18]萬一。質[19]之閣下，當亦踟躕[20]而不克[21]驟[22]答，則青年學子之不得任[23]飛、任鳴者明矣。任飛、任鳴之不克，必謀所以任之於將來之道，斯青年學子之所以應於修德[24]敬業[25]上三致意[26]焉。蓋國運轉移，咸[27]視一般後進[28]，後生可畏[29]，知來者[30]必有以異乎今。明哲[31]之士，每當國事顛危[32]，扼腕歎息[33]之際，顧及青年，輒[34]喜後繼有人[35]，不至陸底（胡）沉。故今之時局雖造[36]腐敗之巔，而稍有天良者，固未嘗□□□，他日英才，必有以挽[37]今世頹風[38]，整舊日山河，斯□□□□□會心理所屬望於青年學子者。而青年學[39]

【註釋】

1　握別：執手相別。

2　經年：經過一年。

3　剖：破開。

4　閣下：古代多用於對尊顯的人的敬稱。後泛用作對人的敬稱。

5　溢於言表：謂某種思想感情、意向願望由言談流露出來。

6　天下興亡，匹夫有責：謂國家興盛或衰亡，每個普通的人都有責任。語出清顧炎武《日知錄・正始》："保天下者，匹夫之賤，與有責焉耳矣。"

7　寸柄：喻微小的權力。

8　異邦：外國。

9　如是：像這樣。

10　竊：謙詞，私自，私下。

11　進：奉上，呈上。

12　不鳴則已，一鳴驚人：比喻平時沒有突出的表現，一下子做出驚人的成績。出自西漢司馬遷《史記・滑稽列傳》："此鳥不飛則已，一飛沖天；不鳴則已，一鳴驚人。"

13　儕：等，輩，同類的人們。吾儕：我們這些人。

14　丁：當。

15　顧：回頭看，泛指看。

16　致遠：語出《誡子書》："非淡泊無以明志，非寧靜無以致遠。"

17　固：本，原來。

18　屬望：期望。

19　質：問。

20　踟躕：徘徊不進貌。

21　克：能夠。

22　驟：快速，急速。

23　任：由着，聽憑。

24　修德：修養德行。

25　敬業：專心致力於學業或工作。

26　致意：關注；集中心思。

27　咸：全，都。

28　後進：後輩。亦指學識或資歷較淺的人。

29　後生可畏：謂青年勢必超過前輩，令人敬畏。

30 來者：將來的人；後輩。語出《論語·子罕》："後生可畏，焉知來者之不如今也？"

31 明哲：明智；洞察事理。《書·説命上》："知之曰明哲，明哲實作則。"孔傳："知事則為明智，明智則能制作法則。"

32 顛危：顛困艱危。

33 扼腕歎息：扼：握住，抓住。握着手腕發出歎息的聲音。形容十分激動地發出長歎的情態。

34 輒：就。

35 後繼有人：謂後面有人繼承前人的事業。

36 造：到，去。

37 挽：設法使局勢好轉或恢復原狀。

38 頹風：頹敗的風氣。

39 以下文字缺漏。

【點評】

本文是一篇作文（據手稿），據考訂作於 1916 年。原件後部殘缺。教師批語亦佚失。由於當時國文設作文、默文、尺牘（書信）、習字四科，又據作者所作其他書信，如《勸校友勿曠功課從速銷假啟》、《勸友人慎重飲食免致時疾啟》、《約友入足球隊啟》、《與友人預約春假旅行啟》、《廣募救國儲金致友人書》、《答友詢學問有何進境啟》、《稟家長書》、《組織冬夜學術研究會啟》等，可推測為這些書信都是由教師既限定收信人的身份，也限定信件的主題的命題作文，其目的既是訓練學生應用寫作的能力，也是在思想上對學生進行導向十分明確的教育。故本文可能係作者按教師要求所做。至於"某兄"為何人，現在不得而知了。

作者首先肯定了對方的慷慨愛國之心，"大丈夫手無寸柄，身處異邦，以言報國人，不當如是耶？"可見"某兄"身在國外，然愛國之心不死，報國之志猶存，"淋漓滿紙，慨乎其言，字字從血性中來，語語自熱誠道出，想當時蘸墨而書，不知是血是淚"。可見作者敬服之心。

可是，作者接下來非常冷靜地告誡"某兄"，空以滿腔熱忱是無法力挽狂瀾的，當下最要緊的應"於修德敬業上三致意焉"。只有德業共進，才能踏着前人足跡重整舊日山河。所以，作者非常明確地提出了自己的觀點："羽毛不豐滿，不可以高飛；不鳴則已，一鳴驚人。"雖為中華熱血兒女，但不可做有勇無謀腹中空的莽夫。這正與作者當年"為中華之崛起而讀書"的志向相契合。讀書、修德、敬業，以報國，以崛起中國。時隔不久作者便又以"大江歌罷掉頭東，邃密群科濟世窮。面壁十年圖破壁，難酬蹈海亦英雄"，表明了自己努力學習充實自己以尋求救國救民的道路，提高自己力挽狂瀾的能力的決心。哪怕面壁十年，哪怕壯志難酬，也不愧為中華兒女。

本文後半部殘缺，故不能對其結構進行評述。即便這半部也可看出作者思路明瞭，立意明確，遺失部分不免讓人遺憾。

（滑娜）

四十七

項羽[1]拿破崙[2]優劣論

（一九一六年）

　　時勢無百年而不變，英雄無百年而不產[3]。有時勢之英雄，有英雄之時勢。雞鳴起舞[4]，擊楫中流[5]，待時而動，乘機而起，時勢所造之英雄也。登高而呼[6]，奮臂為倡[7]，發[8]前人之所未發，行前人之所未行，造時勢之英雄也。有英雄然後有時勢，有時勢然後有英雄，二者相俟[9]並舉，以演成世界之進化，物質之文明。是英雄也，時勢也，須臾[10]不可離異，二而一，一而二也。然而古今中外，史冊所照耀，人民所崇拜者，無慮[11]數千百，其不入於時勢所造之英雄一流[12]，吾殊[13]未之多見也。嗚呼！英雄不足以造時勢歟？抑時勢之變[14]，無待英雄為之政[15]耶？昧昧我思之[16]，知百年時變，非理之爽也[17]；因果相循[18]，又無俟[19]英雄之產也。是故堯舜揖讓[20]，夏禹終以傳子[21]；桀紂[22]暴虐，商周遂得移祚[23]。有成湯之盛跡[24]，斯成幽厲之驕淫[25]；有群雄之割據，遂演秦皇之混一[26]。諸子擾擾[27]，祖龍[28]乃肆意坑儒[29]；五胡攘攘[30]，中原遂遍染腥羶[31]。文至六朝，綺靡[32]極矣，昌黎因之起衰八代[33]。道達宋明，言行判矣[34]，陽明以之知能合一[35]。種禍種福，執之者非秉[36]超人之力、絕俗之智，亦應時勢之所促耳。若是者，時勢所造之英雄乃產，而無名之英雄亦與以俱生。其成也幸，其敗也宜[37]，即斯人不出，亦有取而代之者，非謂秦無人也。

　　時勢之英雄，固若是其眾也[38]，然非吾之所論於項羽、拿破崙也。

夫二氏，世界之怪傑也。具併吞八荒之心，叱咤風雲之氣[39]；勇冠萬夫，智超凡俗；戰無不勝，攻無不取[40]；敵邦聞之而震魄，婦孺思之而寒膽；百世之下，猶懍懍[41]有生氣，豈僅一世之雄哉！是猶其勇之著於外也[42]。若其關係於世界之進退，人類之盛衰，又非一時豪俊、二三學者所可同日而語[43]。雖以帝王之尊、宗教之力、金錢之勢，莫以易[44]之。故二氏者，吾之所謂造時勢之英雄也。蓋項羽生當秦亂天下，結舌之秋[45]，苛政虐民，不勝其擾，揭竿思起者[46]，時有其人，此所謂產英雄之時勢也。果[47]爾漁陽鼓[48]，動地而來，振臂一呼，群雄蜂起[49]，亡秦在即。但秦固滅六國一四海[50]者，是以咸立六國後[51]，以為號召之標，抗拒之方[52]，莫是若矣[53]。項梁[54]沛公[55]，遂景然[56]從之，於是春秋戰國之局復開，群雄割據之基遂始。人民積數十年之抑鬱，一旦得泄，鋌而走險，群趨於戰。加以聖賢道絕[57]，仁義不施；上殘其心，下仿其行[58]；暴虐恣厲，欺偽詐誘；民風不古，民俗日偷[59]；長此因循，危其殆[60]哉！而項羽適於是時以不世之姿[61]，絕俗之志，奮然而興，為破天荒之舉。知中原之不可割裂也，併吞群雄，以立一統之基。知義帝之不足以有為也[62]，棄之楚湘[63]，以促帝業之成。救趙為義[64]，乃殺卿子冠軍[65]取而代之。詐殺不仁，卒捨沛公於鴻門之宴[66]。破釜沉舟[67]，背城借一智也[68]。一炬阿房[69]，以絕禍源，勇也。至於烏江自刎[70]，則因八千子弟，盡罹[71]兵刃，無面見江東父老[72]，遂與同盡，又何其義也！虞姬駿馬[73]，垓下興悲，一往情深，又豈沛公之見宮室美女而欲居[74]，置父死而不顧[75]，傲謁韓信[76]，倨見英布[77]，烹狗藏弓[78]，偽詐相欺之流哉！故沛公之成，非沛公之力，項羽使之耳。史公[79]興暴之語，明項羽非時流[80]也。設羽亦若沛公之偽接臣下，以利相銜[81]，則從龍之士[82]，又何至不奔羽而投劉哉？然羽之不若是，亦正表其欲挽頹風，救惡俗耳[83]。此項羽之所以為項羽，漢高之所以成帝業也。至若拿破崙，生當歐洲黑暗之世，君權專橫，思想蔽塞，無學術之可稱述，鮮工藝之可發展，其愚魯之狀，殆有甚於嬴秦[84]。而道德不講，禮義喪亡，且又過之。於是宗教家戚然憂之，思振興聖道，以宗教濟道德之危[85]。但人微言輕[86]，習染[87]依然，雖人手聖經，終無補於大事。所謂口聖賢而行盜蹠[88]者，比比為是也[89]。而拿氏乃以百世之雄，萬人之勇，出現於寂寞無聞之科西嘉島[90]。放眼太空，知非以武力不足轉移世俗，啟發文明。於是潛心青年，以待高飛[91]。果耳出，未數稔而路易命革[92]，總統位躋[93]，西征不庭[94]，內服黎元[95]，知專制之不可以久存也。盧梭民約[96]，乃得藉以發揚。視他邦之溺於虐政也，平等自由，乃得深中人心。一轉人民之思想，齊趨之於愛國保種之道，而又以接替無人，卒被全國人民之擁戴，身登大寶[97]，以思造福歐人。蓋彼之愛自由平等，實過於當時民眾，其所以捨共和而趨專制者，亦時勢所然[98]，不得已也，要豈後世之所得引為藉口[99]哉。是以拿氏之興，不僅繫成敗於法蘭西已耳。歐洲十八世紀之文明、民權之擴張、白種之強盛，皆於彼有莫大之關係焉。設世無拿氏，法蘭西革命，決不至遷延[100]若是其長。而歐洲各帝國，亦必攘臂[101]以助法王，恢復舊業，使美之共和[102]，不稍存於歐土。則十九二十世紀[103]，亦猶前之黑暗，又何至有新文明之盛發如今日哉[104]！蓋時勢之變遷也，因果相循，僅司其漸[105]，若轉移絕大之風氣，於剎那時間，則非如項羽、拿破崙之怪傑不為功[106]，此造時勢之英雄之產所僅見也[107]。且不僅此也，事不以成敗論，聖賢言行所以流傳於後世者，其於當時多不見容[108]。獲麟[109]歎大道淪喪，傳道遭異教排擠。菩提樹下，釋迦見逐[110]。寂寞山中，老聃自隱[111]。而烏江自刎，荒島淒涼[112]，感慨身世，同一悲哀。是知道之大者，其感人緩且深[113]；德之淺者，徒動於一時[114]。造時勢之英雄，誠非時勢所造之英雄[115]所可躋及[116]。此項羽、拿破崙所以為天下之怪傑也哉！

【周恩來教師評語】

原心立論，痛快淋漓。然題之重點，在優劣兩字，終未道及，似不甚合式（合適）。

【註釋】

1　項羽：（前 232—前 202），名籍，字羽，下相（今江蘇宿遷西南）人，秦末農民起義軍領袖。羽勇猛過人，多次大破秦軍，自立為西楚霸王。後在楚漢戰爭中兵敗自殺。

2　拿破崙：（1769—1821），法國政治家、軍事家。曾任法軍統帥。1799 年發動政變，自任執政府第一執政。1804 年稱帝。他對內實行獨裁統治，對外侵略擴張，先後侵佔西歐和中歐許多國家。1812 年進攻俄國失敗，勢衰。1815 年與英普聯軍戰於滑鐵盧，大敗，被放逐於大西洋聖赫勒拿島，直至病死。

3　產：產生，出現。

4　雞鳴起舞：即聞雞起舞。《晉書・祖逖傳》："（祖逖）與司空劉琨俱為司州主簿，情好綢繆，共被同寢。中夜聞荒雞鳴，蹴琨覺曰：'此非惡聲也。'因起舞。"後以"聞雞起舞"喻志士仁人及時奮發。

5　擊楫中流：擊，敲打。楫，槳。比喻立志奮發圖強。出自《晉書・祖逖傳》，晉祖逖帥師北伐，渡江於中流，敲擊船槳立下誓言："祖逖不能清中原而復濟者，有如大江！"後以"擊楫中流"稱頌收復失地報效國家的激烈情懷和慷慨志節。

6　登高而呼：登上比較高的地方振臂高呼，喻指第一個站出來領導未反抗者和打算反抗的人們，或者第一個站出來帶領群雄。

7　倡：提倡，首先提出。

8　發：表達，闡述。

9　相侔：亦作"相牟"，即相等，同樣。隋江總《攝山棲霞寺碑》："地祇來格，天眾追遊。五時無爽，七處相牟。"

10　須臾：梵語，指極短的時間。

11　無慮：不計慮，指大約，大概。

12　其不入於時勢所造之英雄一流：不入於，即不屬於。原文此句改為"其不為時勢所造之英雄"，這是周恩來的國文老師所為，修改後句意更加簡明。

13　殊：很，非常。

14　抑時勢之變：或者時勢的變化。

15 為之政：為不同的情況制訂不同的政策法令。

16 昧昧我思之：出自《尚書‧秦誓》，即深潛靜思。

17 知百年時變，非理之爽也：爽，差失，違背。知道百年來時勢的變遷，不是社會發展規律的差失。

18 循：依照、沿襲。

19 無俟：沒有等待。

20 堯舜揖讓：堯舜是唐堯和虞舜的並稱，他們是遠古部落聯盟的首領，古史傳說中的聖明君主，堯將自己首領的位置傳給了舜。揖讓即禪讓，讓位於賢。《韓非子‧八說》：“古者人寡而相親，物多而輕利易讓，故有揖讓而傳天下者……當大爭之世而循揖讓之軌，非聖人之治也。”

21 夏禹終以傳子：夏禹是夏代開國之主，在位八年，後南巡，崩於會稽（今浙江紹興市）。據傳，禹治水，歷十年之久，“三過其門而不入”，終於戰勝洪水，民得以安。他是我國歷史上勞苦功高而又最富盛名的國王。夏禹去世後將王位傳給了自己的兒子。夏禹傳子即位代替了以前的禪讓制度，禪讓制變成了王位的世襲制。

22 桀紂：夏桀和商紂的並稱，相傳兩人都是暴君，故以後用桀紂來泛指暴君。

23 移祚：奪得了皇位。

24 成湯之盛跡：成湯即商湯，子姓，名履，河南商丘人，廟號太祖，為商太祖。他是商朝的創建者，前 1617 年至前 1588 年在位，在位 30 年，其中 17 年為夏朝商國諸侯，13 年為商朝國王。今人多稱商湯，又稱武湯、天乙、成湯、成唐。本句意為商湯盛大的功業。

25 幽厲之驕淫：幽厲是周代昏亂之君幽王與厲王的並稱。本句意為幽王與厲王的驕縱放蕩。

26 有群雄之割據，遂演秦皇之混一：戰國中期，齊、楚、燕、韓、趙、魏、秦七國爭雄，各國之間的兼併特別激烈，秦自前 230 年至前 221 年，先後滅韓、趙、魏、楚、燕、齊，統一天下，七國爭雄的局面結束。混一即統一。

27 諸子擾擾：諸子指先秦時期各個學派的代表人物。擾擾是紛亂的樣子。戰國時期學術派別很多，著名的有儒、法、道、墨、名、陰陽、縱橫、農、雜等家。他們著書立說，遊說爭辯，形成“百家爭鳴”的局面。

28 祖龍：指秦始皇。

29 坑儒：秦始皇三十五年，因儒生是古非今，於咸陽坑殺四百六十餘人，史稱“坑儒”。

30 五胡攘攘：五胡即晉武帝死後，晉室內亂，北方少數民族中相繼在中原稱帝的匈奴族的劉淵及沮渠氏赫連氏、羯族石氏、鮮卑族慕容氏及禿髮氏乞伏氏、氐族苻氏呂氏、羌族姚氏。攘攘即紛亂擁擠的樣子。

31 腥膻：入侵的外敵。

32 綺靡：指六朝文章風格浮艷柔弱。

33 昌黎因之起衰八代：昌黎即唐代文學家韓愈。韓愈世居潁川，常據先世郡望自稱昌黎（今河北省昌黎縣）人；宋熙寧七年詔封昌黎伯，後世尊稱他為昌黎先生。蘇軾評價韓愈"文起八代之衰"。

34 道達宋明，言行判矣：社會思想發展到宋明時期，人們的言語和行動截然不同。判即分開、截然不同。

35 陽明以之知能合一：陽明即王守仁（1472—1529），幼名雲，字伯安，號陽明子，諡文成，人稱王陽明。明代最著名的思想家、教育家、文學家、書法家、哲學家和軍事家，官至南京兵部尚書、南京都察院左都御史，因平定宸濠之亂等軍功而被封為新建伯，隆慶年間追封侯爵。王守仁是陸王心學之集大成者，非但精通儒、釋、道三教，而且能夠統軍征戰，是中國歷史上罕見的全能大儒。"知能合一"應為"知行合一"。明武宗正德三年（1508），王陽明在貴陽文明書院講學，首次提出知行合一說。"知"，主要指人的道德意識和思想意念；"行"，主要指人的道德踐履和實際行動。知行合一強調"知中有行，行中有知"和"以知為行，知決定行"。

36 秉：拿着、持。

37 宜：應該、應當。

38 固若是其眾也：本來像這樣的人有很多。

39 併吞八荒之心，叱咤風雲之氣：八荒也叫八方，指東、西、南、北、東南、東北、西南、西北等八面方向，指離中原極遠的地方，後泛指周圍、各地。併吞八荒之心即統一天下的願望，出自漢賈誼《過秦論》："秦孝公據殽函之固，擁雍州之地，君臣固守以窺周室，有席捲天下、包舉宇內、囊括四海之意，併吞八荒之心。"叱咤風雲形容轟動一時的人物，今多指將帥或左右世局者的威風氣勢。叱咤風雲之氣指極大的聲勢和威力。

40 戰無不勝，攻無不取：形容軍隊力量強大，百戰百勝；或比喻做任何事情都能成功。出自《戰國策·秦策二》："是知秦戰未嘗不勝，攻未嘗不取，所當未嘗不破也。"

41 懍懍：危懼、戒慎的樣子。

42 是猶其勇之著於外也：這還是他們的勇氣顯露在外。本句原文在"是"右上處有"但"字，是教師填補，有"但"文句更順暢。

43 同日而語：即相提並論。出自《戰國策·趙策二》："夫破人之與破於人也，臣人之與臣於人也，豈可同日而言之哉？"

44 易：改變。

45 結舌之秋：不敢講話的時期。

46 揭竿思起者：想要揭竿而起的人。揭竿指武裝暴動。

47 果：確實，真的。

48 漁陽鼓：漁陽是地名，即現在的天津市薊縣，因薊縣西北有一山，名曰漁山，縣城在山南，故古時名漁陽。漁陽郡響起了戰鼓，指有戰事發生。

49 蜂起：像群蜂飛舞，紛然並起。

50 一四海："一"是動詞，統一。即統一天下。

51 咸立六國後：原文"咸"字圈住，改為"急"，是作者修改所為，咸即全、都；急為迫切地。本句"急"字更為貼切，指秦急迫地於六國之後崛起。

52 號召之標，抗拒之方：號召群雄的榜樣，和抵抗敵人的方法。

53 莫是若矣：即莫若是也，指秦再也不像以前那樣。

54 項梁：下相（今江蘇省宿遷市宿城區）人。秦末著名義軍首領之一，楚國貴族後代，項羽的叔父。生性豪放、驍勇善戰。在反秦起義的戰爭中，因輕敵，在定陶被章邯打敗，戰死。

55 沛公：即漢高祖劉邦（前256—前195），漢朝開國皇帝，參與秦末推翻暴秦的行動。前206年劉邦首先進入關中要地，秦朝滅亡。楚漢之爭後，統一中國，建立漢朝。

56 景然：景，古同"影"，影子。即像影子一樣地。

57 聖賢道絕：聖賢的道理斷絕，即社會不再尊奉聖賢的道理。

58 上殘其心，下仿其行：統治者內心殘暴，下級官吏模仿他們的行動。

59 民風不古，民俗日偷：民風即民眾的風氣，古即古代的社會風尚，民風不古指民眾不及古時淳樸；民俗即民間的習俗，偷即苟且、得過且過，民俗日偷指民間的風俗日益低下。

60 殆：危險。

61 不世之姿：不世即非一世所能有、罕有，多謂非凡。《後漢書·隗囂傳》：足下將建伊、呂之業，弘不世之功。"李賢注："不世者，言非代之所常有也。"不世之姿即不同凡響的姿態。

62 知義帝之不足以有為也：義帝即楚懷王，假帝。《史記·項羽本紀》："項王使人致命懷王。懷王曰：'如約。'乃尊懷王為義帝。"本句意為知道懷王不會有所作為。

63 棄之楚湘：指項羽將義帝棄於郴縣之事。義帝元年（前206）夏四月，項羽欲還都彭城，迫義帝遷都於長沙郡郴縣。郴縣地處五嶺北麓，古為南蠻百越之地，位於湘江幹流耒水上游河谷。又暗令義帝途經之地的三王（九江王英布、衡山王吳芮、臨江王共敖）將義帝擊殺於途中。義帝元年，漢王二年（前205）冬十月，英布遣將追殺至郴縣，將義帝弒於郴城窮泉傍。

64 救趙為義：指項羽在鉅鹿之戰中奉懷王之命解救被秦兵圍困的趙國一事。定陶之
戰後，秦軍北渡黃河，攻打起義抗秦的趙王，將趙軍圍困於鉅鹿（今河北平鄉）。
楚懷王任命宋義為上將，項羽為副將，率兵救援。宋義率軍到達安陽（今河南安陽
南），便畏縮不前，屯兵四十六天。當時，陰雨連綿，楚軍缺衣少糧，處於困境之
中。項羽當機立斷，一劍殺了宋義，迫使楚懷王任命他為上將軍，並命他立即揮師
北上救趙，後渡過一條通往趙國的漳河，但由於寡不敵眾，士氣低落，項羽遂命令
軍士鑿沉渡江用的船隻，打破吃飯用的鐵鍋，身上只帶三天乾糧，軍士們個個以命
相抵，士氣大振，終於大破秦軍。

65 卿子冠軍：秦末楚懷王臣宋義的尊號，因救趙畏縮不前，被項羽所殺。

66 捨沛公於鴻門之宴：指項羽在鴻門宴上放走劉邦之事。秦末，劉邦與項羽各自攻打
秦朝的部隊，劉邦兵力雖不及項羽，但先破咸陽，在霸上駐軍。因之前兩人曾在
懷王處約定：先破秦入咸陽者稱王。而劉邦的左司馬曹無傷派人在項羽面前說劉邦
打算在關中稱王，項羽聽後非常憤怒，打算一舉擊敗劉邦的軍隊。一場惡戰在即，
劉邦從項羽的叔父項伯口中得知此事後，拉攏項伯，使項伯答應為之在項羽面前說
情，並讓劉邦次日前來向項羽道歉。在鴻門宴上，雖不乏美酒佳餚，卻暗藏殺機，
但項羽始終猶豫不決，最後劉邦乘機一走了之。

67 破釜沉舟：《史記‧項羽本紀》記載，項羽跟秦兵打仗，過河後把釜（鍋）都打破，
船都弄沉，表示決不後退。比喻決心戰鬥到底。

68 背城借一智也：憑藉命將士破釜沉舟的智慧作最後的努力和鬥爭。

69 一炬阿房：阿房指秦朝宮殿阿房宮，遺址在今距西安西郊 15 公里的阿房村一帶，
始建於前 212 年。秦始皇統一全國後，國力日益強盛，國都咸陽人數增多。始皇
三十五年（前 212），在渭河以南的上林苑中開始營造朝宮，即阿房宮。它是當時
非常宏大的建築群。項羽軍隊入關以後，移恨於物，將阿房宮及所有附屬建築縱火
焚燒，阿房宮化為灰燼。

70 烏江自刎：據《史記‧項羽本紀》記載，楚漢戰爭中項羽被劉邦打敗後，項羽帶領
八百人馬突出重圍，來到烏江江畔，這時烏江亭長勸項羽趕快渡江，以圖東山再起、
報仇雪恨，可是項羽卻笑着說：「天之亡我，我何渡為！且籍與江東子弟八千人渡
江而西，今無一人還，縱江東父兄憐而王我，我何面目見之！縱彼不言，籍獨不愧
於心乎！」於是拔劍自刎而死。

71 罹：遭受苦難或不幸。

72 江東父老：江東古指長江以南蕪湖以下地區；父老即父兄輩人。江東父老泛指家鄉
的父兄長輩。

73 虞姬駿馬：虞姬是秦朝末年人，一說名虞妙弋，今沭陽縣顏集鄉人，為西楚霸王項

羽愛姬。據史料記載，虞姬是一個才貌雙全的女子，楚漢相爭後期，項羽趨於敗局，於前 202 年，被漢軍圍困垓下（今安徽省靈璧縣南），兵少糧盡，夜聞四面楚歌，知大勢已去，面對虞姬，在營帳中酌酒悲唱《垓下歌》。虞姬和之，歌罷自刎，以斷項羽後顧之憂，激項羽奮戰之志，死後葬於垓下。駿馬指項羽的坐騎騅。《漢書·項籍傳》中說項羽"駿馬名騅"，項羽的《垓下歌》中亦有"時不利兮騅不逝"的句子。

74 沛公之見宮室美女而欲居：沛公攻佔咸陽，見宮室、帷帳、名犬、良馬、珍寶、美女，應有盡有，欲進駐皇宮，後在張良規勸後幡然悔悟，折回灞水之濱。

75 置父死而不顧：楚漢戰爭中，項羽曾和劉邦在滎陽東北部的廣武山一帶對峙，時間長達幾個月之久，劉邦糧草供應順暢而項羽糧草供應常遭襲擊，項羽為逼迫劉邦出戰，曾揚言要煮食劉邦的父親，劉邦不為所動，堅守不出。

76 傲謁韓信：謁，見。劉邦入蜀後，韓信離楚歸漢，但不得劉邦的賞識，只擔任了一個管理糧餉的官職，後在蕭何的舉薦下才得到重用。

77 倨見英布：倨，傲慢。英布：秦末漢初名將，漢族，六縣（今安徽六安）人，因受秦律被黥，又稱黥布。初屬項梁，後為霸王項羽帳下五大將之一，被封為九江王，後叛楚歸漢，被封為淮南王，與韓信、彭越並稱漢初三大名將，前 196 年起兵反漢，最後因謀反罪被殺。英布第一次拜見劉邦時，劉邦正坐在牀上洗腳，十分傲慢。

78 烹狗藏弓：語出《史記·越王勾踐世家》："范蠡遂去，自齊遺大夫種（文種）書曰：'蜚鳥盡，良弓藏，狡兔死，走狗烹。'"後以"烹狗藏弓"比喻事成之後把效勞出力的人拋棄以至殺害。

79 史公：太史公是西漢武帝時期設立的官職名稱。此處指曾擔任過這一官職的《史記》作者司馬遷。

80 時流：世俗之輩。

81 衒：同"炫"，炫耀，自誇。

82 從龍之士：《易·乾》："雲從龍，風從虎，聖人作而萬物覩。"舊以龍為君象，因此稱隨從帝王或領袖創業的人為從龍之士。

83 表其欲挽頹風，救惡俗耳：表明項羽想要挽救頹敗的風氣和不良的習俗。

84 其愚魯之狀，殆有甚於嬴秦：歐洲黑暗社會人們愚蠢粗魯的情況，大概比秦朝更加嚴重。

85 以宗教濟道德之危：用宗教來補益道德的損害。

86 人微言輕：指人的地位低，言論主張不被人重視。

87 習染：指壞習慣。

88 盜蹠：相傳為古時民眾起義的領袖，"盜"是當時統治者對他的貶稱。此處代指盜賊或盜魁。

89 比比為是也：原文"為"字圈住，右側有"皆"字，應是當時的國文教師所改，本句用"皆"更為合適。比比即到處，處處。比比皆是形容遍地都是。

90 科西嘉島：是地中海第四大島，位於法蘭西共和國大陸東南。拿破崙於 1769 年 8 月 15 日出生於科西嘉島的阿雅丘（Ajaccio），同年科西嘉併入法國為一個行省。

91 潛心青年，以待高飛：指拿破崙青年時代潛心學習，以期有朝一日有所成就。拿破崙 1784 年在法國布里埃納軍校以優異成績畢業後，被選送到巴黎軍官學校，專攻炮兵學。16 歲時父親去世，他中途輟學並被授予炮兵少尉頭銜。在隨部隊駐防各地期間，他閱讀了許多啟蒙思想家的著作，其中盧梭的思想對他影響非常大。

92 未數稔而路易命革：稔，即年。革，取消，除掉。沒過幾年路易十六就被處死。指 1791 年，國王路易十六勾結外國反動勢力，陰謀敗露後王政被廢除。1793 年初路易十六被處死。

93 總統位躋：躋，登，上升。本句指 1792 年，代表大工商業資產階級的吉倫特派上台執政，9 月 22 日，法蘭西王國改成法蘭西共和國。

94 西征不庭：原文"西"與"不庭"圈住，右側有"外"與"強國"三字。是周恩來的國文老師所為，根據文意，"外"與"強國"更為合適，且"外"可以與下句中的"內"構成對仗。本句指拿破崙擔任軍事統帥後，一度擊敗了反法同盟的多次進攻。

95 內服黎元：黎元即百姓、民眾。句意為在國內使百姓欽服。

96 盧梭民約：盧梭（Jean Jacques Rousseau，1712—1778），法國偉大的啟蒙思想家、哲學家、教育家、文學家，是 18 世紀法國大革命的思想先驅，啟蒙運動最卓越的代表人物之一。民約指盧梭的著作《民約論》（*The Social Contrant*），又譯《社會契約論》，該書把自由和平等看作人類最大的善。

97 身登大寶：大寶即皇帝之位。指 1804 年 11 月 6 日，公民投票通過共和十二年憲法，法蘭西共和國改為法蘭西帝國，拿破崙・波拿巴為法蘭西帝國的皇帝，稱拿破崙一世。同年 12 月 2 日正式加冕。

98 亦時勢所然：原文"所"字圈住，右側有"使"字。是周恩來的國文老師所為。根據句意，"使"字更為合適。本句指拿破崙的政權趨於專制是時勢造成的。

99 後世之所得引為藉口：藉口多作託辭或假託的理由。本句指後世的人們將拿破崙政權趨於專制拿來作為貶損他的藉口。

100 遷延：拖延，多指時間上的耽誤。

101 攘臂：捋起衣袖，伸出胳膊，常形容激奮的樣子。《老子》："上禮為之而莫之應，則攘臂而扔之。"

102 美之共和：美國在獨立戰爭之後，用 1787 年憲法確立了民主和政體。

103 則十九二十世紀：原文在"九"和"二"中間位置右側加入了"至"字。不知是作者加的還是周恩來老師加的。本句加入"至"字，句意更加明確。

104 又何至有新文明之盛發如今日哉：原文將本句在旁批中改為"又何至有今日文明景象哉"。是國文教師所改，改後的文字更加簡練。

105 僅司其漸：僅僅把握住時勢中一點點的變化。

106 非如項羽、拿破崙之怪傑不為功：不像項羽、拿破崙這樣怪異而傑出的人物是不能建立功勳的。

107 此造時勢之英雄之產所僅見也：原文中本句改為"此造時勢之英雄。實中西所僅見此也。"是周恩來的國文老師所為，修改後文意更加明確。

108 見容：被寬容、接受。

109 獲麟：指春秋魯哀公十四年獵獲麒麟之事，相傳孔子作《春秋》至此而輟筆。《春秋‧哀公十四年》："春，西狩獲麟。"杜預注："麟者仁獸，聖王之嘉瑞也。時無明王出而遇獲，仲尼傷周道之不興，感嘉瑞之無應，故因《魯春秋》而修中興之教。絕筆於'獲麟'之一句，所感而作，固所以為終也。"

110 菩提樹下，釋迦見逐：釋迦即釋迦牟尼（約前 624—前 544，一說前 564—前 484），古印度釋迦族人，生於古印度迦毗羅衛國（今尼泊爾南部）。本為迦毗羅衛國太子，父為淨飯王，母為摩耶夫人。他是佛教創始人。成佛後被稱為釋迦牟尼，尊稱為佛陀，意思是覺悟者，民間信徒也常稱呼他為佛祖。他在 29 歲時，曾放棄太子身份和王宮的安逸生活，離家尋道。35 歲時，釋迦牟尼在一棵菩提樹下冥思苦想，並發誓"不獲佛道，不起此座"，終於大徹大悟，領悟到解脫生死之道，入道成佛。

111 老聃自隱：老聃即老子，名李耳，春秋時期楚國苦縣厲鄉曲仁里人，中國古代哲學家和思想家，道家學派創始人，在道教中老子被尊為道祖。曾隱居著書。

112 荒島淒涼：滑鐵盧戰役慘敗後，百日王朝徹底垮台，拿破崙宣佈退位，1815 年 10 月，被流放到大西洋的聖赫勒拿島，1821 年 5 月 5 日，拿破崙在島上去世。

113 道之大者，其感人緩且深：重要的思想，對人的感染是緩慢且深重的。

114 德之淺者，徒動於一時：淺顯的行為準則或規範只能在短時間內影響人。

115 誠非時勢所造之英雄：原文此句改為："誠非乘時藉勢之英雄。"是周恩來的國文老師所為，修改後詞句更富變化，指的確不是憑藉時勢產生的英雄。

116 躋及：趕上。

【點評】

本文是周恩來在校時的一篇作文（據手稿），文章以項羽和拿破崙為例，在前人多論及"時勢造英雄"之外，提出了"英雄可造時勢"，別開生面。開篇闡明了何謂"時勢所造之英雄"和"造時勢之英雄"，指出兩者相輔相成、不可分割。但是，古今中外，多見前者，稀見後者。前者的出現是時局所促，"斯人不出，亦有取而代之者"。項羽、拿破崙卻不同，作者稱他們是"世界之怪傑"，屬於後者。他們的出現，創造了時勢，關係了世界的進退和人類的盛衰。之後，作者用大量的篇幅分析了兩人的事跡。項羽生逢亂世，以"不世之姿"為"破天荒之舉"，所作所為有義、有勇、有智。拿破崙於黑暗世界追求自由平等，讓當時的歐洲出現了新的文明，就算之後捨共和而趨專制，亦是不得已而為之。文章結尾得出造時勢之英雄非時勢所造之英雄可以企及的結論。

根據文章寫作的時間，可以肯定是一篇借古諷今之作。1916 年的中國，和作者在文中提到過的項羽所處的秦末、拿破崙所處的法國大革命時期相似，是辛亥革命之後各派輪流執政的亂世。袁世凱更是在竊取了中華民國臨時大總統職務之後，於 1915 年 5 月 9 日接受了日本滅亡中國的"二十一條"，並着手帝制的復辟活動，終於在 1916 年元旦登基，把封建皇帝的皇冠戴到了自己的頭上。袁世凱賣國稱帝的罪行，激起了全國人民的公憤。他不得不在 3 月 22 日又宣佈取消帝制。可是，各地的反袁鬥爭仍如火如荼，1916 年 6 月 6 日，袁世凱在萬人的唾罵聲中狼狽死去。歷史是向前發展的，倒行逆施者必自食其果。作者處於那個時代，聯繫現實，思及項羽、拿破崙這樣可以推動而非阻礙時代發展的英雄，呼喚當時的中國出現可以改變時勢的英雄人物，也就順理成章了。文中對項羽、拿破崙的志向、勇氣、功績加以高度讚頌，的確如周恩來老師的評語"原心立論，痛快淋漓"。

對比手法的運用是本文顯著的特色。文章開頭即分析了"時勢所造之英雄"和"造時勢之英雄"的不同，指出本文要論述的是如項羽、拿破崙一般能"造時勢"的英雄人物；在敘述項羽和拿破崙所處的時代狀況時，作者描述了兩者的相似之處：秦末——"苛政虐民，不勝其擾，揭竿思起者，時有其人"，大革命時期的法國——"君權專橫，思想蔽塞，無學術之可稱述，鮮工藝之可發展，其愚魯之狀，殆有甚於嬴秦。而道德不講，禮義喪亡，且又過之"，在兩個相似時代背景的比較中，揭示了"造時勢之英雄"有扭轉乾坤之力；為了說明項羽"挽頹風、救惡俗"的功績，作者將項羽的品行與劉邦進行了對比，雖然高祖成就了帝業，但在作者的心目中，他只不過是"偽詐相欺"之流；為了說明拿破崙對歐洲社會的作用，作者將有拿氏的歐洲與無拿氏的歐洲進行了對比，歐洲 18 世紀的文明、民權的擴張、白種的強盛，都與拿氏有關，"設世無拿氏……而歐洲各帝國，亦必攘臂以助法王，恢復舊業，使美之共和，不稍存於歐土"，而歐洲，也不會有 19 世紀至 20 世紀的文明。但是，本文題目是"項羽拿破崙優劣論"，文中只是詳細分析了兩人的傑出之處、對國內和世界形勢產生的巨大影響，卻沒有通過對比展現兩人孰優孰劣，內容似乎與文題不符，這一點應是文章的缺陷所在。

作者例涉中西，對項羽和拿破崙，無論個人還是時代歷史的了解都非常透徹，文中涉及的歷史事實清晰生動，讀後能給人留下鮮明的印象。除了秦末和法國當時的歷史以外，文中還引用了大量的典故，如祖逖聞雞起舞、堯舜禪讓王位、始皇肆意坑儒、韓愈古文運動、釋迦苦思成佛、老子隱逸著書……典故使用得當，使文章顯得典雅含蓄，文辭精煉、言簡意賅。

文章語言駢散結合，駢句如"有成湯之盛跡，斯成幽厲之驕淫；有群雄之割據，遂演秦皇之混一"、"敵邦聞之而震魄，婦孺思之而寒膽"、"菩提樹下，釋迦見逐。寂寞山中，老聃自隱"……句式整齊、節奏分明；散句如"嗚呼！英雄不足以造時勢歟？抑時勢之變，無待英雄為之政耶”、“而拿氏乃以百世之雄，萬人之勇，出現於寂寞無聞之科西嘉島”……長短不一，自由活潑。駢散相間的語言錯落有致，使文章讀來抑揚頓挫、和諧悦耳，可見作者的文字功底深厚。

（田玉彬）

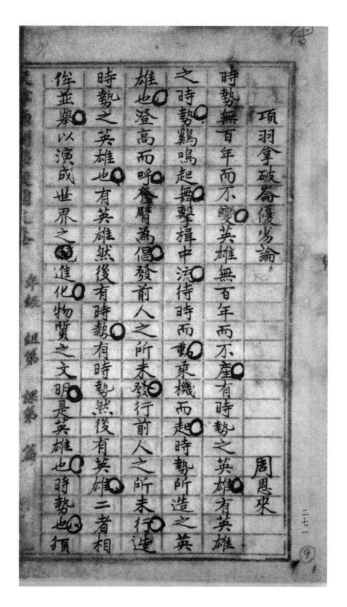

周恩來南開中學校中作文第 47 篇《項羽拿破崙優劣論》首頁書跡

四十八

讀杜牧之《阿房宮賦》感言

（一九一六年）

　　肉林酒池[1]，殷紂娛樂之區。靈台明沼，周文同慶之所[2]。其好既異，其果遂殊，興盛衰亡，良有由[3]矣！然銅雀[4]迷樓[5]，西湖泰嶽，其好則同，而其果又殊者何哉？豈非以公私之間判[6]之乎。是故巍巍泰嶽，古勝常存；嫋嫋西湖，清幽時保；山陰道上，頻來瞻仰之儔[7]；西子湖邊，輒見尋芳之侶[8]。至春深銅雀，月罩迷樓，睹景思人，寄情何處？殘宮廢址，感弔末由[9]。銅駝無可憑之墟[10]，杜鵑無可泣之血[11]。即文人騷士，偶或興諸楮墨[12]，亦有感而言，固無為之表揚[13]，若靈囿之於書，閱江之於史[14]也。

　　杜牧之之於賦阿房宮也亦然。夫秦之疆，至始皇極矣！積數百年之精英，席大一統之餘威。兀蜀山，出阿房，覆壓三百餘里，成天下未有之奇工。乃意猶未饜[15]，出巡四海，南抵會稽，卒喪其命。嗚呼！意固盛也，氣固豪也，然不旋踵[16]耳，阿房一炬，頓成焦土。月盈則虧，驕必致敗，君子於是知世變矣。設使始皇不矜[17]其功，不虐其民，佈德施仁，綏夷化外[18]，則萬世之業可成。元元[19]且銜恩感德之不暇，又何至揭竿蜂起？戍卒亡秦，使偌大阿房，不與靈台明沼比美，而為銅雀迷樓之續哉！是宮室之偉麗，實無傷帝王之聖德。德之不講，政之不修，視園囿為私產，役人民若馬牛，誠可懼耳！然始皇固無論矣，世人寧不恫[20]此，而銅雀迷樓，又胡為乎繼阿房而興？魏武隋煬，捨綏民而病民，是故牧之之大痛也。蓋牧之生當晚唐，安史之禍方戢[21]，朝野上下漸習於優游[22]，為園林之樂，置民生於不顧，目擊時艱，斯賦之作，遂不容已[23]。讀其一人之心，萬人之心，後人哀之而不鑒之數節，藹然仁者之言[24]，愛國熱忱，溢於言表，固非以弔古蒼涼，為始皇增無涯之恨也。抑[25]吾又聞之，清季末葉，仁宗西后，以興海軍費築頤和園[26]，吸萬民脂膏，供私人逸樂，居尊養頤[27]，極帝王之崇矣！乃民怨沸騰，人心思漢，義旗舉而清室覆矣！嗟呼！牧之以魏隋不能秦鑒，唐且繼之，遂興[28]阿房之賦。而唐卒以之成魏隋之續，是唐為後人哀也。清復繼之，相哀無已。因果相尋，誠不得不痛恨於殷紂始作之俑[29]，導帝王於驕奢淫佚之途也！

　　征[30]之南宋，初都[31]臨安，雖以西湖之勝，決無私據自樂之心。嘗膽固未可希[32]，而偏安警懼，延有宋百數十年之祚[33]，豈無故哉？

　　由是以觀，盛衰之理，興亡之兆，了[34]若螺紋，無待龜蓍之卜[35]。乃在上者，猶復欲效阿房故智，不三月耗數千萬金，謀一姓尊榮，利令智昏[36]，自陷往轍，吾誠莫知其可也。嗚呼！往者來鑒，肉林酒池、銅雀迷樓、頤和園在在足資[37]，固不僅一阿房已也。乃秦哀[38]殷，魏隋哀秦，唐亦哀秦，清復哀秦，哀之而不鑒[39]之，徒使後人而復哀。後人相[40]哀既無已時，相亡豈有寧日耶？悲夫！

【周恩來教師評語】

氣機流暢，詞藻紛披，是作者所長。但作論當以意勝，索得題窾，一線到底，方能醒眼，所謂紲華崇實。中段重頓讀字，詳人所略。

【註釋】

1　肉林酒池：相傳殷紂王以酒為池，以肉為林，長夜歌舞作樂，原形容奢侈淫逸至極。也可以形容酒肉之多。《史記‧殷本紀》：“大聚樂戲於沙丘，以酒為池，縣肉為林，使男女倮相逐其間，為長夜之飲。"後即以"酒池肉林"形容極度豪華奢侈。

2　靈台：台名，周文王建。其名取文王伐密築台典禮之意。《詩・大雅・靈台》："經始靈台，經之營之，庶民攻之，不日成之。"明沼：明，潔淨（祭供品）；沼，池。根據靈台明沼並列關係而言，明沼應該也為祭祀之所。

3　良有由：確實是有原因的。

4　銅雀：即銅雀台。漢末建安十五年冬曹操所建。周圍殿屋一百二十間，連接榱棟，侵徹雲漢。鑄大孔雀置於樓頂，舒翼奮尾，勢若飛動，故名銅雀台。故址在今河北省臨漳縣西南古鄴城的西北隅，與金虎、冰井合稱三台。

5　迷樓：隋煬帝所建樓名。故址在今江蘇省揚州市西北郊。唐馮贄《南部煙花記・迷樓》："迷樓凡役夫數萬，經歲而成。樓閣高下，軒窗掩映，幽房曲室，玉欄朱楯，互相連屬。帝大喜，顧左右曰：'使真仙遊其中，亦當自迷也。'故云。"

6　判：區分，判別。

7　儔：同輩，伴侶。

8　侶：朋友。儔侶，指伴侶；朋輩。

9　末由：沒有原因。

10　銅駝：銅鑄的駱駝，古代置於宮門外。《鄴中記》："二銅駝如馬形，長一丈，高一丈，足如牛，尾長二尺，脊如馬鞍，在中陽門外，夾道相向。"銅駝荊棘：《晉書・索靖傳》："靖有先識遠量，知天下將亂，指洛陽宮門銅駝，歎曰：'會見汝在荊棘中耳！'"後因以"銅駝荊棘"指山河殘破、世族敗落或人事衰頹。

11　杜鵑：傳說杜鵑鳥啼叫時，嘴裏會流出血來，這是形容杜鵑啼聲的悲切。這兩句的意思是，撫今追昔之時，情感甚至都無處寄託，傷感到了極致。

12　偶或興諸楮墨：諸，之於。楮墨，紙的代稱。

13　無為：自然而然的。表揚：表，表述，闡明；揚，傳佈，稱頌。這句的意思是，在歷史遺跡面前，文人自然而然有所感，並且用文字把內心的情感表現出來。

14　靈囿之於書，閱江之於史：囿，藏匿。這句的意思是，靈魂藏匿於文字，通過文字能夠身臨其境，就猶如看大江大河之流淌自然會有對歷史的感悟一樣。

15　饜：即"厭"，滿足。

16　旋踵：轉足之間，形容迅速。

17　矜：自大，自誇。

18　綏夷化外：綏，安撫。夷，古代指我國東方的少數民族。化，教化，感化。外，外面，外部，與"裏"相對。這個並列結構的意思是，教化百姓。

19　元元：百姓，平民。

20　寧不恫此：寧，竟然。恫，懼。

21 方戢:方,剛剛。戢,止,止息。

22 優游:生活得十分閒適,悠閒自得。

23 遂不容已:遂,於是,就。不容,不能容納。已,句末助詞,譯為"了"。不平則鳴,於是這篇《阿房宮賦》就從杜牧的心中噴薄而出了。

24 藹然仁者之言:藹然,和藹,善良。仁者,有德行的人。

25 抑:句首,助詞,無實意。

26 頤和園:中國名園之一。在北京西郊,金貞元元年(1153)完顏亮設為行宮。明時皇室改建為好山園。清乾隆時又改建,名清漪園,1860年被英法聯軍所毀。1888年慈禧太后移用海軍經費重建,始改今名。1900年被八國聯軍破壞。1903年修復。為北京著名遊覽勝地、全國重點文物保護單位。

27 頤:動詞,保養。

28 興:作。

29 始作之俑:開始用俑殉葬的人。《孟子·梁惠王上》:"仲尼曰:'始作俑者,其無後乎!'為其象人而用之也。"後以比喻某種壞事或惡劣風氣的肇始人。

30 征:行,遠行。引申為"追溯"。

31 都:動詞,定都。

32 希:希望,企求。

33 祚:皇位,國統。

34 了:清楚,明晰。

35 龜蓍之卜:龜蓍,龜甲和蓍草。古代占卜之具。晉張華《博物志》卷九:"蓍末大於本為卜吉,次蒿、次荆,皆如是。龜蓍皆月望浴之。"

36 利令智昏:貪圖私利而使頭腦糊塗。

37 在在足資:在在,處處,到處。資,憑藉,借鑒。

38 哀:為動用法,為……傷悲。

39 鑒:意動用法,以之為鑒。

40 相:偏指一方,意思是後人為前朝傷悲。

【點評】

羅丹説過,生活中不是缺少美,而是缺少發現美的眼睛。一篇尋常文章,在尋常人的眼中大約只是多了一些需要識記的字詞,背會了一個不太會用的叫做"對比"的技法,在反復的誦讀中能體會到駢體的語言風格所帶來的流暢度和感染力，而在周恩來的眼中，卻多了幾分別樣的深意——公私之間，興亡自現；博愛與自愛，結果迥異。

本文視角獨特。阿房宮是歷代文人反復詠歎的對象，作者另闢蹊徑，羅列古今著名建築，進而提出疑問，偉大的建築，動人的美景，這些並不足以導致亡國換代的慘劇。建築與興亡之關係，在這裏進一步深化。

文章化用杜牧《阿房宮賦》原文之簡約，從阿房之奇工到始皇之喪命，不過三十餘字。虛構始皇珍視百姓延續繁華，虛實相生，"宮室之偉麗，實無傷帝王之聖德"，觀點精當。探因求果，以歷史建築為起點，以國家興衰為終點，在繁雜的歷史中剝繭抽絲，最後在反復的詠歎中指出歷史雖然是驚人的相似，但在這驚人的相似中卻包含着定理。如若不是胸中有丘壑，很難想像這篇文章的作者竟然只是一個上中學的青年。

在兵荒馬亂的年代，作者沒有對紛亂世事的絕望，只有努力成長的信念。青年周恩來在現實中發現問題，從書籍中探求解決的路徑，這才是真正的求學之路。從這篇文章來看，那些熟悉的技法，那些從四處採集來又在反復的思考中自成體系的觀點，在周恩來的身上體現得淋漓盡致，可謂"學以致用"。

（李俊曄）

畢業證書存根

四十九

讀《教育要旨》第六條《戒貪婪》[1]感言

（一九一六年）

　　學校何由而設，設於普及教育之足以興邦。科舉何由而廢，廢於八股取士之□□□圖存[2]。然學校設矣，科舉廢矣，人民愚暗，大陸岌危[3]，殆猶昔焉[4]。是豈學校果無利於邦家，而科舉克[5]造福於宗國乎？抑[6]謀之未盡善歟？按諸域中[7]，則返古潮流，日高一日，明哲之士，且欲並學校而鏟之，擴科舉而興之[8]，是學校終無利矣！然察彼東瀛[9]，則興學僅先我十年，不念載乃造盛境[10]，達強國之林，論功輒[11]歸於教育，是學校終興邦矣。或興耶否耶？惶惶終日，余實不克得其歸宿。及讀部令《教育要旨》第六條《戒貪婪》一則，不禁深刺吾心，而慨夫今日學□□□克為國助之所在矣[12]！

　　夫貪者逾禮而致，趨等[13]而得之謂婪，蓋甚於貪矣！學校之立，垂及十載，成業學子，行逾百萬，未聞建樹有異乎常人，勳德超越乎儕輩[14]。學貫中西者有矣，而見乎實用者未也；操班斧運墨技者有矣，而振興工業者未也；習孫吳[15]之學者有矣，而禦侮懼敵者未也；其學固無異乎泰西[16]，而其行實有分於所學，是何故歟？曰：貪婪之作用也。吾見夫今之學者，初入小學之門，其心已搖搖於中學。及肄業中學，又欲躐等為大學生。學奕思夫鴻鵠[17]，志終難酬，此尤[18]貪之小焉者。若習工藝者，其始未嘗不曰：吾見夫國中工業之不振也，吾習之，將有以創始之；習機械者曰：吾必有以補吾國之短；習政治者曰：宦海污污[19]，澄清之責捨我其誰？志偉言壯，愛之者固許之為英才。及學成問世，察其行徑，則習工藝習機械者，又均與昔言相背，上焉者[20]相牽以應知事[21]之試；才拙力薄者，執教鞭以謀生；習政治者，固入政治之途矣。而貪黷[22]昏憒，且甚官僚，花樣翻新，虐民政策迥非昔比。叩[23]其旨，則習實科者應曰：吾力不足以自設公司，以圖發展實業；仰他人鼻息，心實不甘。且社會視線，多趨仕途，吾何暇為此冷生涯，而不謀耀鄉里、矯[24]妻子之計乎？習政治者曰：吾順公共之潮流也，大勢所趨，豈一二人之力所得而挽回哉！

噫！巧言如簧，眩世眩俗，何莫非此貪婪之害也。翻手為雲，覆手為雨；朝發一議，而夕更之；素所仇者，竟爾交歡；無他利害相（關？），非此不足以坐皋比[25]，騎大馬，王侯可致，首功可握，雖殺子娛君，□□□□□無惜，況棄其區區平生之主張，以謀功狗[26]也哉！

嗚呼！一朝□□□□□吾無暇為斯類惡[27]，且轉為斯類惜也。然惜斯何益，吾將轉為吾未成業之學子悲也！且夫貪婪之風，方興未艾，君子之澤，於焉將斬[28]。在學校或克有良善校風，以範[29]其好嗜名利之習，禁其希冀非分之心。一旦羽毛豐滿，域中任我飛騰，則社會中煙霾彌佈，在在[30]有引人入惡之徒，著著[31]均見利思遷之事。雖有賢者，亦僅獨善其身，而此一片濁土，固奈何不得。況以血氣未定、閱歷淺薄之青年，當此要衝[32]，幾何[33]而不為所染？思之思之，為之心悸，為之膽驚，未嘗不痛恨於前清末季，種此澆漓[34]世俗，使江河日下[35]。吁！是孰障之使東[36]，秉政者恐無以辭其咎矣！然則七條教育要旨，在頒之者，以之為必經手續；承之者，視為具文，事過境遷，又將如雲煙縹渺。貪婪之戒，域中殆[37]難重睹，所謂如東漢、明末之節□□□□□之士者，教育諒[38]亦無此偉力致[39]之。則學校與舉科，恐□□□□□□一也，尚何興邦、誤國之分哉！不然獎勵氣節，戒斥貪棼，不啻[40]三令五申，而教育未見有絲毫起色，且秉政唯好順惡直之是求[41]，聚域內英才於宦道，使之日趨於唯喏[42]承顏[43]一途，其故可深思矣！馭之者不足責，吾獨惜被馭者何其卑愚，而馭者之才又何其偉哉！

【周恩來教師評語】

才思發越，筆仗縱橫。此東坡所謂少年文字，蓬蓬勃勃。如釜……（以下原件缺損——編者）

【註釋】

1　戒貪棼：《頒定教育要旨》中的第六條為"戒貪爭"。

2　"廢於"一句：原句殘缺，根據句意推斷，應為"廢於八股取士之不足以圖存"。

3　岌危：危險。

4　殆猶昔焉：像過去一樣危險。

5　克：能夠。

6　抑：表示選擇，相當於"或者"、"還是"。

7　按諸域中：在國內考察。按，考察。域中，國內。

8　並學校而鏟之，擴科舉而興之：合併進而鏟除學校，擴大科舉規模進而使之興盛。

9　東瀛：指日本。杜宣《悼郭老》詩："人在東瀛心在國，不甘亡命度華年。"

10　不念載乃造盛境：不想沒幾年就創造興盛的局面。

11　輒：立即，就，便。

12　"而慨夫"一句：原文殘缺。根據句意推斷，應為"而慨夫今日學校之不克為國助之所在矣"。

13　趨等：原文旁邊有教師圈改為"躐等"，即越級之意。

14　儕輩：同輩，朋輩。

15　孫吳：春秋時孫武和戰國時吳起的並稱。皆古代軍事家。孫武著《兵法》十三篇。吳起著《吳子》四十八篇。

16　泰西：泛指西方國家。

17　學奕思夫鴻鵠：學下圍棋的時候卻想着射天上的鴻鵠。"奕"通"弈"，圍棋。典故出自《孟子·告子上》："弈秋，通國之善弈者也。使弈秋誨二人弈，其一人專心致志，唯弈秋之為聽；一人雖聽之，一心以為有鴻鵠將至，思援弓繳而射之。雖與之俱學，弗若之矣。為是其智弗若與？曰：非然也。"

18　尤：應為"猶"，原文旁有教師的圈改。

19　宦海污污：此句旁有教師的圈改，改為"宦海茫茫"，這樣文句更好。

20　上焉者：才華技藝偏上的人。

21　知事：民國初年對縣一級最高行政官的稱呼。

22　貪黷：貪污。

23　叩：詢問。

24　矯：應為"驕"，原文旁有教師的圈改。

25　皋比：指虎皮。劉基《賣柑者言》："今夫佩虎符，坐皋比者，洸洸乎幹城之具也。"

26　功狗：比喻殺敵立功的人。《史記・蕭相國世家》："高帝曰：'夫獵，追殺獸兔者狗也，而發蹤指示獸處者人也。今諸君徒能得走獸耳，功狗也。至如蕭何，發蹤指示，功人也。'"

27　惡：羞恥。

28　君子之澤，於焉將斬：君子的遺風，到這裏就中斷了。

29　範：約束。

30　在在：到處，處處。武元衡《春齋夜雨憶郭通微》詩："桃源在在阻風塵，世事悠悠又遇春。"

31　著著：樣樣，每一樣。王琢《元夜雪》詩："良宵不肯平平過，造物應誇著著新。"

32　要衝：重要道路會合的地方。《後漢書・傅燮傳》："今涼州天下要衝，國家藩衛。"

33　幾何：用於反問句，表示沒有多少。《左傳・襄公八年》："俟河之清，人壽幾何？"

34　澆漓：亦作"澆醨"。浮薄不厚。多用於指社會風氣。

35　江河日下：江河的水天天往下流，比喻境況一天不如一天。

36　障之使東：築堤擋水讓江河東流。

37　殆：大概，恐怕。

38　諒：確實，實在。

39　致：招引，招來。

40　不啻：不止，何止。

41　唯好順惡直之是求：賓語前置。"唯求好順惡直"之意。

42　喏：應為"諾"，原文旁有教師的圈改。

43　承顏：順承尊長的臉色。

【點評】

本文係周恩來的一篇作文，據考訂寫於 1916 年。不同於周恩來其他作文中的借古諷今，這篇作文題為"讀《教育要旨》第六條《戒貪婪》感言"，直接將議論的焦點集中於當時的教育問題，從學子的"未成業"現象背後，揭示出統治者愚民弱民的伎倆和社會風氣崇尚仕途名利的弊病。

文章開頭，作者首先設疑："足以興邦"的學校為何如"不足以圖存"的科舉一般，不能使國家擺脫危機？作者認為政府頒佈的《教育要旨》第六條《戒貪爭》（作文中寫為《戒貪婪》）"深刺吾心"，揭示了教育不能使國家擺脫危機的原因。

中間兩段，作者根據社會學子"未成業"的現象，分析其原因為貪婪。一方面，好高騖遠，不夠專心；另一方面，謀求功名利祿已成社會"大勢所趨"，諸多學生願為此放棄曾經高遠的抱負和主張。

最後一段，作者不禁要為"未成業"的學子感到可悲，儘管風氣良好的學校，可對其進行教育約束，但社會世俗的"濁土"卻很容易讓年輕人深陷其中，自毀前途。而世俗的江河日下，"秉政者恐無以辭其咎矣"！作者進而將矛頭直接指向當時的統治者，認為"戒貪婪"的政令最終也不過如"雲煙縹渺"，統治者"好順惡直"，聚英才於官場，使年輕人唯唯諾諾卑愚尊長。作者文末用反語對統治者加以諷刺，感歎此種愚民手段，只會誤國而非興邦，這才是遏制教育發揮作用的根源！

文中提到的《教育要旨》，指的是 1915 年 1 月，袁世凱以大總統令公佈的《頒定教育要旨》。《頒定教育要旨》確定"愛國、尚武、崇實、法孔孟、重自治、戒貪爭、戒躁進"七項教育宗旨，完全推翻了民國初年由蔡元培等人提出"五育並舉"的教育方針，是袁世凱為配合獨裁統治，恢復封建文化教育的舉措。其中"愛國"是要學生堅決抵制"一切邪說暴行"，維護袁世凱統治下的社會秩序；"尚武"、"崇實"、"法孔孟"

基本襲用清末教育宗旨的內容；"重自治"即培養人人具有"自營"、"自助"的能力，不提"自治"一詞所應包含的民主內涵；而"戒貪爭"教導人們要"盡本職負責任"，安分守己；"戒躁進"用意在避免學生因對現狀不滿而產生憤激言行。

1916 年，袁世凱只做了 83 天的皇帝，但隨後中國社會軍閥割據，社會制度並未發生本質性的改變，統治者為維護專制統治，利用學校教育等途徑宣揚順民意識，抵制民主革命思想。年僅 18 歲的周恩來心念國家的前途命運，能夠睿智清醒地從當時的政府法令中看出其愚民弱民的目的，並就社會風氣提出自己的看法，難能可貴。

文章邏輯嚴謹，條理清晰，尤其擅長運用句式的變化來調整語勢，增加說理的力度。文中長句氣勢逼人，短句緊湊有力，問句直指人心，歎句韻味十足。文中周恩來老師對個別字句進行了圈改，如"眩世眩俗"改為"欺世駭俗"，"何莫非此貪婪之害也"中"也"換成"耶"等等，確實更有感染力。不過，瑕不掩瑜，整篇文字駢散結合，筆力縱橫，思想深刻，周恩來老師讀後以蘇東坡所言的蓬蓬勃勃的少年文字來加以讚許，實不為過。

（張揚）

五十

方今政體維新，治術繁賾，擬諸孫嘉淦《三習一弊疏》，
不維其跡維其心。時既不同，法亦各異，
吾人居今思昔，貴由跡治心，
斯足以杜譽尤而增道德，能闡發其義歟

（一九一六年）

　　跡者形於外，萬目睽睽，可得而見也；心者藏於內，變幻無常，
不可得而知也。心者跡之本，跡者心之徵[1]也。正於心，則跡無不純；
純於跡者，而心未皆正也。是治生者，於未著於跡之先，必治其心，
過計而預防之也。

　　今夫政治之昌明，首言乎法治。然而法治者，治跡之法也。人眾
事繁。芸芸者又烏[2]得盡繩之以法？是治跡不可以為訓[3]。跡之所歸，
斯以治心為本矣。善夫清孫嘉淦[4]之《三習一弊疏》也。耳與譽化，匪
譽則逆；目與媚化，匪媚則觸。跡既著矣，於是乎喜諛而惡直，喜柔
而惡剛；意之所欲，信[5]以為不逾[6]；令之所發，概期其必行；心習於
是，則喜從而惡違。三習既成，一弊斯生。親小人，遠君子，其害有
不可勝言者矣！而習之除、弊之杜也，乃不在乎外，唯在乎心。是治
心要於治跡，而治國者尤貴有是道也。

　　方之乘桴[7]於海者，跡近航行，乃意失所向，卒難底岸。杭之賣
柑者[8]，善藏柑，金玉其外，敗絮其中。斯皆著於跡而失於心也。曾

參[9]之心，眾人可得而知也，誣其殺人，是跡也；卒以其心而知其非殺人之流。仲尼貌似陽虎，見困於匡[10]，然聖人之心，非若非[11]陽虎之心也，匡人其如彼何？是知正於心者，終無以惑其跡；純於跡[12]者，其心則未盡必可徵也。平天下者，必先治國、齊家、修身、誠意、正心[13]。正心者，萬事之基也。今國政共和矣，治術繁賾[14]，日繫繩人民以法治，卒乃專徵於跡，棄其心而弗正，航行之無向，賣柑者之務[15]外，是豈不可以已。夫孫公[16]往矣，邦之君子，有法先生之心，揭[17]由跡治心之論者耶？內外如一，心正跡純，導法治國入唐虞[18]之盛軌。企予望之，企予望之矣！

【周恩來教師評語】

思清如水，筆快於刀。

【註釋】

1　徵：跡象。

2　烏：哪裏，怎麼。

3　訓：規範，準則。

4　孫嘉淦（1683—1753），山西興縣人。清乾隆初任左都御史，上《三習一弊疏》，提出諫正，後任直隸總督，興水利，抑豪強，累官至吏部尚書協辦大學士。孫家淦在書中說：君主有"三習"，不可不慎戒之。何謂"三習"？"耳習於所聞，則喜諛而惡直。""目習於所見，則喜柔而惡剛。""心習於所是，則喜從而惡違。"三習養成，必生一弊——"喜小人而惡君子。"

5　信：的確，實在。

6　逾：越過，超越。

7　枰：竹木筷子。

8　杭之賣柑者：語出自明代劉基的《賣柑者言》："杭有賣果者，善藏柑，涉寒暑不潰，出之燁然，玉質而金色。"文中著名的語句為"金玉其外，敗絮其中"。

9　曾參：曾子（前505—前432），姓曾，名參，字子輿，春秋末年魯國南武城（山東濟寧嘉祥縣）人。十六歲拜孔子為師，勤奮好學，頗得孔子真傳。積極推行儒家主張，傳播儒家思想。他的修齊治平的政治觀，省身、慎獨的修養觀，以孝為本的孝道觀影響中國兩千多年，至今仍具有極其寶貴的的社會意義和實用價值。著述《大學》、《孝經》等，後世儒家尊他為"宗聖"。

10 仲尼貌似陽虎，見困於匡：孔子形貌與陽虎很相似，匡人恨陽虎。孔子過匡地，當地人誤認他為陽虎，圍困了他們好幾天，直到聽孔子彈琴吟誦才知道認錯了人。這是《論語》、《史記》都有記載的。陽虎是惡人，孔子是聖人。

11 "非"可能為手誤，可以刪除。

12 原文為"心"字，右邊還寫有一"跡"字。根據句意，應該為"跡"字。

13 平天下者，必先治國、齊家、修身、誠意、正心：出自《禮記·大學》"古之欲明明德於天下者，先治其國；欲治其國者，先齊其家；欲齊其家者，先修其身；欲修其身者，先正其心；欲正其心者，先誠其意；欲誠其意者，先致其知，致知在格物。物格而後知至，知至而後意誠，意誠而後心正，心正而後身修，身修而後家齊，家齊而後國治，國治而後天下平"。

14 賾：深奧，玄妙。

15 務：追求。

16 孫公：指孫嘉淦。

17 揭：持。

18 唐虞：唐堯與虞舜的並稱。亦指堯與舜的時代，古人以為太平盛世。《論語·泰伯》："唐虞之際，於斯為盛。"

【點評】

現代意義上的"國家"這一概念源自西方，非中國本土所有，因此，如何從外部被有效地組織和編碼在中國社會的結構序列之中，則應該成為執政者必須考慮的首要問題；否則國民將無法對這一"想像共同體"創造出一種不尋常的自信心，歷史和現實也就無法平順地嫁接於一起。

1912 年 1 月 1 日孫中山宣告中華民國臨時政府成立，廢除封建帝制，建立共和政體。然而袁世凱則於 1912 年就任中華民國臨時大總統，竊取了革命勝利的果實，並且很快就汲汲營營於中國君主制的恢復。1913 年孫中山自日本回國，主張武力反袁，而不少革命黨人力主"法律解決"，天真地以為政治的表皮能解決國家劍拔弩張的內在矛盾。儘管某些革命志士的反袁行為以失敗告終，但是袁世凱於 1916 年 1 月 1 日稱帝之後的第 83 天（3 月 22 日）取消帝制，計劃和蔡鍔的護國軍議和。這一段歷史中，"國家"徒有共和之表，而存專制之實，現代性的話語體系中，"能指"與"所指"激烈地分離，"共和"一詞只是一個"空洞的能指"，附着於這種政體之上的一系列上層建築只不過是"掛羊頭賣狗肉"。

周恩來清醒地認識到這一點，他從"跡與心之關係"立論，認為在當今共和政體之中，執政者宣導法治，無疑是治跡，而"治國者必先治其心"，因為心正而跡純，跡純而心未皆正，兩者不存在順逆互推之理。難怪當時教師讚評其"思清如水"。除此之外，教師還讚評其"筆快如刀"，這是就其文風犀利而言的。他為佐證論點儘管藉助的都是古事，但其目的都是為當時的現實服務的。他指明："今國政共和矣，治術繁賾，日繫繩人民以法治，卒乃專徵於跡，棄其心而弗正……是豈不可以已。"這種"治術繁賾"的後果無非是過錯叢生，道德減損，這有悖於共和之政體。正如文中所喻，棄心，猶如海中之桴，意失所向，卒難抵岸。因此，治國者只有內外如一，心正跡純，國家才能步入強盛之軌。

周恩來多在文章結尾處對新國家發出真切的"詢喚"，其實這是 20 世紀中華民族現代性追求的起點，是希望"能指"與"所指"合一，這樣現代意義上的"國家"才能名副其實。

（馬西超）

五十一

息有居學[1]，載之禮經。人貴惜時，傳於宋史。諸生於舊曆年假中欲事何事，盍[2]預言之

（一九一七年）

　　古者八歲而入小學[3]，習六藝[4]，執灑掃，應對進退之役。逮[5]十五而入大學，孔子所謂志於學之時[6]也。三十而立，四十而不惑，達七十而始從心所欲。是人之一生，學無止境。雖皓首[7]高年，亦須時以勵學為志。然學而不思則罔[8]。是既學也，尤貴乎思，思之既得，明惜時矣。蓋人之欲善，誰不如我，學人盡知之矣。知而不明利用之方，囫圇[9]讀去，則虛擲光陰，徒勞無益，不思之過，孰有甚於此者。故吾人既以學為終身之業，尤應以思補濟之於無窮。俾[10]一舉一動，皆本諸學問，無所虛擲。而大好光陰，一去不可復返者，亦不致追悔歎息於無窮矣！是則假期之設於學校中，詎[11]云過哉？要視利用之得其當耳。矧[12]禮樂居於六藝，趨庭[13]習禮，畫舞萊衣[14]，正復假中之樂事。禮經之息有居學，豈不然耶？

　　生浙人也，負笈[15]津門，瞬[16]已四載。每屆假期，輒南望故鄉，興行也不得之歎！所幸伯父居津，弱弟隨侍，南陔[17]之樂雖非，北地之庭[18]終一。繞依膝下，踴躍堂前，是固旅居異地所難能也。蓋生幼失怙恃[19]，長依伯父，隨宦東西，迢迢千里，形影相追。伯父無兒，視生猶子。嗚呼！十歲前，生我育我者父母也；十歲後，育我之人殆伯父

矣。然天下無父無母之孤兒，幾何如生之得覆蔭哉！杜子詩曰："安得廣廈千萬間，大庇天下寒士盡歡顏。"生讀至是，不禁淚泫泫下，歎世之有蓼莪[20]之悲者，又安得千萬庇蔭之所，以覆育之耶！

今歲舊曆年假，校中將循例休息，辱先生詢以欲事何事？生不敏，無鴻鵠[21]之志，鮮特異之能。謹據所志於學者，欲冀實施於假中，俾得寸進寸，積錙銖[22]之有而成富，聚恆河之沙[23]而成丘。庶[24]七日光陰，不致虛擲，而未來之學業，或亦免於中輟[25]。書云"溫故而知新"，又云"學而時習之"。燕居[26]之學，此為尚矣。然生殊弗欲埋首窗下，孜孜[27]於字裏行間，而置他事於不問也。晨興思清，讀書為宜。讀而有得，繼之以思。躑躅[28]途中，睹乞丐成群也，則推己及人，視天下飢如己飢，溺如己溺。元旦結彩，慶祝陽春，則思時光易逝，歲不我與[29]，勿徒耽安樂，以自暴棄。習俗者教育之本原。而禮樂中尤易徵集祥符桃瑞，異鄉異客所必應採問也。青年學子，旅居校中，晨昏乏定省[30]之儀。際此休沐[31]，整囊歸省[32]，庶慰倚閭之望[33]，而生於伯父猶此志也。捨斯五者外，暇則報故人書；或約二三友人，圍爐共話，達我幽情，傾吾素志，言不及亂。此又應對之學也。至若灑掃之勞，尤不可一日或忽。業精於勤[34]，慎思惜時，果如是乎？尚望先生有以教之。

【周恩來教師評語】

歷敘情事，俱從天真寫出。讀至中間，幾如李令伯陳情表，其誠款洵可嘉也。翔宇弟本多才，孰知其情之篤竟如斯〔耶〕。

【註釋】

1　居學：平居自學。《禮記·學記》："大學之教也，時教必有正業，退息必有居學。"
2　盍：何不。

3　小學：對兒童、少年實施初等教育的學校。我國西周即有小學，此前則名曰下庠、西序、左學等，其後亦名稱不一。《白虎通》曰："八歲入小學，十五入大學是也。此太子之禮。"

4　六藝：古代教育學生的六種科目，指禮、樂、射、御、書、數。

5　大學：即太學。南宋朱熹《大學章句集注》："及其十有五年，則自天子之元子、眾子，以至公、卿、大夫、元士之適子，與凡民之俊秀，皆入大學，而教之以窮理、正心、修己、治人之道。此又學校之教、大小之節所以分也。"

6　孔子所謂志於學之時也：志於學之時，即十五歲。語出《論語・為政》："吾十有五而志於學，三十而立，四十而不惑，五十而知天命，六十而耳順，七十而從心所欲，不逾矩。"

7　皓首：白頭，白髮。謂年老。

8　學而不思則罔：語出《論語・為政》。學，學習。思，思考。罔，迷惑。

9　囫圇：含糊，糊塗。

10　俾：使。

11　詎：豈，難道。

12　矧：況且。

13　趨庭：語出《論語・季氏》："孔子嘗獨立，鯉趨而過庭。曰：'學詩乎？'對曰：'未也。''不學詩，無以言。'鯉退而學詩。"鯉，孔子之子伯魚。後因以"趨庭"為承受父教的代稱。

14　萊衣：相傳春秋時楚國隱士老萊子，七十歲時還身穿五彩衣，模仿小兒的動作和哭聲，以使父母歡心。後因以表示孝順父母。

15　負笈：背着書箱。指遊學外地。

16　瞬：轉瞬。

17　南陔：《詩・小雅》篇名。六笙詩之一，有目無詩。《南陔》、《白華》、《華黍》為前三篇，是燕饗之樂。《詩・小雅・南陔序》："《南陔》，孝子相戒以養也；《白華》，孝子之絜白也；《華黍》，時和歲豐，宜黍稷也。有其義而亡其辭。"後用為奉養和孝敬雙親的典實。

18　北地之庭：指津門。

19　怙恃：父母的合稱。語本《詩・小雅・蓼莪》："無父何怙，無母何恃！"

20　蓼莪：《詩經・小雅》篇名，詩中抒發了不能終養父母的痛極之情。

21　鴻鵠：即天鵝。因飛得很高，所以常用來比喻志向遠大的人。

22　錙銖：舊制錙為一兩的四分之一，銖為一兩的二十四分之一。比喻極其微小的數量。

23　恆河之沙：恆河，南亞大河，流經印度和孟加拉。佛教語，像恆河裏的沙粒一樣，無法計算。形容數量很多而無法計算。

24 庶：表示希望發生或出現某事，進行推測。

25 輟：中止，停止。

26 燕居：閒居。

27 孜孜：勤勉；不懈怠。

28 躑躅：徘徊不進的樣子。

29 歲不我與：年歲是不等人的。表示應該及時奮起，有所作為。語出《論語·陽貨》：
   "日月逝矣，歲不我與。"

30 定省：語出《禮記·曲禮上》："凡為人子之禮，冬溫而夏清，昏定而晨省。"鄭玄
   注："定，安其牀衽也；省，問其安否何如。"後因稱子女早晚向親長問安為"定省"。

31 休沐：休息洗沐，猶休假。

32 歸省：回家探望父母。

33 倚閭之望：閭，古代里巷的門。靠着家門等候。形容父母盼望子女歸來的迫切心情。
   語出《戰國策·齊策六》："女朝出而晚來，則吾倚門而望，女暮出而不還，則吾
   倚閭而望。"

34 業精於勤：指學業的精進在於勤奮。語出唐韓愈《進學解》："業精於勤，荒於嬉；
   行成於思，毀於隨。"

【點評】

　　這篇作文據考訂寫於 1917 年。題目類似於我們今天作文中普遍採
用的"寒假計劃"之類的命題思路，但老師卻限定了作文的內容，必須
緊扣住"惜時"與"居學"這兩個方面的中心，這使文章的主題比較明確。

　　作者在自己的作文中，嚴格按照老師命題的要求，把文章分為三
段：第一段先敍説自己對"惜時"與"居學"這兩個方面意思的理解；
第二段敍述自己特殊的家庭處境——從幼年時就失去親人，無法回鄉探
親，只能依靠伯父；第三段才説了自己對怎樣度過寒假的打算，作者緊
扣住老師命題的主旨，既突出了"年假"的特點，也注意到要講自己在
寒假期間的計劃，因此，條理清楚地講了自己需要做的五件主要的事：
復習功課、讀書、思考、了解地方風俗民情和探望伯父，最後也説了一

些次要的瑣事。既沒有空洞的套話，也沒有瑣碎的羅列，而是切近自己的實際，做完全符合實際的打算。特別是"躑躅途中，睹乞丐成群也，則推己及人，視天下飢如己飢，溺如己溺。元旦結彩，慶祝陽春，則思時光易逝，歲不我與，勿徒耽安樂，以自暴棄"這幾句話，雖然說的是自己應該從眼前所見到的社會狀況來思考社會，思考自己，卻可以看出年輕的周恩來處處關心現實、重視個人修養的品質，使文章沒有就事論事，而有了很鮮明的思想性。

當時的教師顯然很欣賞這篇作文，有"歷敘情事，俱從天真寫出。讀至中間，幾如李令伯陳情表，其誠款洵可嘉也。翔宇弟本多才，孰知其情之篤竟如斯"的評語。將本文與李密流傳千古的名篇《陳情表》相提並論，並發出"弟本多才，孰知其情之篤竟如斯"的感慨，足見周恩來自小到大都是一個有禮有節、又重情重義的正人君子。

（何士龍）

五十二

梁任公[1]先生演說記[2]

（一九一七年二月二十八日）

　　任公先生（吾國輿論界泰斗，亦近代文豪也）上月三十一日應校長張先生之請，來蒞吾校。闔校師生特開歡迎會於禮堂，丐[3]其教言。先生慨然登壇演講。歷時約一鐘有半，氣度雍容，言若金玉石[4]，入人腦海。筆之於簿，退而記之，約四千餘言。惜余不文[5]，未克[6]以生花之筆[7]達先生之妙諦也，達意焉耳[8]。閱者苟深思之，寢饋[9]其中，倘亦他山之助[10]乎？[11]

記者識

　　諸君乎。啟超今日值此良機，得來吾鄉往多年之學校，與諸君相聚一堂，榮幸之至。當二年前，鄙人旅居津門時[12]，即希令子弟來斯學校[13]，並期一蒞參觀，以得悉貴校詳情，而與學校方面多所聯絡。蓋國中興學多年[14]，明效尚未大著。使全國學校悉能如南開之負盛名，則誠中國前途之大幸。職此之故，接洽之心益為迫切。前歲之末[15]，與貴校長本有宿約，嗣以政變[16]，不得已南下。稍盡吾力，延擱年餘。今日始達素願[17]。情積之愈久者，相見亦愈快焉。

　　貴校校風之佳，不僅國內周知，即外人來參觀者，亦莫不稱許。考其所以致此之由，固原於職教員熱心教導，能感化學生。然亦學生能以誠求學，遂成此不朽之名。國內日益推崇，外人因之讚許。而造之之始,固甚艱難,非草率從事,所克奏其效也。現今國內對於貴校學生,甚希望大有作為於社會,並希望貴校□□□□[18]俱長。負斯責者,是在諸君。唯今之榮譽既不易保持,而未來之責任,尤屬艱於擔任。且責任非一校所私有也。在貴校職教員所以趨全力以教導學生者,亦以國家一線之希望,實繫諸二十世紀之新青年。使青年而無忝厥[19]責,則國事尚有希望。非然者,前途不堪設想矣。譬之一家,其子弟惡劣敗壞家聲,則其家雖富,終亦見其敗亡。家猶國也,現今國勢,以吾等執政者弱之至斯,已屬有負諸君。而復使諸君擔斯重任,受此憂患。換言即吾等作斯政局實使諸君艱於前進也。青年中尤以學校青年有最大希望。父兄之期其子弟重興已敗之家庭,屬望之意甚殷。而吾等之視青年猶此志也。是今後國家之興衰與否,實以諸君之能力為斷。彼歐美日本之青年,其責任之重大,固無待言。然其前輩所作之功也,已如是其盛。故其力不必倍於前而責已盡,國已日興。猶良善家庭,其父兄遺其子弟以財產,教之以善道。苟其□□[20]不變,即可保舊狀勿替[21]。至若國處飄搖欲倒之境,所恃者厥唯青年。而青年尤貴乎有建設之長,排難之力。方之齊家[22]者,處敗壞家庭,必先改良其家風。而此家風又為素所薰染,改之維艱。然捨此一道,別無良策。是非有大毅力,排萬難以創之,不易成功。諸君之於國家亦宜以改革家風之道改革之,決無用其遲疑。蓋青年今日之責任,其重大百倍於他人。而又只此一策足以興國。自尋生路於萬難之中,吾希望諸君處現今之地位,先定一決心焉。知其難處,必破其難關。而後立志,定方針,以從事於建設。決心定之於先,方法研之於後,斯不至於無所措手足矣。家風之改革,驟視之似屬甚難,然吾人不必問如何改法,且不必計前輩執權阻撓與否,但請自隗始,改革一己之惡風劣習[23]。使人人皆能如是,則其家風當然轉惡為善。以己及人,以家化國,澤被全體。故吾人欲改革國家,不必思及他人,先以一己為主位，敦[24]己之品，堅己之力，如此個人之人格立，一己之根基固矣。即以貴校論，校舍若是其小，學生不過千人。較以歐美之學校，猶瞠乎其後。然追想十二年前，天津無所謂南開，而今則巍然峙立，遠近咸知者，不過以數位職員協力同心，積久所致。僅十二年之差耳，今試取校外之空氣比較，已異其味。十數年間，數人之力，克使污濁空氣中立一新鮮空氣之所在。諸君為數將及一千，日夕受職教員之薰陶，復授以產出南開譬新鮮空氣所在之能力，其所收效又奚僅如上所述。矧[25]張校長所為之事，非他人所不能為者，亦非有冒萬險破危難以成之者。使諸君能如造南開之方造一己能力，則十數年後，其發達何可限量？而全國最壞風氣或可藉斯一廓清之。事之思之維艱，行之而又未見其艱者，皆此類也。

但決心定矣，此後欲在社會上的一立足地，其根本預籌之方法維何？曰：在中學校鍛煉之時代。何言乎？西人有云，一人之命運否泰[26]，視其在中學校之生命如何以為判。蓋人當十五歲以前，其體魄腦力未甚發達，期其思想言論有自主力，在所不可，而意志之決定力尤甚薄弱，故其時一切行為恆恃父母師長之指導。逮出中學而入大學，或置身社會，其時身體發達已足，意志已定，如染惡習，期其改捨，誠非易事。故吾人唯十五歲至念[27]五歲之間為人生最重要之時期，抑亦最危險之時期也。諸君在南開攻讀，校風尚好，危險似較他校減少。然不過減少耳。校風為學生所造，品行良否，要仍以一己之修養力如何為斷。蓋在十五歲以下，其責任可歸之父母師長，至此十年中則純恃己力。昔希臘大哲學家蘇格拉底，其弟子言曰："吾非以學問授汝，乃教汝以如何造學問。"斯二語也，為世界教育家所心認而於中學校尤有莫大之關係。教員之教，教其學生也。僅教其知學問耳。功課授以如何讀法，道德授以如何守法，絕非使學生如其言而行，便可立成完人。孔子至聖，所言亦只於指導世人。是故教員授學生造學問之方，苟因其言而悟，推而行之，未有不成完人者也。且在中學校時代一切習慣品行，皆於是立其基礎，善者因之，惡者捨之，一生之人格立矣。不然時機一過，畢業中學或出而問世或投身大學，入自由教育時代。其惡習慣吾人雖欲排去，而種種方面，已挾之使不得遁。其難猶變更帝制而復共和也。譬之吸煙，年長之人，亦知其害，而習慣已成，欲禁吸之，且難於反帝制。猶早眠早興者，偶爾失眠，其困苦亦甚。總此以觀，惡習慣排去固自不易，而良習慣已養成者，去之亦艱。是此十年中果能捨惡就善，養成良好習慣，則一生可受其益，非然者，“少小不努力，老大徒傷悲”[28]，施一分力改良習慣，於二十五歲以前者，此後用十倍百倍亦未必能矣。品行堅定，既為他年入世之基，則今日在中學校中，各種惡習務鏟之使盡，不容其有絲毫存留。即以誑言[29]論，在今日中國，最為流行之惡習。虛誇聲勢，盛譽他人，雖賢者不免。似此不足為病實則結果趨全國人民溺於虛妄而通國皆假。究其因何莫非幼小養成之。舉一反三，希諸君勇於改革[30]。若俟之異日者，誠非吾所忍言其結果矣。

　　吾人之品行，何者為滿足？斯誠難以一言盡之。然欲將來立身社會，而不為潮流所激動[31]，入於歧途，則意志堅定是。今吾人欲作一事，以必達其目的為指歸，其所經之艱難困苦，非所計也。此為成功秘訣。方之[32]乘舟，欲抵一地，中途遇逆風，意志薄弱者必折舟而回，順則復行。旅進旅退，徘徊中途，終無達彼岸之望。使遇事而悉如此，則均無所成。故凡事欲計其成，必須有一種堅忍不拔[33]之氣隨之。匠人製桌，陶人製碗，織工運機，事無大小，致力一也。無論聰明愚魯[34]，果其氣不頹，力不怠，則大小必有成，結果無或殊。所謂命運，上天非能預判之也。孟子所謂“養吾浩然之氣”[35]是也。故在此十年中鍛煉之，使此十年光陰未擲虛牝[36]。意志果克堅定也，則後日事業終可底成。使優游[37]歲月無所適止，則結果亦如之。或問曰：養成意志堅定之方維何？曰：遇事循其理而，在學校中舉動一準乎師長，似無所操練也。實則以小推大，無稍差異。攻讀者喜新厭舊，擇一棄百，不得謂之為是。性近文科者，於算學一道終以明澈為目的，則結果必如其願，此學生時代最易發生之事。若是則雖吾性所反對之科，可變為所愛近之課。推之一切，無不破的矣。此屬於積極的。若消極者，性遠於理化，厭之。則令吾所長者特別發達，隨時隨事增吾知識，於是吾之品行當然因之高尚。而意志亦逐漸堅定。豈必待出校後而始可注意磨煉也哉？再，此種意志當發動時，必須審慎周詳，叩之良心而無愧，問之師長而稱喜。然後傾吾力之。非則濫行不審，徒見其害也。學算學、習外國語者，因其困難乾燥，遂生厭怠之心。然決不能因其難置之弗學，且從而堅其志，破其難關。一而再，再而三。終見其算學、外國語有發達之望也。昔之思想遲滯者，今轉因之敏捷，移其智而習他學科，所在皆易。逮入社會，以其堅定之志，入困難之境，亦無所謂困難矣。蓋內界能力可抵抗外界艱難，今日學校之修養，即預儲此項能力。磨煉多年，他日之結果當所向無敵。古今中外豪傑聖賢傳記，吾日讀之，崇拜之，終弗及堅吾意志，為益宏多。使諸君盡如是，則一己之人格立，中學校時代之第一品行問題決矣。[38]

就智識論，其要亦多同於品行。吾人在社會作事，非有相當智識，斷不能率爾操觚。矧居今之世，事業之複雜，又百倍於前哉。學術日新月異，諸君居校攻讀課本，固為求相當智識。然僅將此數本書爛熟胸中，非可畢乃事也。無論中國各種書籍不甚充足，即在最完備之國，其學校亦絕對不能授學生以一切應用之學。或盡有之，逮學之既久，出而問世，時期已易，所學又未合諸世用。矧學校中課本之學問，行之於社會，又決不能柄鑿[39]相入也。然則學校中之課本終無濟於實用，學之何為？曰：是又不然。學校課本，授人以造學問之方法也。譬之學化學者，必先考察元素。初視水之成分，以為即元素耳。

細分之斯得二種元素。由是觀，凡百事理非可驟下判斷。多經一次試驗，必多以新發現之理。讀書不可以一目了然，便妄自尊大，讀竟細玩其味，方知作者苦心及命意所在。如在化學試驗室未試驗前與既試驗後，其感想之差為如何耶？讀史者必考其因果，如在戰國時之秦，處極西之地，至始皇能兼併六國統一中原，乃不數十載又亡於楚漢。考其原因，究其得失，思之有悟，叩[40]之教員，或誤或是，或有缺憾，取而證之於今，是皆吾人利用讀書之效果。他日為外交家、為行政官，胥恃此思矣。猶之習算學者，非僅能答一二問題便為能事。使學生盡如是類，則其所學者，初不過受之教員，逮考試時仍還之教員耳，於學生何有？當學幾何時，細心揣度，終則腦思細密，收其效用。體操時，罹教員扣分方始臨操，身體強健非所計，則終必體魄日羸，自傷其體。因形骸雖經訓練，而意志不屬，決不得收其實效。反之，體魄日強，益以腦思細密，何求不遂？故吾人在學校中，藉十年鍛煉之機，修養意志，開闢學問門徑，使入於求學之趣途，以冀此後入世，得機斯能求學，不致學與事，截然為兩途焉。

今南開職教員及學生，均為不可多得之才。而諸君何幸有如斯之練習場，得以磨煉意志，訓練腦思，固諸君之根本。此後出而升學他校，留學外邦。無論其校風如何，決無妨害。腦思細密，雖高尚學科，亦不至艱於考求。而作事則意志堅定，無所謂困難處。學校如是，入社會亦然。如斯，方不負如此之學校，如此之師長也。非然者，以今日時事之危險，社會之惡習，諸君處新鮮空氣之所，自不虞[41]有他。一旦出身社會，入污濁之流，其成敗不敢必矣。在昔私塾時代，士子終日孳孳[42]，不計意志，逮入世方知力薄能鮮。而今日之社會又污卑甚於昔，使無堅強意志之學生入之，烏見其不與社會同流哉。昔日學校中人，吾人視之以為佳者，而今置身社會，便隨流合污，毫無克己能力。由外國歸來，或畢業大學者，類多如是。所以然者，豈非磨練工淺，與社會相敵之力薄耶？以學問一端論，近時無復有講之者，而士大夫尤甚。憶昔二十年前，鄙人居京[43]，欲尋朋輩講學，甚屬易事，適用與否不必計，好學之心固甚盛也。今則言舊學者既渺渺難訪，而新學者亦復吾人過問。若謂舊學陳腐，知者寥寥，故主持風化者無人。豈新學號稱時流，及由外邦歸來者，尚無此倡學能力耶？非不為也。因其昔日在學校中未嘗有所磨煉，僅受學而已，預備講義錄而已。熟讀胸中，考時還授之教員。教員亦與以佳評。學生用是自足，將來效力如何，不暇計也。即有在校時以研究學問發明學理為志者，逮入社會以其與社會無聞，置之不求，初則暫別，繼而長辭矣。故今日社會墮落之大原，在以往青年其腦力未曾磨煉，意志未曾堅定也。若今者，國家之希望純繫諸學校青年之身矣。苟學校青年能人人磨煉其腦力，堅定其意志，倡為風氣，普及全國，則國家無疆之福也。余以此期之全國學校中青年，而於南開又深吾一層希望。設比較稍佳[44]之南開，其青年亦同世俗浮沉，則全國之希望亦隨之斷絕矣！

　　鄙人今日之言，望諸君勿視為空言無補。稍加研究，當能輔助諸君之腦思意志，唯時間匆匆，不得與諸君長談。他日設有機緣，深盼復啊、來貴校，與諸君多所商榷。至今日一席話語，尤望諸君勿忘。幸甚。

【周恩來教師評語】

敘述周詳而文筆之汪洋浩瀚，亦足以達任公先生之妙諦。此才豈可以斗石量。

【註釋】

1　任公：梁啟超號。梁啟超（1873—1929），字卓如，號任公，又號飲冰室主人。廣東新會人。

2　演説記：1917 年 1 月 31 日，梁啟超應邀到南開中學講演，周恩來作筆記，會後整理成此演説記，並作識語。後一併刊於校內刊物《校風》第 56、57 期（分別刊於 1917 年 2 月 28 日和 3 月 7 日）。按《周恩來年譜》，此時已 "在《校風》報社全體人員會上，報告上學期社務。因臨近畢業，辭去總經理職務"。此手稿為四年級國文作文。

3　丐：請，請求。《廣雅》："丐，求也。"《左傳・昭公六年》："不強丐。"

4　言若金玉石：在 "玉" 字上有點畫，是作者因錯寫而刪掉此字。金石，言其寶貴深刻。

5　文：辭彩。古時與 "質" 相對言，《論語》："文勝質則史。" "文" 即指對文字詳加修飾。另外，"文" 又與 "筆" 相對，與前言 "筆之於簿" 對舉。《文心雕龍・總術》："今之常言，有文有筆。以為無韻者筆也，有韻者文也。" 故 "文" 亦可指詳加修飾的文辭。

6　克：能。

7　生花之筆：傑出的文采。《開元天寶遺事》："李白少時，夢所用之筆頭上生花。後天才贍逸，名聞天下。"

8　達意焉耳：原稿修改作 "僅述意焉耳"。

9　寢饋：睡眠、飲食。寢，睡眠。饋，飲食。寢饋其中，即沉浸其中。

10　他山之助：外界力量的幫助。仲長統《昌言》："廣之以他山，肅之以二物。" 曹丕《以鄭稱為武德傳令》："錯之以他山。"

11　本段為周恩來識語。

12　丁文江《梁啟超年譜長編・1915 年》："正月以來，先生避地天津，從事著述事業" 直至四月末旬，返粵省親，故稱 "旅居"。梁氏 1914 年在津建造飲冰室（今天津河北路 46 號），梁啟超寓居津門前後凡十四年。

13　即希令子弟來斯學校：後來，其幼子梁思禮即求學於天津南開中學。

14　蓋國中興學多年：洋務運動起，中國開始興辦新式學校。最早為 1862 年創辦之京師同文館。到 1904 年南開建校，已有 42 年。

15　前歲之末：後文曰 "延擱年餘"，故當指 1915 年末。此時梁啟超尚在天津。

16　嗣以政變：指護國運動，1915 年 12 月袁世凱接受帝制。唐繼堯、蔡鍔、李烈鈞等宣佈獨立，起兵討袁。南方各省亦紛紛響應。梁啟超遂南下奔走此事。1916 年初梁原有渡日想法，亦即因此未成行。按《梁啟超年譜長編・1916》："此次護國之役，先生既為最初發動者，又為各方面之中心，其居滬期間的種種籌劃佈置和運動，實為此役成功的最大關鍵。"

17　素願：與 "夙願"、"宿願" 同義。

18　並希望貴校 □□□□ 俱長：因文稿殘損，有四字不知何字。《周恩來早期文集》作

“榮譽與日”。

19 厥，其，代詞。

20 苟其 □□：原文 □□ 二字模糊，可能是“守成”二字。

21 替：衰敗。《説文》：“並，廢也，俗字作替。”《離騷》：“謇朝誶而夕替。”王逸注：“替，廢也。”

22 齊家：治理家庭，即前文所説：“重興已敗之家庭”《大學》“其欲齊家者，先修其身。”

23 改革一己之惡風劣習：此句旁有“即家風全部已改善一分”句。

24 敦：奮勉。敦品即磨礪品德。《歸田瑣記》：“先生敦品勵學。”

25 矧：另外，況且。

26 否泰：坎坷與順利。否、泰皆為《易》卦象。“否”下坤上乾，故卦象“天地不交，否”，天地閉塞不通之義。“泰”下乾上坤，故卦象“天地交，泰”，天地順暢之義。

27 念：應為“廿”。與下文所説“至此十年中”、“與二十五歲以前”正相吻合。

28 少小不努力，老大徒傷悲：出自《樂府詩集·長歌行》。

29 誑言：謊騙，謊話。此處指誇大虛妄之言。《後漢紀·光武帝紀》：“吏誑言於長壽街上得之。”

30 希諸君勇於改革：在原文“勇於”二字上有圈畫，旁有“立時”二字，改後的句子為“希諸君立時改革”。

31 而不為潮流所激動：意即不隨波逐流。

32 方之：即仿之，比如、比作意。

33 堅忍不拔：即“堅韌不拔”，形容意志堅強，不可動搖。蘇軾《晁錯論》：“古之立大事者，不唯有超世之才，亦必有堅忍不拔之志。”

34 愚魯：愚笨。

35 養吾浩然之氣：《孟子·公孫丑上》：“敢問夫子惡乎長。曰：‘我知言，我善養吾浩然之氣。’‘敢問何謂浩然之氣？’曰：‘難言也。其為氣也，至大至剛，以直養而無害，則塞於天地之間。其為氣也，配義與道；無是，餒也。是集義所生者，非義襲而取之也。行有不慊於心，則餒矣。’”

36 擲虛牝：平白浪費。韓愈《贈崔立之評事》：“可憐無益費精神，有似黃金擲虛牝。”

37 優游：優裕閒適。《晏子春秋·內問下》：“優游其身以沒其世。”

38 下有乚符號，此段至此止。

39 柄鑿：柄，斧柄，鑿，木鑿。斧柄榫頭與木架鑿孔不同，一圓一方，謂不相合意。王世貞《藝苑卮言》卷六：“若柄鑿不相入”。

40 叩：問。

41 不虞：本指意料外事，此為"不憚"意。

42 孳孳：通"孜孜"，勤勉。陳澔集說："孳孳，勤勉之貌。"

43 按《梁啟超年譜長編》及梁啟超《三十自述》，1895 年 2 月，梁氏與康有為同入京會試，"本不為會試，第頗思假此名號做汗漫遊，以略求天下之人才"，3 月即有公車上書事。是年在北京創辦強學會，結交譚嗣同、陳千秋等人。1896 年 3 月又"去京師至上海"，結交黃公度與馬相伯兄弟。10 月便歸粵。1895 年 2 月至次年 3 月，梁氏居京一年有餘。

44 稍佳：這二字原文改作"良好"。

【點評】

梁啟超 1917 年 1 月 31 日到南開中學作了一次演講，本文是周恩來為這次演講做的記錄。

梁啟超（1873—1929），字卓如，號任公，又號飲冰室主人。廣東新會人。清末民國時期著名學者，一生著述宏富，精研文學、史學、佛學，著作彙為《飲冰室合集》。

梁啟超晚年定居天津，築樓飲冰室，在此勤於筆耕，完成了大量著作，同時，也在南開大學任課講學。初時每週 6 小時，後增加到 8 小時，在校內外引起的反響很大。著名的《中國歷史研究法》就是因在南開的講義編定。張伯苓校長與梁啟超私交甚厚，多次請梁加盟南開。本文所記述的就是梁啟超做客南開中學，應邀進行的講座。這一講稿刊登於《校風》，周恩來為此撰寫了識語，並希望"閱者苟深思之，寢饋其中"，得到"他山之助"。

講座開篇，先述學校青年之責任，以家風與校風作比，推而廣之，認為如今"至若國處飄搖欲倒之境，所恃者厥唯青年"，對青年寄予厚望與重託。又切合實際地指出南開要"克使污濁空氣中立一新鮮空氣之所在"，因此必須注重修身與磨礪，"改革一己之惡風劣習"。這與南開的修身要求正相吻合，南開中學容止格言所講的"氣象：勿傲、勿暴、勿怠；顏色：宜和、宜靜、宜莊"與"改劣習氣，立新空氣"是意義相通的。

　　行筆至文中，則承接上題，講述"鍛煉"，即砥礪品行，避免惡習，獲得堅定意志，這既是修身的目的，也是青年擔荷責任的能力所在。此外，梁啟超又對智識方面加以補充，進而對青年提出"磨煉其腦力，堅定其意志"的要求，"而於南開又深吾一層希望。設比較稍佳之南開，其青年亦同世俗浮沉，則全國之希望亦隨之斷絕矣！"

　　周恩來記錄此文，堪稱翔實，突出了梁啟超講演最大的特徵——條理清晰，同時又不割裂文字，使之渾然一體，殊為可觀。正如當時周恩來老師的評語所言："足以達任公先生之妙諦，此才豈可以斗石量。"

（常虹）

編撰感言

　　古之作者，多悔其少作，恐有損於盛名。而先總理周恩來珍視其南開中學之作文，不恥其稚嫩，不隱其生澀。凡五十二篇，手訂成冊，親題其扉。歷數十百年，度盡劫波，猶為完璧。後人披閱斯文，如對斯人。乃知偉大蘊於稚嫩，生澀日趨成熟，由來漸矣。故此五十二篇作文傳之後世，誠總理之幸也，南開之幸也，天下之幸也。

　　周公負笈南開之時，杏壇教澤，尚崇文言。是以今人奉讀先總理青年之作，雖知其辭藻之美、典故之精，然亦時為文字所困。是華美者翻成障礙也。學校領導有感於此，乃萌箋評先總理作文之志。箋者，箋註其文辭；評者，品評其內涵。而何人箋評？或以為，此非專門之學者不能辦也。獨學校領導力推南開中學語文教師。蓋周恩來雖為中國之總理，世界之偉人，而亦南開之學生。前賢學人之筆耕，後學師者為箋評，不亦有緣乎？

　　唯箋評先總理作文，於我南開語文教師凡有三難：曰辨識，曰考據，曰評論。原稿為墨筆小楷，又有原教師以墨筆圈改，諸多原句為教師濃墨勾抹，兼之字多異體，筆誤偶出，殊難辨識。如《申包胥安楚論》“成白之津”，經韓文霜老師辨認，知為“成白之津”之誤，此則辨識兼考據而有之。又如《論強權教育之無益》：“經曰：‘大道一也。’”遍考《十三經》而無此語，乃博檢群書，終得之於《二程外書》。漫漶之文字既難考據，渺遠之時代益難索隱。至於評論偉人，尤難下筆，往往含毫擱筆，躊躇不決。故吾人雖臨深履薄，固知其疏漏不免。誠盼方家，不吝斧正。

　　唯箋評先總理作文，於我南開語文教師凡有三益：曰題目，曰次第，曰點評。觀總理作文之目錄，其分類有感言、傳記、論說、書信種種。平易者如《春郊旅行記》，深邃者如《論強權教育之無益》，論史者如《伯夷叔齊餓於首陽山論》，評今者如《讀孟祿教育宗旨注重人格感言》，至於觀劇之雜感，記梁任公之演說，其所涉領域之廣，真有今日中學作文所不能企及者。而作文之次第，則低年級多記敍抒情之文，高年級多議論之作。然低年級亦偶作論說，高年級仍間有記事。此則合於今日教育而高於今日教育者。至於前輩教師之點評，隻言片語，洞微入妙，足啟後人。此三益者，我南開語文教師所獲良多。至於各界諸賢閱此，當各有會心。政治家得其神，思想家得其理，史學家得其形，文學家得其韻。至若學生讀之，其所得之深，影響之巨，又非吾人所能一一逆睹者。

於是吾儕不揣愚陋，揮汗雨，披典籍，考前言，追往事。閱月餘，草稿彙成。經教師韓文霜、孫超、馬西超、王蕊、白璐初校，復經韓文霜老師統稿，周鴻飛先生審讀，孫海麟書記終審，其稿乃定。

太史公曰：「伯夷叔齊雖賢，得夫子而名益彰；顏淵雖篤學，附驥尾而行益顯。」南開之後人，共仰我南開之先賢，箋評其文，傳承其心。共襄此舉者，凡二十三人，斯亦南開語文教研之盛事。故列敍其人，以誌此幸。撰稿者：潘印溪、韓文霜、趙岩、史紅、劉樹紅、常虹、何士龍、孫超、李萱、馬西超、高宇鵬、滑娜、王蕊、程濱、楊倩、李俊曄、趙鳴方、謝明、田玉彬、劉敬華、白璐、單巨兵、張揚。

天津南開中學語文學科教師　　程濱